當孔子遇上哈佛

二部曲　個人戰技

李克明——著

謹以此書的著作出版，紀念　李俊　博士

身體髮膚，受之父母，不敢毀傷，孝之始也。
立身行道，揚名於後世，以顯父母，孝之終也。
夫孝，始於事親，中於事君，終於立身。
《大雅》云：「無念爾祖，聿修厥德。」

——《孝經・開宗明義章第一》

重現經典的實用價值

元大創業投資公司董事長、中華儒道研究協會理事長李克明先生是我台大的校友，也是我近年推廣我國傳統智慧的同道。李先生畢業於台灣大學化學工程學系，赴美留學獲哈佛大學法學院法律學博士和商學院企管碩士。返國後學以致用擔任律師，後進入企業界服務，累積了很多經驗，成為一位成功的企業家。知命之年因緣際會重讀少年時期曾經涉獵的我國傳統經典，和自己的經驗相印證，產生興趣，於是博覽群籍，開始領悟我國數千年先賢，包括儒、道、法、兵、縱橫、釋各家智慧留傳下來的典籍，李先生稱為廣義的儒家思想，實為指引我們個人成功幸福、社會進步安定的明燈。

不過古籍卷帙浩繁，文字艱深，不是大家都有時間閱讀，也不是人人都能讀懂。這些年李先生結合同道，宣講我國「道、神、聖、賢」在浩繁的典籍中留給我們做人做事的智慧。四年前他出任「中華儒道研究協會」理事長，更是積極推廣他心目中廣泛的儒家思想不遺餘力，這也是我一個退休的人能有機會和李先生相識的原因。可惜我年老，過去涉入的一些學術與公共事務尚多，不能常參加李先生舉辦的活動；我相信這一點李先生是可以諒解的。

今年十月三十一日太平洋文化基金會和對岸的中華文化促進會在台大霖澤館舉行「二〇一三兩岸人文對話」，討論「中華文化與企業經營」。我和李先生在會中各有報告。我講的題目是「創造價值vs.追求利潤——放於利而行多怨」，李先生的題目是「資本主義終必崩盤，經典商道應運而起」。李先生在他的報告中闡述唯利是圖的資本主義不僅造成傷害與掠奪，而且導致戰爭，甚至造成資源耗竭，終將難以為繼，唯有合乎我國先賢智慧，重視修身與做人，尊重他人利益，知所節制，愛好和平與寬恕的經典商道才是永續經營的大道。我甚以為是。其實我要說的意思是一樣的。我們如果在經營的過程中為社會創造了增加的（經濟）價值，利潤自然隨之而來。然而如果我們心裡只想到利潤，眼睛裡只看到錢，見錢眼開，罪惡就隨之而來。所以孔子說：「放於利而行，多怨。」司馬遷在《史記・孟子荀卿列傳》中說：「利誠亂之始也，夫子罕言利者，常防其原也。」

二〇〇八年到二〇一二年，李先生在公務之暇，從我國古聖先賢的經典中整理出十八條人生志業成功、職場致勝的「藍海策略」或「錦囊妙計」，撰成《當孔子遇上哈佛・首部曲：志業職場》一書於二〇一三年四月出版。其中第一條就是「聖貴在功」，接下來的十七條都是成就功業的方略和手段。李先生以「廣義的儒家思想」代表數千年祖先流傳下來的智慧，這些智慧多年來被視為無濟於時艱，《當孔子遇上哈佛》才重現其本有的實用價值。

本書是李先生《當孔子遇上哈佛》的二部曲：個人戰技。二部曲和首部曲一樣，也包含十八條人生秘笈，告訴我們如何善加運用古人的智慧，讓我們的人生得意。

李先生在上一本書的自序中說：「在人人忙著拚經濟、數鈔票、為生活奮鬥的今世工商業社會中，要說服人們去親近經典，學習和實踐經典的內涵，必先讓大家相信道、神、聖、賢的心性智慧可以幫助他們在競爭激烈的職場中做得更好、得到成功！這本書的內容就是要讓大家在學習了經典心性智慧之後，可以立刻把它們用出來，見到效果！」不過我相信先賢留給我們的智慧有超越富貴榮華、世俗功利者；而由李先生所規劃《當孔子遇上哈佛》整體六部曲的內容看，他的認知和立場應是與我相同的。我在不久前兩岸文化對話的論壇中聽李先生引用《史記・貨殖列傳》范蠡的話說：「計然之策七，越用其五而得意。既已施於國，我欲用之家。」我知道李先生從「道、神、聖、賢」的心性智慧中整理出來的錦囊妙計有一〇八條，《當孔子遇上哈佛》首部曲和二部曲共揭露了三十六條。我們期待「三部曲」和「四部曲」……早日問世，讓我們可以善用古人的智慧，共同建設一個美好世界，追求幸福的人生。

孫震　二〇一三年十二月二十日

（本文作者為中華企業倫理教育協進會理事長）

見形測微的神龍

今年（二〇一三）四月李克明博士（元大創業投資公司董事長）出版了《當孔子遇上哈佛・首部曲：志業職場》暢銷書，我已經很佩服他的聰明才智及毅力恆心。今年十二月初又收到他《當孔子遇上哈佛・二部曲：個人戰技》的稿件，更令我嚇了一跳，他的寫作「生產力」在「學習曲線」（Learning Curve）的影響下，竟然提高得如此快，不到一年就要出版二本大作。

有知識的學者，尤其有仁義道德的神、道、聖、賢傳人，一定要「成章始達」（見本書第二十七篇）。會寫好的文章，其威力如同「劍雄萬敵」，更可「筆掃千軍」。李克明博士的這本《二部曲：個人戰技》與第一本《首部曲：志業職場》一樣，文章都很引人入勝，一讀之下，愛不釋手。

我的中國文化引導老師，南懷瑾國學大師，在生前也寫了四十多本風迷華人世界的好書，介紹中華民族文化儒、釋、道諸子百家。但他一再告誡我們「文以載道」的嚴肅性，所以下筆必須精鍊才能耐久，他甚至說「文章千古事，好壞死後知」，「一言既出，駟馬難追」。準此，我在欽佩李克明博士的嚴謹治學功夫下，也花十多天時間，逐字閱讀他第二部嘔心的作品，並逐篇作心得筆記，竟書之後，感到收穫良多，可直追原作者李克明博士的百分之一。

李克明董事長得到哈佛大學（Harvard University）的法律學博士及企管碩士，接受西方嚴格邏輯科學訓練。所以他寫東方神、道、聖、賢諸子百家的心性智慧文章，也是用歸納（Induction）及演繹（Deduction）的科學方法，從浩如煙海的中國典範訓誨文章中，歸納出各十八句（首部曲十八句，二部曲十八句）畫龍點睛式的「篇名」，然後據以展開演繹何謂（What）、為何（Why）、如何（How）、何人（Who）、何時（When）、何地（Where）之深入解說，令人讀來雖如進入「八卦陣」，粗看複雜，但入陣、出陣之行徑瞭然於胸，一點也不會妄想迷惑。

他在第一本首部曲裡，從第一篇「聖貴在功」開始，繼而「義兵無偃」、「王霸在遇」、「為學知兵」、「奇正相生」、「虛實難分」、「實腹虛心」、「避實擊虛」……寫到「取法乎上」、「合宜得當」、「常行不休」、到最後第十八篇「抱道待時」止，極盡心智變化之能事。在第二本二部曲裡，又從第十九篇「見形測微」開始，繼而「聽之以神」、「能語善默」、「說難知心」、「諷諫少辯」……寫到「欲取先與」、「教之化之」、「信賞必罰」、「不忍壞事」、「知止不殆」、到最後第三十六篇「龍不現尾」止，說透中華文化之美妙。

他所引用的中華文化神、道、聖、賢的典範寶藏，包括《易經》、《黃帝內經》、《尚書》、姜太公《陰符經》、《六韜》、管仲《管子》、李耳《老子道德經》、莊周《莊子南華經》、列禦寇《列子清虛經》、孔丘《論語》、曾參《大學》、子思孔伋《中庸》、孟軻《孟子》、荀卿《荀子》、王善《鬼谷子》、呂不韋《呂氏春秋》、韓非《韓非子》、黃石公《素書》、《三略》、晏嬰《晏子春秋》，文計然《文子》、孫武《孫子兵法》、蒯通《戰國策》、劉基《百戰奇略》、吳起《吳子》、司馬遷《史記》、呂坤《呻吟語》、趙蕤《長短經》（反經）、司馬光《資治通鑑》（正經）、諸葛亮《將苑》、〈出師表〉、〈後出師表〉、劉向《說苑》、戴德《禮記》、北宋《太平御覽》、陳眉公《小窗幽記》、張潮《幽夢影》、劉昫《舊唐書》、唐甄《潛書》、羅大經《鶴林玉露》、王辟之《澠水燕談錄》、蘇轍〈東軒記〉、劉劭《人物誌》、徐文長〈詩說序〉、張擬《棋經十三篇》、王符《潛夫論》、劉勰《文心雕龍》、王國維《人間詞話》、尉繚《尉繚子》、劉安《淮南子》、司馬穰苴《司馬法》、吳亮《忍經》、張有藝〈張公百忍歌〉、唐伯虎〈百忍歌〉、洪應明《菜根譚》、呂蒙正〈破窯賦〉、金蘭生《格言聯璧》、俞文豹《唾玉集》、馮道《榮枯鑒》、曹雪芹《石頭記》……等等，都是一般「少不更事」的我輩後學者甚少涉及之老祖宗文化寶藏。但是透過閱讀《當孔子遇上哈佛》首部曲及二部曲兩本書，我們可以很快打開這些中華浩瀚文化寶庫之門，如同佛門龍樹菩薩到龍宮大圖書館參觀，用跑馬看花、走馬看花、或停立品嘗，是多麼愜意的享受，因之，請大家告訴大家，快來分享「哈佛」進入「孔子」殿堂的豐收慶宴。

李克明博士在本書所呈現的第二部曲十八篇文章中，第一篇「見形測微」是教我們觀察、早知，亦即「萌芽未動已見先機」之能力，那是屬於「六正臣」中第一位「聖臣」之功夫。漢劉向在《說苑・臣術第二》指出「六正臣」及「六邪臣」。「六正臣」是指聖臣、大臣、忠臣、智臣、貞臣、直臣；「六邪臣」是指具臣、諛臣、奸臣、讒臣、賊臣、亡臣。其中只有「聖臣」擁有

「見形測微」的透視能力，能夠為主人化解危機於無形，為主得勝於無名無行。《孫子兵法》舉出三十多種外徵，可以詳測其內情，而可不戰而屈人之兵，兵不血刃，贏得「全勝」。《韓非子》也舉出四十七種亡國之徵，若能先知先覺，察微測心，可得先機，當機立斷，就可趨吉避凶。秦王嬴政（即後來的秦始皇）曾接見韓非來求和，和他深談三日三夜後，大為欣賞韓非才華，硬要他留在秦國幫助消滅六國，統一天下。韓非是韓國公子，出使來求秦國不要滅韓，豈能助秦滅六國包括自己的祖國，所以拒絕嬴政要求，被關入大牢，又被同學李斯壞心眼趁機毒死，年紀輕輕就夭折。

李克明博士在本書中，把個人的五官六識（佛家有五官八識）中的眼、耳二官及身、語、意三識，當作發揮的載體，循序發展，到最後一篇（即第三十六篇）用「神龍見首不見尾」的「龍不見尾」來表達保留神秘、不現全身，以創造魅力、給人驚奇，提高邊際價值的方法，剛好和第一篇（即第十九篇）「見形測微」的觀察力相反。一個是「防禦」（龍不見尾），一個是「進攻」（見形測微），搭配完美，顯見本書撰寫佈局之高超。本人甚為佩服，所以把這篇推薦文叫「見形測微的神龍」。人生若能修煉到「見形測微」的「聖臣」階段，又能練到「神龍見首不見尾」的神秘隱藏功夫，真可謂已達「大而化之之謂聖，聖而不可知之之謂神」之境界了（見《孟子・盡心下》）。

「當孔子遇上哈佛」時，「孔子」（東方）會讚賞「哈佛」（西方）的邏輯研究功夫，而「當哈佛遇上孔子」時，「哈佛」更應該低眉尊敬「孔子」「仰之彌高，鑽之彌堅，瞻之在前，忽焉在後」（《論語・子罕篇》）。我衷心推薦有志於中和西方資本主義極端功利貪婪思想的企業界人士，應多多閱讀李克明博士的第二本神、道、聖、賢經典白話大作，既可進德修業，又可賞心悅目，更可鍛練中文寫作，一舉三得，何樂不為。

陳定國　二〇一三年十二月十七日

（本文作者曾任教於台灣大學、政治大學、淡江大學多年，亦曾在企業界擔任主管甚久，現任中華企業研究院基金會及中國經濟企業研究所董事長）

自序

孔子vs哈佛 第二棒

以年輕時在哈佛讀商、學法所練就的思考邏輯細讀中國經典，驗證內涵，領悟真義，正是——孔老夫子遇上了哈佛，故取之以為書名的《當孔子遇上哈佛》，不講學術，非考據訓詁；被我自己定位為：幫助讀者扮演好「人」這角色的生活、生命工具書，實踐順遂人生的參考書，品嚐文言文之美的休閒書，生死關頭的救命書，抓住「二十一世紀是中國經典世紀」時代大趨勢的時尚流行書。

接續《首部曲：志業職場》，《二部曲：個人戰技》登場，接下引領我們進入道、神、聖、賢心性智慧奧妙宏偉殿堂的第二棒！

首部曲回響的鼓舞

首部曲出版後所得到讀者廣大而正面的回響，深深鼓舞著我！雖然它是本需要細嚼慢咽的書，非一時一刻、一天一晚就可以消化讀完，大多數讀者的平均閱讀進度是一天或一晚一篇；但是許多讀者都告訴我說：這本書對他們真的有用！道、神、聖、賢的心性智慧真是珍貴！讓我慶幸自己所立下寫書的使命沒有錯誤，所投入的心血沒有白費！而藉由首部曲和更多愛好經典的同道結了緣，有機會向他們請益學習，猶其餘事！

二部曲的章節內容

首部曲以十八篇的篇幅闡述了讀者讀了之後可以立刻在競爭激烈的職場中派上用場的十八項心性智慧，故以「志業職場」作為副題，二部曲則介紹了十八項學了之後可以讓個人做人處事能力大大竄升的核心功夫和圓融手腕，故以「個人戰技」作為副題。

「見形測微」是看和觀察的訣竅，「聽之以神」是傾聽的智慧，「能語善默」、「說難知心」和「諷諫少辯」是說話的技巧，「智愚之分」和「何來苦讀」是讀書的方法，「思慮之政」是思考的概念，「成章始達」則是動筆寫的道理；讓讀者把道、神、聖、賢怎麼看、聽、說、讀、思考和寫作的六種核心功夫一次學到！

「秉公權謀」、「用人之智」、「收攬人心」、「欲取先與」、「教之化之」、「信賞必罰」、「不忍壞事」、「知止不殆」和「龍不現尾」則是道、神、聖、賢運用在人生上以趨吉避凶的圓融手腕！其內涵深遂廣大，都是心性智慧的精華，讀了，會有相見恨晚之嘆！

舜何人也？禹何人也？有為者亦若是！二部曲就是要有系統地整理出歷史上聖君良相、英雄豪傑趨吉避凶、成就功業、完成圓滿人生的整套壓箱本領，與有心、有為的讀者分享！

由首部曲到二部曲，涵蓋的人生議題愈廣，引用的經典章句愈多，我對自己的才疏學淺愈有感覺。不只因同一經典的不同版本，文字容有少許出入，標點符號則出入甚多，本書所引經典原文章句標點符號與讀者所讀其他版本者或有不同；而因才疏學淺所致的筆下錯誤更是在所難免，還請讀者多予包涵指正。

感謝與期許

仍要以二部曲紀念　先父李俊博士（一九一九～二〇一〇），顯揚其名，以盡大孝。感謝　明師一指，讓我在知命之年後，得聞大道，領悟經典真義，找到自己的天命。感謝母親、妻子、女兒容忍我公餘忙著治學、讀書、寫書，對她們照顧不周，有虧為子、為夫、為父的職責。而修改、潤飾、校稿的時候，女兒已經出國留學，多虧她雖不再分擔校對索引的工作，卻仍常常越洋給我簡訊打氣。

也感謝元大集團馬總裁、杜董事長一家和元大金控長官的提攜，以及同仁在工作上的配合，讓我可以在公餘抽空寫作。感謝學習經典的同道與我切磋琢磨，提供寶貴的意見。更感謝遠流出版公司淑正編輯女史和她的同仁們，與我再續前緣，又一次為我出書的志業提供一流專業的助力。

感謝道、神、聖、賢，容許我借用他們的心性智慧，引他們的文字章句，繼續《當孔子遇上哈佛》述而不作的志業，期望他們繼續賜我加持！

首部曲出版十個月之後，二部曲能在甲午年正月出版，不是寫作速度加快了，而是前三十六篇原是同時在寫的；在公餘擠出時間修改、潤飾、校稿，真的很辛苦，但總算把二部曲搞定，如釋重負。

《當孔子遇上哈佛》共六部曲，六去其二，還剩四部，繼續努力！

李克明 于台北 德潤居

癸巳 臘月

目錄

第十九篇

見形測微

由外徵識內情，退而明哲保身，進則度勢握機。

觀察是創新、決定和解決事情的重要技巧，
善於觀察者，能識人所未見，
見形測微，由外徵識內情，
掌握千金難買的早知道，
才能搶得先機，戰無不勝！

天下之物，見形可以測微

善於細心觀察的人，可以看到許多別人看不到的。道、神、聖、賢經典中對這項本領有不少著墨，摘出幾段，以為借鏡。

一、韓生料秦王

秦王喜好打獵，常騷擾到獵場附近的人民，這次又下令要在北郊打獵。前一天，人民紛紛搬遷走避。一個名叫韓生的人勸阻大家：「別忙！別忙！大王的愛子已經生病三天了，大王心裡擔憂，一定不會外出打獵。」結果果如其言。有人於是問他：「我宿衛王宮都不知道大王的愛子病了，你又是怎麼知道的？」韓生說：「我聽說大王的愛子喜歡放紙鳶。我登上小山頭眺望王宮的上空，已有三天不見紙鳶，由此判斷其子已生病三天，大王不會外出打獵！」❶

《潛書》針對韓生能如此精準地預料秦王的心思舉止，以如下評論稱許韓生：「天下的事物，見到外形就可以推測出細微枝節；有智慧的人憑此做出決策，笨拙的人卻只會懷抱質疑。能夠料敵如韓生推測秦王舉止一樣的，即稱得上有智慧了！」❷

【典籍出處】

❶昔者秦王好獵而擾民，下令獵於北郊。前日，民皆徙避之。有韓生者止之曰：「王之愛子病三日矣，王心憂之，必不出。」已而果然。或問之曰：「吾宿衛王宮，且不知王之愛子病也。子何以知之？」韓生曰：「吾聞王之愛子好紙鳶。吾登丘而望王宮之上，三日不見紙鳶矣，是以知之。」《潛書・下篇下・五形》

❷天下之物，見形可以測微，智者決之，拙者疑焉。料敵者如韓生之料秦王，可謂智矣。《潛書・下篇下・五形》

二、見象牙筷而知天下禍

由剛開始萌芽的狀況，就能看到未來的發展。

商朝末年，當箕子看到商紂用象牙做筷子時，便開始為商朝的國運憂慮了。他認為象牙筷不會和泥土燒成的盛器一齊使用，一定是搭配犀牛角寶玉的杯子。象牙筷、犀牛角寶玉杯，一定不是用來盛裝菽藿做的羹湯，而是用來食用旄牛、象、豹胎等珍貴肉食。食用此等珍貴肉食，不會是穿著粗布短衣，在茅草房屋下食用，一定是穿著錦繡的衣服，在豪宅裡和高臺上大快朵頤。❸

箕子害怕會發展到他想像的這種地步，所以一看到用象牙做筷子就開始擔心疑懼。過了五年，紂王製造肉圃，設置炮烙，登上糟丘瞭望，到酒池暢飲，商紂因此而亡。箕子看到象牙筷，就知道天下將有禍患。所以老子說：「能看到細微的徵兆就是明察。」❹

三、衛姬善觀色，管仲能察言

齊桓公會盟諸侯，衛國使者來晚了，桓公因此在早朝時與管仲商量要攻打衛國。退朝回宮後，本是衛國人的妃子衛姬看見他，下堂連拜了幾拜，替衛國國君請罪。桓公驚訝道：「我對衛國又沒有

❸ 昔日，紂為象箸，而箕子怖：以為象箸必不加於土鉶，必將犀玉之杯；象箸玉杯，必不羹菽藿，則必旄象豹胎；旄象豹胎，必不衣短褐而食於茅屋之下，則必錦衣九重、廣室高臺。《韓非子・喻老》

❹ 吾畏其卒，故怖其始。居五年，紂為肉圃，設炮烙，登糟丘，臨酒池，紂遂以亡。故箕子見象箸以知天下之禍。故曰：「見小曰明。」《韓非子・喻老》

做什麼事，你為什麼要代衛君請罪？」衛姬回答：「臣妾見大王進來時，腳抬得高高地、邁著大步、怒氣沖沖，有一種要討伐別國的神情；見到臣妾又臉色一動，顯然是要攻打衛國嘛。」❺

第二天早朝，桓公向管仲作了揖，請他上來說話。管仲說：「大王不想攻打衛國了？」桓公問：「仲父怎麼知道的？」管仲說：「大王上朝的時候，作揖如此謙恭，說話那般緩和，而見到我時面有愧色，我就是據此判斷大王改變主意，不想攻打衛國了。」❻

桓公說：「好啊！有仲父為我治理宮外事，有夫人為我治理宮內事，寡人就知道終身不會有錯失而被諸侯恥笑了！」桓公原來以不說話隱匿自己的意圖，如今管仲觀察他的容貌音聲，夫人觀察他的舉步氣志，都窺測到了他的內心。桓公雖不說話，內心的意圖卻像暗夜中的火燭，被管仲和衛姬看得如此清楚明白！❼

管仲和衛姬真是太會察言觀色了！

四、聽於無聲，視於無形

齊桓公與管仲商量出兵討伐莒國，還沒商量出個結果，這事就被國人知道了。桓公對此覺得奇怪，於是詢問管仲。管仲說：「國

❺ 齊桓公合諸侯，衛人後至。公朝而與管仲謀伐衛，退朝而入，衛姬望見君，下堂再拜，請衛君之罪。公曰：「吾於衛無故，子曷為請？」對曰：「妾望君之入也，足高氣彊，有伐國之志也；見妾而有動色，伐衛也。」《呂氏春秋・精諭》

❻ 明日君朝，揖管仲而進之。管仲曰：「君舍衛乎？」公曰：「仲父安識之？」管仲曰：「君之揖朝也恭，而言也徐，見臣而有慙色，臣是以知之。」《呂氏春秋・精諭》

❼ 君曰：「善。仲父治外，夫人治內，寡人知終不為諸侯笑矣。」桓公之所以匿者不言也，今管子乃以容貌音聲，夫人乃以行步氣志，桓公雖不言，若暗夜而燭燎也。《呂氏春秋・精諭》

內必有聖人！」桓公輕歎一聲說：「嘻！今天我到城牆上巡視在下邊幹活的民工，有一名拿拓水杵的人一直向上注視我，想必就是他吧？」於是命令這些人重新來服役，並且不得由他人代替。沒過多久，衛士帶上了一名叫東郭垂的人。管仲說：「這一定就是我要找的人了！」於是，命令迎賓侍者站立在臺階兩邊，迎接東郭。❽

管仲先問東郭：「就是你在外面說我國就要出兵討伐莒國的嗎？」東郭回說：「是的。」管仲又問：「我從沒有說過要討伐莒國的話，你為什麼會這樣說呢？」東郭回答：「君子善於立謀決斷，小人善於揣摩猜測。我國就要出兵討伐莒國的事是我自己私下推測出來的。」管仲很好奇，接著又問東郭：「既然我都沒有說過要討伐莒國，你又是憑什麼推測出來的？」❾

東郭的回答是這樣的：「我聽人說君子有三種臉色：在悠閒自得、宴享喜樂時，臉上是鐘鼓的顏色；愁悶悲傷、清靜無為時，是喪服的顏色；勃然奮發、躊躇滿志時，則是兵革的顏色。那一天，我遠遠望見國君站在城台之上，臉色勃然滿志，這是兵革的顏色，表示國君想發兵打仗了。國君嘴巴動了而沒有發出聲音，說的是『莒』的口形；國君舉起手臂而指向遠方，指的方向與你同樣是向

❽ 齊桓公與管仲謀伐莒，謀未發而聞於國。桓公怪之，以問管仲。管仲曰：「國必有聖人也。」桓公歎曰：「歖！日之役者，有執柘杵而上視者，意其是邪！」乃令複役，無得相代。少焉，東郭垂至。管仲曰：「此必是也。」乃令儐者延而進之，分級而立。《說苑・權謀第十三》

❾ 管仲曰：「子言伐莒者也？」對曰：「然。」管仲曰：「我不言伐莒，子何故言伐莒？」對曰：「臣聞君子善謀，小人善意，臣竊意之也。」管仲曰：「我不言伐莒，子何以意之？」《說苑・權謀第十三》

著莒國。我私底下猜測，現在齊國周圍還沒臣服的小諸侯只有莒國，所以才這樣說。」⑩

《說苑》因此評道，有見識的人說：「用耳朵聽，靠的是聲音。現在沒聽到聲音，而憑表情和手臂做判斷，是東郭垂不需要用耳就能聽聞到事情。桓公、管仲雖然善於謀劃，但也不能瞞過那能聽於無聲、看於無形的聰明聖人，而東郭垂就有這樣的本領！」⑪

心目相關，眼為靈魂之窗

心目相關，生死相因，物機相應，沒有一刻間斷。人為萬物之靈，每天和千萬事物交相接觸，一念之起，隨念生於物；一念之滅，隨念死於物。然而，人的心不是自生於外界事物的，它要靠眼睛和耳朵才能和外界事物聯繫。⑫

心不自絕於外界事物，而是與外界事物相聯相應，其聯繫就在眼睛和耳朵。人如果黑白不分，美醜不別，則心同太虛，怎麼會有念生？又怎麼會有念死呢？只因為聯繫的機關在眼睛，眼睛接觸到外界事物而使念動；一睹美色，立刻生愛；一見厭物，旋即憎惡。

⑩ 對曰：「臣聞君子有三色：優然喜樂者，鐘鼓之色；愀然清淨者，縗絰之色；勃然充滿者，此兵革之色也。日者，臣望君之在臺上也，勃然充滿，此兵革之色。君吁而不吟，所言者莒也；君舉臂而指，所當者莒也。臣竊慮小諸侯之未服者，其惟莒乎？臣故言之。」《說苑・權謀第十三》

⑪ 君子曰：「凡耳之聞，以聲也。今不聞其聲，而以其容與臂，是東郭垂不以耳聽而聞也。桓公、管仲雖善謀，不能隱。聖人之聽於無聲，視於無形，東郭垂有之矣。……」《說苑・權謀第十三》

⑫ 心生於物，死於物，機在目。《黃帝陰符經・強兵戰勝演術章》

所以，愛之，而欲心生，是此心生於物也；惡之，而欲心死，是此心死於物也。它們的來處，難道是心之本然嗎？其實，這些都是由眼睛做為機關聯繫所生的。所以，上聖有內觀之經，仙家有簾目之法，儒家講非禮勿視，釋家說清淨眼根，它們所闡述的都是類似的道理。但是，瞎眼的人也有嗜慾，說明了豈是只有眼睛獨為機關而已？所以說眼睛和心同為與外界相聯的機關。

觀察爲文化生成之源

據傳，八卦是包羲氏仰觀天文，俯察地理，中通萬物之情，究天人之際，通古今之變，而總結出來的一個系統規律。

《易經》之理和天地的理等同，因此能普遍地包含天地間一切的道理。依《易經》之理，仰觀天上日月星辰的文采，俯察地上山川原野的理紋，就能夠知道晝夜光明幽暗的原因。推究萬物的原始求其終結，就能夠知曉死亡生成的說法。精氣聚為物，遊蕩之魂就是物的變化，就能夠知曉鬼神的情狀。[13]

《易經》之理和天地相似，所以不會違背天地之道。能了解《易

[13]《易》與天地準，故能彌綸天地之道。仰以觀於天文，俯以察於地理，是故知幽明之故。原始反終，故知死生之說。精氣為物，遊魂為變，是故知鬼神之情狀。《易經・繫辭上》

經》完整涵蓋萬物的道理，而以它匡濟天下，所以行為不會過頭。普遍推行於天下而不流盪，樂天知命，所以不會憂愁。安於所處的環境，敦厚地施行仁義，所以能博愛天下人。《易經》可以範圍天地的化育而不過頭，曲折地成就萬物而不遺漏，通達晝夜陰陽的道理而無所不知，所以《易經》的道理神妙不拘一方，變化也不定於一體。⓮

中華文化的生成起源，在那沒有文字記載和書籍的年代，所靠的就是聖人的上觀天文、下察地理。觀察之妙，由此可知！

相一徵而知全貌

古時有十位善於相馬的良工，每一位都能以「一徵」——馬的一個特徵——知道這匹馬的狀況：寒風觀察馬的口齒，麻朝觀察馬的面頰，子女厲觀察馬的眼睛，衛忌觀察馬的眼毛髭，許鄙觀察馬的屁股，投伐褐觀察馬的胸肋，管青觀察馬的嘴唇，陳悲觀察馬的腿腳，秦牙觀察馬的前半身，贊君觀察馬的後半身。⓯

這十人都是天下相馬的大師，他們相馬的方法雖各有不同，卻

⓮ 與天地相似，故不違。知周乎萬物而道濟天下，故不過。旁行而不流，樂天知命，故不憂。安土敦乎仁，故能愛。範圍天地之化而不過，曲成萬物而不遺，通乎晝夜之道而知，故神无方而《易》无體。《易經・繫辭上》

⓯ 古之善相馬者：寒風是相口齒，麻朝相頰，子女厲相目，衛忌相髭，許鄙相尻，投伐褐相胸脅，管青相唇吻，陳悲相股腳，秦牙相前，贊君相後。《呂氏春秋・觀表》

都是只觀察馬的某一項特徵，就能知道馬匹的全貌：品節的高低、腳力的快慢、體質的強弱、耐力的長短等等。⑯

不只相馬，人也有徵可以觀察，事物和國家也都有徵可以觀察。聖人上知千年以前的事，下知千年以後的事，靠的不是主觀隨意猜測，而是觀徵之後有所根據才說的。綠圖幡薄等預言吉凶禍福的書籍和器物，都是因此而生的。⑰

察外徵而得內情

做任何事之前都應該蒐集資料，了解相關狀況，做為決策的參考；經典的教誨就是如此主張的。

兩軍作戰，必先察敵情。黃石公《三略》教人先看敵人的倉庫是否豐足，計算他的糧草是否足夠，判斷他的軍力強弱，觀察敵人天時地利的狀況，窺伺探出敵人的虛實和弱點。所以，國家還沒打仗就在運糧，表示倉庫空虛；人民面有菜色，表示生活窮困。而百姓生活貧困，看到糧食運送千里之遙，就可估出國家將有一年缺糧；看到糧食運送兩千里之遙，可估出會缺糧兩年；看到糧食運送

⑯ 凡此十人者，皆天下之良工也，其所以相者不同，見馬之一徵也，而知節之高卑，足之滑易，材之堅脆，能之長短。《呂氏春秋・觀表》

⑰ 非獨相馬然也，人亦有徵，事與國皆有徵。聖人上知千歲，下知千歲，非意之也，蓋有自云也。綠圖幡薄，從此生矣。《呂氏春秋・觀表》

三千里之遙，可估出會缺糧三年；這叫做國家空虛。國家空虛，則人民生活貧苦；人民生活貧苦，則國家難以上下一心，一旦外有敵國攻打，民盜必起於國內，則可以判斷國家必定潰亡。⑱

以上是兩國作戰前必做的敵情觀察。而侍奉主上，進謀獻策，也必先察其情。察的是所待處理事件的來龍去脈、前因後果。只有把緣由因果、相關人等、利害關係搞得一清二楚，才能為所擬定的解決方案打下紮實基礎，貢獻出有效務實的策略。

人、事、物，有什麼內情內涵，就有什麼對應的外徵表象；反之，有什麼外徵表象，也必有相對應的內情內涵。

要成為善於觀察的人，須學習兩件事：第一，能分辨各種不同的外徵表象；第二，熟記內情內涵和外徵表象的對應關係，什麼和什麼對應。學會了這兩件事，就可以由觀察到的外徵表象來推斷內情內涵。這就是西方管理學中所說的線性分析（Linear Regression）。

有時候，我們也可能在曾看過或已看熟的外徵上發現新的內情。觀察舊情境、舊事物，卻能看出些新苗頭，豈不妙哉！靠的就是要打破自己觀察的老習慣和窠臼。

要做到這樣所費不多，只要我們戴上一副新眼鏡，以新的眼光

⑱《軍讖》曰：用兵之要，必先察敵情，視其倉庫，度其糧食，卜其強弱，察其天地，伺其空隙。故國無軍旅之難，而運糧者，虛也。民菜色者，窮也。……夫運糧千里，無一年之食，二千里，無二年之食，三千里，無三年之食，是謂國虛。國虛，則民貧，民貧，則上下不親。敵攻其外，民盜其內，是謂必潰。《三略．上略》

看世界，就可以在已知的外徵上發現新內情。⑲

「敵人可擊」與「敵壘虛實」

周武王曾請教姜太公：「我知道用兵的要領，一定要有勇武的戎車和驍勇的騎兵，以及馳陣選鋒的勇士，看到敵人露出可攻擊的間隙就展開攻擊，但究竟看到哪些狀況時就可以展開攻擊呢？」

太公說：「只要審察到敵人有下列變化，就可以展開攻擊，敵人一定會潰敗。」接著列出了十四種變化：敵人新集可擊，人馬未食可擊，天時不順可擊，地形未得可擊，奔走可擊，不戒可擊，疲勞可擊，將離士卒可擊，涉長路可擊，濟水可擊，不暇可擊，阻難狹路可擊，亂行可擊，心怖可擊。⑳

太公所說的十四項外徵變化，不需要多做解釋，一看就明白；它們不只是戰陣遇敵時「敵人可擊」的徵象，也是戰場之外其他競爭情境下「敵人可擊」的徵象，可以類推運用！

《六韜》教人觀察的敵我狀況其實不止上述十四項「敵人可擊」的外徵。舉例而言，在下面的內容中，太公又對武王說明如何判斷

⑲ The real act of discovery consists not in finding new lands but in seeing with new eyes. ——Marcel Proust

⑳ 太公曰：「敵人新集可擊，人馬未食可擊，天時不順可擊，地形未得可擊，奔走可擊，不戒可擊，疲勞可擊，將離士卒可擊，涉長路可擊，濟水可擊，不暇可擊，阻難狹路可擊，亂行可擊，心怖可擊。」《六韜・犬韜・武鋒》

敵壘的虛實，讓我方來去自如。

太公說：「為將帥者，必須上知天象的變化，下知地形的險易，中知人事的狀況。登上高處向下觀望敵情，可以觀察到敵人的調動變化。觀望敵人的營壘，就可以知道敵人的虛實；觀望敵人士卒的舉止表現，就可以知道他們過去和未來的狀況。」㉑

武王又問：「如何知道營壘和士卒的實情？」太公說：「聽不到敵人鼓鐸的任何聲音，觀望到他營壘上方有許多禽鳥飛翔而不受任何驚擾，營壘上空沒有任何塵氛時起飛揚，就可以知道敵人在玩空營偽詐的把戲，守營的都是假人啊。敵人若是倉促而去，去不遠卻又忽然回頭，是敵人行動太快，有士卒落伍而回營。若敵人行動太快，前後不一，行陣必定混亂；這樣，可以立刻派兵出擊，能夠以寡擊眾，必能獲得勝利！」㉒

古代將帥研讀兵法的要點之一，就是學習、了解、熟記作戰時會遇到的各種情境的外徵與內情，以迅速做出戰術決策的參考。隨著科技發展，戰爭方式有所改變，現代化戰爭面對的情境與過去不同，但外徵與內情的掌握，仍是敵我將帥孰優孰劣的決定性因素！

㉑太公曰：「將必上知天道，下知地利，中知人事。登高下望，以觀敵之變動。望其壘，則知其虛實；望其士卒，則知其去來。」《六韜・武韜・壘虛》

㉒武王曰：「何以知之？」太公曰：「聽其鼓無音、鐸無聲，望其壘上多飛鳥而不驚，上無氛氣，必知敵詐而為偶人也。敵人猝去不遠，未定而復反者，彼用其士卒太疾也。太疾則前後不相次，不相次則行陳必亂。如此者，急出兵擊之。以少擊眾，則必勝矣。」《六韜・武韜・壘虛》

敵軍外徵與亡國之徵

戰場上敵軍的各種外徵表象代表什麼，為將者一定要知道，《孫子兵法》對此著墨甚多，列出三十多項外徵表象及其代表的內情內涵。例如：敵人逼近了，防守者卻很冷靜，是自恃所處地形險要，易守難攻；敵人半進半退、似進似退，是想引誘守軍進攻；看到有好處可得，卻打住不前進，是過度勞累；官吏容易發脾氣，是因為疲倦了等等。每一項都是無數經驗累積得出的。㉓

國家興亡，觀徵也可以知道。法家韓非就曾列舉四十七項亡國之徵：由第一項：君主的封土小，大夫的采邑大，君主的權力小，臣下的權力大；到第四十七項：君主的女婿子孫和百姓住在同一里巷，對鄰居強橫傲慢；講得鉅細靡遺。當然，有亡徵的國家不一定會滅亡，講的是它可能會滅亡。旁觀者誰能看穿徵兆，再輔以對外界環境的判斷，掌握先機，就有奪得天下的機會！㉔

古人對天下大勢、國家興亡、敵我強弱的觀察，足以為當今世人觀察、判斷、預測世界局勢、全球經濟、產業趨勢、股債市走向、企業發展等等的指導。時空雖有不同，觀察的意義和重要性卻

㉓ 敵近而靜者，恃其險也；……半進半退者，誘也。……見利而不進者，勞也。……吏怒者，倦也。……《孫子兵法・行軍第九》

㉔ 凡人主之國小而家大，權輕而臣重者，可亡也。……公壻公孫與民同門，暴慠其鄰者，可亡也。亡徵者，非曰必亡，言其可亡也。《韓非子・亡徵》

從來未曾減少！

觀察入微，先知先覺

要認識人的心志，觀察事物變化，不可不熟悉，不可不深入。天是很高的，而天上日、月、星辰、雲、氣、雨、露的運行卻未曾一刻休止；地是很大的，而地上水、泉、草、木、飛禽、走獸、游魚卻未曾一刻靜止。在天地之間、上下四方之內的萬物，本來應該相安為利，但實際上彼此間相互危害者，卻多到不可勝數。㉕

人、事也都是這樣。事隨著人心走，人心隨著欲望走。欲望沒法度量，人心也難以度量；心無法度量的人，所作所為也就不可能受掌握而被別人知道了。㉖

人心的隱匿難測，一如深淵，所以聖人總是藉著對事情的考察，來觀測人的內心意向。㉗

聖人所以超越常人是因為他的先知先覺，而要能先知先覺就必定要審察事情的特徵和相關人等內心的表象；未經審察而想先知先覺，就是堯舜也和常人一樣，是無法做到的。雖然事情的特徵較容

㉕凡論人心，觀事傳，不可不熟，不可不深。天為高矣，而日月星辰雲氣雨露未嘗休矣；地為大矣，而水泉草木毛羽裸鱗未嘗息也。凡居於天地之間、六合之內者，其務為相安利也，夫為相害危者，不可勝數。《呂氏春秋・觀表》

㉖人事皆然。事隨心，心隨欲。欲無度者，其心無度；心無度者，則其所為不可知矣。《呂氏春秋・觀表》

㉗人之心隱匿難見，淵深難測，故聖人於事志焉。《呂氏春秋・觀表》

易掌握，而人的內心較難窺測，對聖人而言，後者也是不可能掩藏的，常人則沒辦法做到這點。常人做不到，便以為聖人是靠神力、靠僥倖，其實先知先覺不是靠神力、也不是靠僥倖，而是依據事物發展的理數，推斷出結果罷了！郈成子和吳起就是接近先知先覺的例子。[28]

以《呂氏春秋》魯國郈成子的故事為例：郈成子出使晉國，途經衛國時，衛國大夫右宰穀臣設宴招待，並有樂師獻樂，但樂曲聽來並不快樂。酒喝到一半，右宰穀臣又送他玉璧，因而推測右宰穀臣心有憂慮，贈玉之舉似為託付後事，故判斷衛國將有亂事發生。

郈成子因而被孔老夫子讚為「夫智可以微謀、仁可以託財者，其郈成子之謂乎」，也被《呂氏春秋》評為「不觀其事而觀其志，可謂能觀人矣」——不只觀察別人所做事情的表面，還透過表象觀察到其內心的意向，郈成子可算是善於觀察別人了！[29]

全為一個早知道

敏銳的觀察力能即早洞察將要面對的狀況和問題，是一個人趨

[28] 聖人之所以過人以先知，先知必審徵表，無徵表而欲先知，堯、舜與眾人同等。徵雖易，表雖難，聖人則不可以飄矣，眾人則無道至焉。無道至則以為神，以為幸。非神非幸，其數不得不然。郈成子、吳起近之矣。《呂氏春秋・觀表》

[29] 孔子聞之曰：「夫智可以微謀、仁可以託財者，其郈成子之謂乎！」郈成子之觀右宰穀臣也，深矣妙矣，不觀其事而觀其志，可謂能觀人矣。《呂氏春秋・觀表》

吉避凶，退而明哲保身，進則度勢握機、成就功業的必要條件。

小時候都玩過「連連看」的遊戲吧？紙上畫了許多黑點，每個黑點都有一個數字，拿筆由號碼1那點開始，依1、2、3……的次序把點串起來，就能顯示出一幅圖案。人生中的「連連看」，就是在特定狀況下串連起所有的蛛絲馬跡，連得比別人快，就能比別人先知道將面對的會是什麼圖形，人生會遇到什麼情境。

比別人敏銳的觀察力不保證最後勝利；但是能讓你先知道考試的內容，考哪些題目，給你更多思考的時間和搶先反應的機會！

用心觀察，所為何來？千金難買早知道，用心觀察全是為了一個早知道！要在別人知道之前，自己先知道！

兵法討論到「先」這個觀念，又可以再細分為先天、先機、先手和先聲。軍隊一出，就使得敵軍的謀略受阻不敢妄動，是因為我軍先聲奪人；占據敵我必爭的地方，而每次都比敵人早上一步，是因為我軍搶到先手；不必依賴對戰時攻防的戰術決定勝負，而可以靠事先規劃的謀略取勝，是因為我軍掌握先機；以不爭止爭，以不戰弭戰，在禍患還沒發生時就將它化解，是因為我軍先掌握天時。比敵人先一步重要，其中又以比敵人先一步看清天時、順應天時最重要。[30]

《兵經百言》結論：能夠得心應手運用「先」這個觀念的人，就可以掌握所有的常道！而「先」這個觀念要能運用自如，以搶到先天、先機、先手和先聲，非見形測微不能！

占先之後，察機度勢

除了「先」，影響事情成敗的第二項重要因素是「機」，本書首部曲中的第十一篇〈當機立斷〉對它有詳細的論述。

掌握必勝的方法，指揮分、合、奇、正的變化，都在於抓住「機」。若不是有智慧的人，怎能識出機而加以利用呢？識機的方法，在於洞燭機先，在機還沒有生發前，就觀察出蛛絲馬跡。[31]還是要靠觀察，要察覺到機的來到，在稍縱即逝之前抓住它，好好利用！

機的內涵如果再加解析，其中最重要的就是勢，它的神奇奧妙為它贏得「神勢」之名！

凶猛的老虎不會占據低下的位置，凶猛的老鷹又豈會立於脆弱

[30] 兵有先天，有先機，有先手，有先聲。師之所動而使敵謀阻抑，能先聲也；居人己之所並爭，而每早占一籌，能先手也；不倚薄擊決利，而預布其勝謀，能先機也；以無爭止爭，以不戰弭戰，當未然而浸消之，是云先天。先為最，先天之用尤為最，能用先者，能運全經矣。《兵經百言・智部・先》

[31] 夫必勝之術，合變之形，在於機也。非智者孰能見機而作乎？見機之道，莫先於不意。《將苑・應機第三十三》

柔軟的枝幹上？所以用兵的將帥務必揣度外界的態勢。自己雖只處於天下的一角，而天下搖搖沒有人能夠平定掌控，是受到天勢所制。以寡擊眾，而強大的敵人沒有敢和我相爭的，是我扼住了重要的地形。擊破敵軍一個營寨，敵軍所有營寨都瓦解了，攻下一個地方，所有地方都投降了，是我撤除了敵軍的仗恃。兩軍陣式還沒有交合，戰馬還來不及揮鞭進退，看到敵人的旌旗就踉蹌敗逃，是因為軍隊的士氣已經被摧毀了。㉜

能看清楚地勢，能建立自己的軍勢，再善用其他的戰爭相關因素，戰事沒有打不贏的。而度勢、用勢，非善於觀察不可，認清勢之所趨，無勢，再延再候！勢在，趁勢而為！㉝

識敵：像肚子裡的迴蟲

和敵人作戰或與人競爭，要觀察些什麼？觀察就是要認識、了解你所面對的競爭情境，包括敵人或競爭對手的一切事情，特別是他的人格特質和能力，讓你能知此知彼，通曉敵人的通盤狀況，在敵我優劣比較中找出敵人可擊敗的弱點。

㉜ 猛虎不據卑址，勍鷹豈立柔枝？故用兵者務度勢。處乎一隅，而天下搖搖莫有定居者，制其上也。以少邀眾，而堅銳阻避莫敢與爭者，扼其重也。破一營而眾營皆解，克一處而諸處悉靡者，撤其恃也。陣不俟交合，馬不及鞭弭，望旌旗而踉蹌奔北者，摧其氣也。《兵經百言・智部・勢》

㉝ 能相地勢，能立軍勢，善之以技，戰無不利。《兵經百言・智部・勢》

古人作戰，由所聽到敵軍的金鼓聲，由所看到敵軍的部陣行列，就能辨識敵將整軍用兵的才能；以假裝不敵佯敗引誘，以利為餌試探敵將，由其反應就能辨識敵將知兵用兵的內涵；以震撼驚嚇敵軍，以騷擾拂逆敵軍，由其反應就能辨識敵將的氣度。這是由敵將所為之事明察到的。㉞

敵將剛一生念頭，我就全都察覺；敵將才一用計謀，我就全都洞悉；他私下掩藏的智謀，祕密潛伏的巧計，我全都明白；這是因為我對敵將的心意觀察得非常透徹。㉟

敵將心意還未動，我就已經預擬了針對各種狀況的應變，先以同理心測度敵將的心意，所以能知道他想做的一舉一動，敵將在我意生之後再揣測我的意圖，則其心正投入我的謀略之中。一世的智慧，完全沒有遺漏地顯露出來，前人卻能觀察到後世的能耐。能夠辨識到這種地步，可謂細察入微了！㊱

有個聽來粗鄙的說法：像肚子裡的迴蟲！觀察、了解他人細微到了極致，「先心敵心以知敵」、「後代之能逆觀於前」，我們就可以「像敵人肚子裡的迴蟲」一樣，把敵人掌握在自己手心之中，任意擺佈了！

㉞聽金鼓，觀行列，而識才；以北誘，以利餌，而識情；撼而驚之，擾而拂之，而識度，察於事也。《兵經百言・智部・識》

㉟念之所起，我悉覺之；計之所給，我悉洞之；智而能掩，巧而能伏，我悉燭之，灼於意也。《兵經百言・智部・識》

㊱若夫意所未起而預擬盡變，先心敵心以知敵，敵後我意而意我，則謀而心投。一世之智，昭察無遺，後代之能逆觀於前。識至此，綦渺矣。《兵經百言・智部・識》

兩軍的將領初次相遇，一定要彼此掂掂斤兩；兩軍的將領列陣對峙，也一定要彼此測試一下。測試對手，要避開敵人堅實的地方，而挑敵人疏於防備之處下手；若要測試那想測試我軍的對手，則要故意現出短處欺敵以成為長處。37

測試時，慎防一腳踏空，反而被敵人詭計所陷！妥善之計是必須為測試的兩個可能結果——如我所料和出乎意料——周全地準備因應，這就是獲勝之道。38

小心似是而非，不能無限類推

觀察要小心！小心那些似是而非的山寨假貨！讓人迷惑的，一定是彼此相似的事物。令玉匠擔憂的，是和玉石外觀相似的石頭；令相劍者擔憂的，是看來很像吳國名劍干將的普通劍；而令賢明國君擔憂的，是那些看似通達事理卻只是見聞廣博、能言善辯的人。39

自古以來，亡國的國君看似都有智慧，亡國的臣子看似都很忠誠。看起來相似的事物，是令愚昧的人所大惑不解的，也是聖人特

37 兩將初遇，必有所試；兩將相持，必有所測。測於敵者，避實而擊疏；測於敵之測我者，現短以致長。《兵經百言・智部・測》

38 測蹈於虛，反為敵詭。必一測而兩備之，虞乎不虞，全術也，勝道也。《兵經百言・智部・測》

39 使人大迷惑者，必物之相似也。玉人之所患，患石之似玉者；相劍者之所患，患劍之似吳干者；賢主之所患，患人之博聞辯言而似通者。《呂氏春秋・疑似》

別留意的。所以，墨子看見可左可右、沒有定向的歧路就會為之哭泣。40

相似之物混淆難辨，最要小心！觀察者，慎之！

此外，外徵與內情的對應有時可以類推適用，但不能無止盡地擴張延伸下去。

《呂氏春秋》對此有所說明：藥草中有莘有藟，單獨服用其中任一種就會死，但兩種藥草合用卻能延年益壽；蠍子和紫堇都是毒藥，配到一起卻對人不再有害。有的東西，弄濕了反而變得乾燥，焚燒了反而成為流體。物類性狀在各種不同條件下的變化本來就不是一成不變的，怎麼可以由類推得知呢？41

小方形和大方形同類，小馬和大馬同類，卻不能因此說小聰明和大智慧同類啊！42

觀察重要，古今中外認同

兩千多年前的《素書》有下列的文字，雖然沒有提到「觀察」兩字，但「觀察」的概念竄流字裡行間。

40 亡國之主似智，亡國之臣似忠。相似之物，此愚者之所大惑，而聖人之所加慮也。故墨子見歧道而哭之。《呂氏春秋・疑似》

41 夫草有莘有藟，獨食之則殺人，合而食之則益壽；萬堇不殺。漆淖水淖，合兩淖則為蹇，溼之則為乾；金柔錫柔，合兩柔則為剛，燔之則為淖。或溼而乾，或燔而淖，類固不必，可推知也？《呂氏春秋・別類》

42 小方，大方之類也；小馬，大馬之類也；小智，非大智之類也。《呂氏春秋・別類》

抛棄美玉、懷抱石頭的，堪稱有眼無珠的盲人；羊披上一張虎皮自以為是猛虎，別人卻一眼看穿了牠的偽裝。穿衣時不是頭由衣領伸上來，是顛倒妄為；走路眼不看地，一定會跌倒。柱弱，房子就會傾倒；輔佐朝政的大臣軟弱無能，國家就會傾覆。腳冷，就傷到心；人民抱怨，就傷到國君。山將要崩塌，下面先敗壞；國將衰敗的，人民先困苦。根枯了，樹就會死；人民困苦，國家就殘破。與翻覆的車子走同樣的路，必然翻覆；與亡國者做同樣的事，一定亡國。見到已經發生的不幸，謹慎小心別讓它發生到自己身上；厭惡前人的劣跡，自己就必須避免。[43]

二〇〇五年出版的 *The Prepared Mind of a Leader* 一書，列出領導人用來創新、決定和解決問題的八項技巧：觀察（Observing）、論理（Reasoning）、想像（Imagining）、挑戰（Challenging）、決定（Deciding）、學習（Learning）、成全（Enabling）和反省（Reflecting）；其中，觀察高居第一項。

觀察的重要，是古今中外都認同的；讓我們好好地由經典中學學「見形測微，由外徵識內情」的本領吧！

[43] 棄玉抱石者盲，羊質虎皮者柔。衣不舉領者倒，走不視地者顛。柱弱者屋壞，輔弱者國傾。足寒傷心，民怨傷國。山將崩者，下先隳；國將衰者，民先弊。根枯枝朽，民困國殘。與覆車同軌者傾，與亡國同事者滅。見已生者，慎將生；惡其跡者，須避之。《黃石公素書・安禮章第六》

第二十篇

聽之以神

有耳聽、有心聽，唯有神聽是最上等的聽。

傾聽是了解全局、有效領導的重要條件，
聽人說話，是藝術，也是學問，
要穿透表面的言辭找到話中真意，實非易事。
學習聽之以耳、聽之以心，進而聽之以神，
能增進智慧、贏得好感、彰顯修養，當然要學！

聽難，爲什麼難？

聽人說話難，至少有三個原因。

第一，科學證據顯示，人的聽覺速度比說話速度每分鐘快六五〇個英文字，這個落差使聽者很容易偏離講者說的內容到處神遊、胡思亂想，造成注意力難以集中；這是生理上「聽難」的原因。

第二，當今職場中的多數人都熱中於學習溝通、講話、簡報、自我表達，卻只有五％接受過傾聽的訓練；大多數人沒學過、也不知道怎麼傾聽。

第三，人的生理結構和所處的社會環境之外，造成聽人說話難的原因，在於說者往往有意或無意地不說清楚講明白，留下想像的空間，逼得聽者苦苦尋找那弦外之音。

聽懂說話者真實意義的重要性和困難處，道、神、聖、賢經典中有一段相關的闡述。《呂氏春秋》以替君主殉死一事為例，不為自己的君主殉死在當時是大不義，可是齊國有人不為君主殉死，卻還振振有詞地辯解；因此導出結論：單憑言辭的表面，不足以決斷事情的真相和是非。❶

【典籍出處】

❶不死於其君長，大不義也，其辭猶不可服，辭之不足以斷事也明矣。《呂氏春秋・離謂》

《呂氏春秋》說明：所謂言辭，是意義的外在表現；聽人說話，若只得其外表而拋棄內在的意思，那就是糊塗！所以古人聽人說話，先找尋言辭之下真實的意思，領會到真實意思後，就不再推敲言辭了。聽人言談是要依據言談來了解意思的；如果聽了卻不能知道說者的真正意思，語言便和偽詐之詞沒有區別。❷

穿透表面，聽到真意

古人看透人世事實真相，知道人所說的話，十句中有九句假話；聽別人講話時，十個人中九個會輕易相信別人的話；而聽了別人講的話，十個人中九個會去傳話。❸

正因為世人以輕易相信別人說話的心，聽到了不實的假話，用喜歡傳播的口又做了二手傳播，如此怎麼能在聽到某人像是講義的子路，就能確認他真的像是子路？聽到某人像是講利的盜蹠，就確認他真的像是盜蹠？而不實的內容流傳海內四方，甚至載在史籍裡，被說成比實際的壞，被冤枉的就白白被冤枉了！被說成比實際的好，幸運的就暗自慶幸了！❹

❷ 夫辭者，意之表也。鑒其表而棄其意，悖。故古之人，得其意則舍其言矣。聽言者以言觀意也。聽言而意不可知，其與橋言無擇。《呂氏春秋・離謂》

❸ 人言之不實者十九，聽言而易信者十九，聽言而易傳者十九。《呻吟語・品藻》

❹ 以易信之心聽不實之言，播喜傳之口，何由何蹠而流傳海內？紀載史冊，冤者冤，倖者倖。嗚呼！難言之矣。《呻吟語・品藻》

所以，聽人說話要小心！而要判斷所聽到的是真是假，首先要看說話的人是誰？舉例而言，聽到有人在講別人的不是，不能立刻信以為真，必須先檢視說的人和被說的人各有怎樣的人品。說人不是者如果賢德，被指有所不是的人應該真有不對之處；說人不是者如果不肖，應該要慎重觀察被指有所不是的人。在考察人時，聽到有人指他不是，免去自己手上沒有資料之苦，常常如獲至寶，也沒空計較這指摘由何而來，因這樣而被冤枉的人多了！有道之士、有德之人，慎言慎行，不言不實之語，不輕信、不傳話，開口必有所本；反之，無道之士、無德之人，聽其言定要小心！❺

說者的表面言辭和內心真意不符，未必是惡意或心懷不軌。如本書第二十一篇〈能語善默〉、第二十二篇〈說難知心〉和第二十三篇〈諷諫少辯〉等篇所述，說者要打動聽者，讓聽者接受說者的看法、進而做出特定行為，是一項非常困難、甚至危險的工作。因此，說話的人對所說的內容做必要的包裝，採取第十一篇〈迂迴至要〉所鼓勵的迂迴方式，也是理所當然！

了解了說者的難處，認清了絕大多數說者的表裡未必合一，傾聽就是要穿透說者的表面言辭，找出隱藏的真意！

❺ 聞毀不可遽信，要看毀人者與毀於人者之人品。毀人者賢，則所毀者損；毀人者不肖，則所毀者重。考察之年，聞一毀言，如獲珙璧，不暇計所從來，枉人多矣。《呻吟語・品藻》

耳聽、心聽、神聽

文子姓辛，號計然，是老子的弟子、范蠡的老師，吳越之爭時越國大夫，曾向越王句踐進言滅吳七策。在傳說是他所寫的《文子》（又名《通玄真經》）一書中，文子向老子問道，而老子就說聽是有目標的，不同層次的聽——凝神地聽、專心地聽和一般用耳朵聽，造成不同的結果。

學問不夠精湛，聽道就不會深入。凡是用耳朵聽，就是要增長智慧，就是要讓所進行的事成功，就是要成就功名志業，聽不精湛就不會真正明白，聽不深入就不能通達。所以最高層次的學習，靠的是聽之以神；中等層次的學習，靠的是聽之以心；下等層次的學習，靠的是聽之以耳。用耳聽的人，學到的是皮毛；用心聽的人，學到的是肌肉；用神聽的人，學到的是骨髓。❻

敢問：又要怎樣才能耳聽、心聽、甚至神聽呢？

聽得不深切，知道的就不夠明白；知道得不夠明白，就不能盡得其精髓；不能盡得其精髓，所做的事就不能成功。傾聽的要領就是：虛心清靜，減損意氣不要滿盛，勿思勿慮，眼睛不隨便亂看，

❻老子曰：學問不精，聽道不深。凡聽者，將以達智也，將以成行也，將以致功名也，不精不明，不深不達。故上學以神聽，中學以心聽，下學以耳聽，以耳聽者，學在皮膚，以心聽者，學在肌肉，以神聽者，學在骨髓。《文子・九守・道德》

耳朵不隨便亂聽，重視精神的積聚考核，內心意念充滿兼合，這樣所聽到的必定記得，記得之後也久久不忘。❼

在大多數情境下，我們都經由耳朵，沒特別使勁、隨性地聽；碰到自認重要的事，才會試著排除雜念專心聽；只有少數人曾有那虛心清靜、損氣無盛、凝神以聽的經驗，而那凝神以聽的結果，應該是直入其神一點通、醍醐灌頂、豁然領悟一樣殊勝！

經典裡講了不少奧妙的聽，謹舉幾例如下。

一、顏回夫子的聽——聞一知十

若講到聽的效果，問怎樣聽才是最棒的聽？「聞一知十」應該高居首位。孔老夫子曾問子貢，以他自認和顏回夫子兩人比較，哪個能幹？子貢謙虛地回答：「自己不敢和顏回相比；因為顏回聞一知十，而自己只能聞一知二。」❽

其實，聽人說話真不容易，日常生活中，雞同鴨講的事天天發生，時時上演。現代人別說要做到顏回夫子的「聞一知十」，退而做到子貢的「聞一知二」，甚至能「聞一知二」都已經大不易了！

顏回夫子的「聞一知十」，可算是非常會聽了！

❼故聽之不深，即知之不明；知之不明，即不能盡其精；不能盡其精，即行之不成。凡聽之理，虛心清靜，損氣無盛，無思無慮，目無妄視，耳無苟聽，尊精積稽，內意盈并，既以得之，必固守之，必長久之。《文子・九守・道德》

❽子謂子貢曰：「女與回也孰愈？」對曰：「賜也何敢望回。回也，聞一以知十；賜也，聞一以知二。」《論語・公冶長篇》

二、孟老夫子的聽——知言

如果能聽出別人話語中真正的意思，那有多棒？孟老夫子就自認，他能夠穿透表面的說辭，察覺到說者的真意，這和他善養浩然之氣一般，是自己不同於其他人的長處。❾

什麼叫做「知言」呢？孟老夫子聽到偏頗的話，就知道他的心被什麼蒙蔽；聽到洋洋自得的話，就知道他的心為什麼陷溺不拔；聽到混淆是非的話，就知道他的心為什麼會偏離正道；聽到支吾閃爍的話，就知道他的心為什麼會窮於應付。孟老夫子認為：對任何國君來說，心中滋生的念頭當會表現在外，危害到他的施政，聖人如果再生，也會認同這種說法。❿

孟老夫子的知言，聽人辭而見人心，至少也是聽之以心了！

三、水鳥的聽——精諭無聲

意思的溝通傳送，不見得要經由言語做為媒介；心有靈犀，不經言語就能意會神傳。

聖人相互曉諭不需要言語，那是因為有比言語更快速、更能穿越時空、更能傳達思想的媒介。⓫

❾ 曰：「我知言，我善養吾浩然之氣。」《孟子・公孫丑上》

❿ 「何謂知言？」曰：「詖辭知其所蔽，淫辭知其所陷，邪辭知其所離，遁辭知其所窮。生於其心，害於其政；發於其政，害於其事。聖人復起，必從吾言矣。」《孟子・公孫丑上》

⓫ 聖人相諭不待言，有先言言者也。《呂氏春秋・精諭》

古人就有水鳥精諭的故事：有個喜歡水鳥的人，每次到海邊都和水鳥玩在一起，飛來的水鳥不止數以百計，他的前後左右簇擁著水鳥，鎮日與他嬉戲而不離去。他的父親知道了就對他說：聽說水鳥會和你一塊兒嬉戲，那你下回設法去把牠們捉來讓我賞玩吧。結果，第二天這人又到海邊時，竟然一隻水鳥都不來了！⑫

水鳥感應到此人父親和他的意圖，知道危險在即，都不飛來了！水鳥領受無聲精諭，真是聽之以神，聽之以神妙了！

傾聽是領導的核心

傾聽是了解全局、有效領導的重要條件。道、神、聖、賢經典以相當多的篇幅闡述「君道」，即做好領導人的方法；其中，怎麼聽是非常重要的一塊。

領導人聽到一段得當的話，採用它、照著做，對成就功業而言，其功效之大，勝過得到上萬士卒！⑬

歷史上的天子國君，因為傾聽了一席話，採用說者的建議而成就偉大事功、改寫歷史的大有人在；本書第二十三篇〈諷諫少辯〉

⑫ 海上之人有好蜻者，每居海上，從蜻游，蜻之至者，百數而不止，前後左右盡蜻也，終日玩之而不去。其父告之曰：「聞蜻皆從女居，取而來，吾將玩之。」明日之海上，而蜻無至者矣。《呂氏春秋・精諭》

⑬ 老子曰：得萬人之兵，不如聞一言之當；得隋侯之珠，不如得事之所由；得和氏之璧，不如得事之所適。《文子・九守・符言》

所述周文王在渭水邊首遇姜太公，第三十一篇〈欲取先與〉所述魏宣子採納任章割地給智伯以養其驕，都是有名的例子。

而道、神、聖、賢經典中，對於領導人如何才能聽到對治國平天下有幫助、能為人民帶來福祉、具有建設性的一段話，也有不少說明。

《說苑》首篇〈君道〉開宗明義第一段就記載晉平公向盲人樂師師曠請教怎樣才能做個好國君的對話。師曠五十餘字言簡意賅的回答，成為後世論述國君治國的典範答案，其中就包括「廣開耳目，以察萬方」：國君要建立各種消息管道，了解察明各方情況，才能正確判斷國家的狀況，做為施政的參考。⑭

周文王也曾向姜太公請教，國君想洞明全局該怎麼做？太公回答：「目貴乎明，明才能看得清楚；耳貴乎聰，聽才能聽得清楚；心貴乎智，智才能知道得清楚。藉天下人的眼睛看，則天下沒有看不見的事。藉天下人的耳朵聽，則天下沒有聽不見的事。藉天下人的心思慮，則天下沒有不知道的事。就像車輪上的木條由四面八方向輪心集中，天下的人將看到、聽到、想到的事向國君匯報，國君就可以洞明全局，而不被蒙蔽了。」⑮

⑭對曰：「人君之道清淨無為，務在博愛，趨在任賢；廣開耳目，以察萬方；不固溺於流俗，不拘繫於左右；廓然遠見，踔然獨立；屢省考績，以臨臣下。此人君之操也。」《說苑・君道第一》

⑮文王曰：「主明如何？」太公曰：「目貴明，耳貴聰，心貴智。以天下之目視，則無不見也。以天下之耳聽，則無不聞也。以天下之心慮，則無不知也。輻輳並進，則明不蔽矣。」《六韜・文韜・大禮》

周公輔佐年幼的成王主持國政時，廣施恩惠，對遠方的事特別關切，向四方派遣官員，每方三人，共十二人，向周公舉報遠方人民的事。結果人民都說：「這真是聖明的天子啊！為什麼深居宮室相距遙遠，卻對我們知道得一清二楚？這樣的君上豈能被欺騙！」所以是那些派出的官員，使天子大開四方納賢之門，見聞四方人民之事，使鄰近的人民更加親近，遠方的人民也過得安定！⑯

傾聽是領導的核心，而領導人的傾聽，重在建立他了解四方人民之事的管道，經由這些管道傾聽！

各種不同聲音都要聽

要自多方聽取意見。國家太平，是因為國君賢明；國家動亂，是因為國君昏庸。國君之所以賢明，是因為能聽取各方的意見；國君之所以昏庸，是因為只聽某些人的話。所以，國君如果心胸廣闊，就能多方聽取意見，就會一天比一天聖明；如果只聽少數人庸俗的話語，過錯就會一天比一天多。《詩經》有云：「古代先民有言，還要向樵夫請教詢問。」⑰

⑯周公踐天子之位，布德施惠，遠而逾明。十二牧，方三人，出舉遠方之民……百姓聞之皆喜曰：「此誠天子也！何居之深遠而見我之明也，豈可欺哉！」故牧者，所以辟四門，明四目，達四聰也。是以近者親之，遠者安之。《說苑・君道第一》

⑰國之所以治者君明也，其所以亂者君闇也。君之所以明者兼聽也，所以闇者偏信也。是故人君通必兼聽，則聖日廣矣；庸說偏信，則過日甚矣。《詩》云：「先民有言，詢于芻蕘。」《潛夫論・明闇第六》

要聽取細微的聲音。用眼睛看、用耳朵聽是國君治國的要領，看要看細微處，聽要聽細小聲。細微的事物不容易看到，細小的聲音不容易聽到，聖明的國君要看到細微事物中的關鍵，聽到細小聲音中的重點，讓朝廷與四方保持內外交流暢通。所以治理國家的道理，就在於多聽；能夠傾聽、審察、採納眾多臣下的建言，讓讀書人和老百姓都能進謀獻策，則萬物就像是為了被他看見而生的，各種不同的聲音就像是為了輔佐他的耳朵所生的！⑱

《道德經・第四十九章》有云：「聖人沒有固定、一成不變的觀念想法，他以人民的觀念想法做為自己的觀念想法。」眼睛是為心而看的，嘴巴是為心而說的，耳朵是為心而聽的，身體上下都是心在安排的。所以，身體有心，就像國有國君，國君自內和在外的臣民溝通互動，就能把國情、民情看得清清楚楚。⑲

能看到日月的光輝，不算是眼睛好；能聽到打雷的聲音，也不算是耳朵好。身為國君者，要多看才有智慧，多聽才有妙算。不曾聽過宮、商、角、徵、羽這五音，就沒法分辨這些聲音；不曾見過赤、青、黃、白、黑這五色，就沒法分辨這些顏色。⑳

聽說聖明的國君不分晝夜地忙著國事，白天在廟堂處理公事，

⑱ 視聽之政，謂視微形，聽細聲。形微而不見，聲細而不聞。故明君視微之幾，聽細之大，以內和外，以外和內。故為政之道，務於多聞。是以聽察採納眾下之言，謀及庶士，則萬物當其目，眾音佐其耳。《便宜十六策・視聽第三》

⑲ 故《經》云：「聖人無常心，以百姓為心。」目為心視，口為心言，耳為心聽，身為心安。故身之有心，若國之有君，以內和外，萬物昭然。《便宜十六策・視聽第三》

⑳ 觀日月之形，不足以為明；聞雷霆之聲，不足以為聰。故人君以多見為智，多聞為神。夫五音不聞，無以列宮商；五色不見，無以別玄黃。《便宜十六策・視聽第三》

晚上還要微服私訪。即使這樣，還是有人民的怨情無法聽到，忠貞之士提出的善言不能採納。怨情無法聽到，人民的冤屈就無法伸張；善言不能採納，忠貞的人就得不到信任，奸邪者就為所欲為了。所以《尚書》有云：「上天看到的，是來自人民看到的；上天聽到的，是來自人民聽到的。」說的就是這個意思。21

傾聽增進智慧

會不會聽別人的話，聽得進聽不進別人的話，常常是一個人能否自我提升的關鍵。

人非聖賢，怎麼可能無所不知？遇到自己不知道的事，不同的人會有不同反應，這就分出了不同人的不同資質！只有鳳毛麟角的上等人，會在對任何事物知道其一後，惟恐知識不只這一點，又趕快試著找尋其二。22

世人絕大多數不是「知其一後，求知其二」的上等人，而是落在其次的三等之列。次等人知其一後，就不會再主動探究，只有在聽說之後才知道另有其二；再次等人知其一後，也不會主動探究，

21 蓋聞明君者，常若晝夜，晝則公事行，夜則私事興。或有吁嗟之怨而不得聞，或有進善之忠而不得信。怨聲不聞，則枉者不得伸；進善不納，則忠者不得信，邪者容其奸。故《書》云：「天視自我民視，天聽自我民聽。」此之謂也。《便宜十六策・視聽第三》

22 人非聖賢，安能無所不知？祇知其一，惟恐不止其一，復求知其二者，上也……。《幽夢影》

甚至在聽說其二之後還不相信；而最下一等的，則是在知其一後，不僅不主動探究，更討厭別人說另有其二。㉓

對上等人之後的那三等人言，他們資質智慧等次的決定因素有二：一是他們所具備的傾聽能力；二是外在環境能否讓他們發揮傾聽能力，在知其一後，察覺到其二的存在。外在環境固非人所能掌握，因此最能直接決定這三等人智慧等次的就屬傾聽能力了！

傾聽贏得好感

因為世上知音難求，傾聽因此成為最被渴求的人格特質；能傾聽的人，最令說話的人感激，也最容易贏得說話人的好感。

春秋時代楚國人俞伯牙精通音律，琴藝高超，但是沒有人聽得懂，讓他十分孤獨寂寞。直到遇上樵夫鍾子期，才找到能聽懂他音律的知音。伯牙彈琴時，心想著登高山，鍾子期只聞琴聲就能說出「好啊！像高聳入雲的泰山一樣！」，心想著流水，鍾子期只聽琴音就能說出「好啊！像寬廣浩蕩滾滾的江河！」伯牙想什麼，鍾子期都能由琴聲中聽出來；伯牙有鍾子期這樣的知音，夫復何求！㉔

㉓……止知其一，因人言始知有其二者，次也；止知其一，人言有其二而莫之信者，又其次也；止知其一，惡人言有其二者，斯下之下矣。《幽夢影》

㉔伯牙善鼓琴，鍾子期善聽。伯牙鼓琴，志在登高山，鍾子期曰：「善哉！峨峨兮若泰山！」志在流水，鍾子期曰：「善哉！洋洋兮若江河！」伯牙所念，鍾子期必得之。……伯牙乃舍琴而歎曰：「善哉善哉！子之聽夫志，想象猶吾心也。吾於何逃聲哉？」《列子・湯問第五》

後來鍾子期早亡，伯牙知道後，來到鍾子期墳前，彈了生平最後一支曲子，然後盡斷琴弦，從此不再彈琴。

摔碎瑤琴鳳尾寒，子期不在向誰彈！
春風滿面皆朋友，欲覓知音難上難。

——《警世通言・俞伯牙摔琴謝知音》

懂得人性心理的人，知道每個人都渴望有人傾聽自己心聲，不會傻到自顧自地講個不停，會努力學著做個「知音」，傾聽說者的心聲，讓自己大受他人的歡迎！

傾聽彰顯修養

人非木石，聽到他人說話，都會有所反應。而觀察一個人聽到他人說話所生的反應，可以判斷這個人的心性修養。

孔老夫子主張人在一生中應該不斷提升自己，由十五而志於學、三十而立、四十而不惑、五十而知天命、六十而耳順到七十而從心所欲不踰矩；這和現代所稱的「終身學習」類似。而他以自身的經驗言：當不斷提升自己，到了六十歲，應該可以聞聲而得知別人說話的內涵，聽到什麼話都不動氣了。[25]

相對於孔老夫子的「耳順」，西方人也有類似說法：「教育是一個人得以傾聽幾乎任何事而不發脾氣或失去自信的能力。」[26]

聽了別人的讚譽會更加奮勉，聽了別人的批謗會更加警惕，這是君子才能做到的修己功夫；當然也可以藉由一個人聽到讚譽或批謗後的反應，來判斷此人是不是君子。[27]

所以，觀察一個人說話，可以判斷他是不是君子；觀察一個人聽話的反應，也可以判斷他是不是君子。

傾聽五要

聽人說話，是藝術，也是功夫，有以下五項要領可循。

一、徐審爲先

聽到別人的話，要先徐徐審察；不要抱不信之心，也不要抱必

[25] 子曰：「吾十有五而志於學，三十而立，四十而不惑，五十而知天命，六十而耳順，七十而從心所欲，不踰矩。」《論語・為政篇》

[26] Education is the ability to listen to almost anything without losing your temper or your self-confidence. ——Robert Frost

[27] 聞人譽言，加意奮勉，聞人謗語，加意警惕，此君子修己之功也。《圍爐夜話》

信之心，絕不相信和絕對相信都一樣錯誤！[28]

為什麼要審察？聽人說話，不可不加以審察。不審慎的辨察，就不能區分善與不善；善與不善不分，禍患就大了！[29]

聽到傳聞，不可以不審察清楚，一經多次輾轉相傳，往往白的成了黑的，黑的成了白的。這是愚人常常鑄成大錯的原因！聽到傳聞能夠審察，會有莫大的好處；聽到傳聞不加審察，還不如沒有聽到！齊桓公由鮑叔那兒聽到管仲，楚莊王由沈尹筮那裡聽到孫叔敖，聽到後都做了審察，因此得到賢士，而成就霸業。吳王夫差由太宰嚭那兒聽到越王句踐，智伯由張武那裡聽到趙襄子，聽到後都沒做審察，最後造成國亡身死。[30]

二、了解背景

更進一步，聽人說話，自己對別人所講的相關事情要有相當了解；若無，那聽人說東道西也只是鴨子聽雷，聽了等於白聽！

建立事功之前先要確定名義，開始行動之前先要衡量能力，審察他人的言論之前先要弄清事實真相。不了解事實真相，怎能判斷他人言論？不了解事物的真實情況，又怎能說出與事實相符的話？

[28] 聽言之道，徐審為先，執不信之心，與執必信之心，其失一也。《呻吟語・應務》

[29] 聽言不可不察。不察則善不善不分。善不善不分，亂莫大焉。《呂氏春秋・聽言》

[30] 夫得言不可以不察，數傳而白為黑，黑為白。……此愚者之所以大過也。聞而審則為福矣，聞而不審，不若無聞矣。齊桓公聞管子於鮑叔，楚莊聞孫叔敖於沈尹筮，審之也，故國霸諸侯也。吳王聞越王句踐於太宰嚭，智伯聞趙襄子於張武，不審也，故國亡身死也。《呂氏春秋・察傳》

這樣的說話就像初生的鳥叫聲一樣，哪能聽辨出什麼東西？[31]

三、觀其眸子

聽人說話，怎麼知道他是不是在說假話？孟老夫子認為判斷的方式很簡單：觀察人的善惡正邪，沒有比看他的眼珠更有效的；眼珠沒法掩飾心中的不正，心正眼珠就明亮，心不正眼珠就矇昧。所以聽人說話時，看著他的眼珠就能知道所說是真是假。[32]

觀其眸子，當下就能判斷該不該相信說話的人！

四、去其所尤

為什麼別人講的話聽不進去？那是因為自己心中已有定見，有了定見以及好惡的執著，別人講的話，即使是忠言，即使是至理名言，當然也聽不進去了！

世人聽人說話，往往有盲點，盲點多了，聽到的就會大錯特錯。會有盲點的原因很多，主要是人各有主觀的喜惡，不喜歡看的，頭轉開就不看了！正如向東邊望的人看不到西邊的牆，向南看的人見不到北方，就是因為只專注在某一方面！[33]

[31] 功先名，事先功，言先事。不知事惡能聽言？不知情惡能當言？其與人穀言也，其有辯乎？其無辯乎？《呂氏春秋・聽言》

[32] 孟子曰：「存乎人者，莫良於眸子。眸子不能掩其惡。胸中正，則眸子瞭焉；胸中不正，則眸子眊焉。聽其言也，觀其眸子，人焉廋哉？」《孟子・離婁上》

[33] 世之聽者，多有所尤，多有所尤則聽必悖矣。所以尤者多故，其要必因人所喜，與因人所惡。東面望者不見西牆，南鄉視者不覩北方，意有所在也。《呂氏春秋・去尤》

孔老夫子所說的「不以人廢言」，與「去尤」同樣意思，就是不要因為不喜歡、不認同一個人，就不理會他講的話。[34]看，就是要環顧三百六十度的看；聽，就是要全方位的聽。去尤，丟下包袱，才能兼聽，才能全方位的聽。

五、再逆耳都要聽

古人以拂耳忠言和苦口良藥相比擬。有療效的藥，入口會覺得很苦，但有智慧的人聽了勸，知道吃了可以治病，想要病癒，便會把它吃下去。對自己有好處的話，聽起來總是拂逆己意，但聖明的國君還是會聽進去，知道話中的道理對他建立事功大有幫助！[35]

當周文王向姜太公請教國君聽言的道理時，太公是這樣回答的：「不要輕率地允諾，也不要迎頭拒絕；輕率地允諾，就失去了自己心中的主宰；迎頭拒絕，就封閉了臣下以後的進言。國君的氣度要像高山一樣，讓人仰望而不見其頂；要像深淵一樣，讓人俯探而不見其底。君德神聖英明，公正寧靜是最高的原則。」[36]

太公的國君聽言之道，可以用在任何人身上。拒絕了逆耳忠言，小則在當下失去再檢視成敗得失的機會，大則封閉了日後所有

[34] 子曰：「君子不以言舉人，不以人廢言。」《論語・衛靈公篇》

[35] 夫良藥苦於口，而智者勸而飲之，知其入而已己疾也。忠言拂於耳，而明主聽之，知其可以致功也。《韓非子・外儲說左上》

[36] 太公曰：「勿妄而許，勿逆而拒。許之則失守，拒之則閉塞。高山仰止，不可極也；深淵度之，不可測也。神明之德，正靜其極。」《六韜・文韜・大禮》

人的忠言。其害不小！

兩千多年後，半個地球之外，法國國王路易十四（Louis XIV）正用了太公建議的國君聽言之道：每當正反立場的臣子都陳述了看法，等待國王裁決時，他一向只說「朕會考慮！」（I shall see.）。[37]

任何事情，有利必有弊。不完全明白用兵害處的人，不能全然了解用兵的有利之處；有智慧的聽者，不會在只聽到單方面陳述就匆促做出決定，一定會尋求反面意見後再通盤考量。[38]

聽到逆耳的話、反對的意見，該請說者把他的理由一五一十說清楚，讓自己可以再檢視一遍整個議題有沒有疏失的地方，詳察說者考量的理由是不是自己都考慮到了。面對不同意見時，不必當場做決定，聽完了，只要學路易十四說「我會考慮」就夠了。

因爲難，才要學

道、神、聖、賢認為，要做到傾聽、進而分辨說者的表面言辭和內心真意，是件大不容易的事，而要具備這種傾聽的功夫需從學問中學習！

[37] Finally, when each had finished his presentation and had asked for the king's opinion, he would look at them both and say, "I shall see." Then he would walk away.

—— *The 48 Laws of Power*

[38] 故不盡知用兵之害者，則不能盡知用兵之利也。《孫子兵法・作戰第二》

只要是人，都一定要注意修養自己的心性智慧，然後才能傾聽分辨別人的說話言論；即使做不到修養心性智慧，至少也要研習學問、增廣見聞。沒有相當修養的心性智慧，又不勤於學習，還能正確傾聽分辨別人表面言辭和內心真意的，自古到今可從來沒有發生過！[39]

本書記錄的，就是三千年來道、神、聖、賢傳世的心性智慧，讀了這本書，傾聽的功夫必會有所長進。學習傾聽時，不妨多參考第二十一篇〈能語善默〉、第二十二篇〈說難知心〉和第二十三篇〈諷諫少辯〉，考量一下：說者想要說服你時，他的心態是什麼？他心裡在想什麼？他會怎麼說？你又該如何聽？經常練習這項腦力思考，能由說者的角度立場看事情，揣摩他可能的作為，對分辨說者的表面言辭和真正心意會大有幫助！

努力學習傾聽，讓自己有朝一日也有「聞一知十」、「知言」、「精論無聲」的感覺，豈不妙哉！

39 凡人亦必有所習其心，然後能聽說。不習其心，習之於學問。不學而能聽說者，古今無有也。《呂氏春秋・聽言》

第二十一篇

能語善默

原來，善於沉默不言的人最會說話！

口若懸河才是會說話嗎？
口是關塞、舌是兵刃，說話謹慎才不會傷了自己。
由言可觀人，以語能立品，
善說者懂得沉默，所以聖人無言，留下無限想像。
要擁有成功人生，就請先閉上嘴巴吧！

言語勝於利刃、賽過鐵騎

西方人有這樣的說法：言語勝於利刃。

Words are mightier than swords.

咱中國人的說法也不遑多讓。中國人也把說話言辭和刀劍連在一塊兒，認為善用言辭的人，說話的方法離奇多變：有虛揚以濟謀的，有權托以備變的，有誣構以使敵人疏於戒備的，有以謙遜的態度緩和敵意的，甚至有預發以揭穿奸人詭計的。❶

有詭譎以迷惑聽者的，有故意洩露內情以取得聽者信任的，有故意講反話以誘出聽者真意的，有誠懇構思以情感引導聽者的，有壯烈陳辭以激勵眾人的，有以悲愴傷痛感動軍隊的，有以高聳危言悚嚇聽者的，有震天雷厲以驚破聽者膽識的。❷

有裝瘋賣傻的，有偽裝承認的，有佯做發怒的，有假裝喜歡的，有逆勢排除的，有順勢引導的。❸

有誹謗之言、流傳之言、欺騙之言、誇大之言，有夢話之言、多話之言、附和之言、怒視之言，還有形容之言、手示之言、輕微之言、靜默不言。以上這些都是說話，而用哪一種方式說話，要由

【典籍出處】

❶言為劍上事，所用之法多離奇：或虛揚以濟謀，或權托以備變，或誣構以疏敵，或謙遜以緩敵，至預發摘奸。《兵經百言・智部・言》

❷詭譎造惑，故泄取信，反說餂意，款劇導情，壯烈激眾，愴痛感軍，高危悚聽，震厲破膽。《兵經百言・智部・言》

❸假癡，偽認，佯怒，詐喜，逆排，順導。《兵經百言・智部・言》

當時的時機情境決定。這樣運用言辭，真的是比驅策精悍的騎兵更厲害！❹

說話眞藝術，言談奇效果

在道、神、聖、賢之中，荀子對如何說話有相當的論述。

荀子主張：「說話的藝術，首要嚴肅慎重地確立自己的觀點，端莊誠懇地與人打交道，堅定不移地堅持論點，以比喻說明道理，條分縷析地說明內容，歡欣激昂地表達感情，要使聽者把所聽視為珍稀寶物，視為貴重神奇；能說到這樣，所說的話沒有不被聽者採用的。古人稱之為：發揮自己擅長的說話藝術。《韓詩外傳》有云：『不是隨隨便便任何人都能言之有物、達到有效溝通目的地說話，唯有君子能發揮所長做到這點。』《詩經》也說：『不要輕易說話，不要隨便議論。』」❺

鬼谷子說：「要糾正一個人的短處是很難的。主張不被人採用，說的話不被人聽信，是因為他的道理沒講清楚；道理講清楚了，還不被採用，是因為持論不堅決；持論堅決，仍不被採用，是

❹ 飛、流、紿、狂、囈、譫、附、瞪、形、指、躡、嘿，皆言也，皆運言而制機宜者也。故善言者，勝驅精騎。《兵經百言・智部・言》

❺ 孫卿曰：「夫談說之術，齊莊以立之，端誠以處之，堅強以持之，譬稱以諭之，分別以明之，歡欣憤滿以送之，寶之，珍之，貴之，神之。如是，則說常無不行矣。夫是之謂能貴其所貴。《傳》曰：『唯君子為能貴其所貴也。』《詩》云：『無易由言，無曰苟矣。』」《說苑・善說第十一》

因為沒有抓住聽者心之所好。若能反覆申辯把道理說得清楚，能堅持論點絕不動搖，又能抓住聽者心中之好，所說的話神奇而珍貴，明白而有條理，足以打動人心；能夠做到這樣，所說的話還不被聽者採納的，天下從沒聽說過！這樣就稱為『善說』。」❻

孔門三千弟子中口才最好的子貢曾說：「一個人說出口的話，關係到個人得失甚至國家安危。」《詩經》有云：「國君說錯一句話，人民就會遭殃。」言辭，是人際溝通的工具。漢武帝時通曉長短縱橫之術的大臣主父偃就曾說：「人要是不會使用言辭，那要用什麼來溝通呢？」❼

從前，春秋末期鄭國的宰相子產善於修辭說話，而晉國執政的趙武因此對他表示敬重；王孫滿把道理講得清清楚楚，讓楚莊王明白鼎的大小輕重在於君主之德，不在鼎本身，因而感到羞慚；蘇秦推動合縱抗秦，六國得以安寧；蒯通向漢武帝劉邦講道理，而保全了自己的生命。由此看來，言語說辭是用來尊崇國君、抬高自己、安定國家、保全理性的工具。所以，言語說辭不可不講究，說話的本領不可不完善。❽

然則，金人為何三緘其口？

❻鬼谷子曰：「人之不善而能矯之者難矣。說之不行，言之不從者，其辯之不明也；既明而不行者，持之不固也；既固而不行者，未中其心之所善也。辯之，明之，持之，固之，又中其人之所善，其言神而珍，白而分，能入於人之心，如此而說不行者，天下未嘗聞也。此之謂善說。」《說苑・善說第十一》

❼子貢曰：「出言陳辭，身之得失，國之安危也。」《詩》云：「辭之繹矣，民之莫矣。」夫辭者，人之所以自通也。主父偃曰：「人而無辭，安所用之。」《說苑・善說第十一》

❽昔子產修其辭，而趙武致其敬；王孫滿明其言，而楚莊以慚；蘇秦行其說，而六國以安；蒯通陳說，而身得以全。夫辭者，乃所以尊君、重身、安國、全性者也。故辭不可不修，而說不可不善。《說苑・善說第十一》

多口多敗，戒之哉！

孔老夫子前往周朝，參觀了周天子祭祀祖先的太廟，太廟右台階前豎立了一尊金屬鑄造的人，口閉得緊緊的，背上則刻有銘文，主要的意思在勉人謹言慎行，小心處世，要防微杜漸，不使禍患滋長蔓延。這銘文前四分之一，有關說話的部分是這樣說的：

這是古代說話小心的人，要警惕啊！要警惕啊！不要多說話，多說話會多壞事；不要多惹事，多惹事會多禍患。要享安樂的人必須有戒心，不要做出將來會後悔的事。不要說這又有何傷？這真的會讓禍患長又長；不要說這又有何害？這真的會讓大禍降臨；不要說這又有何損？這真的會讓禍患發生；也不要說做事無人知曉，要知道老天爺和上天神妖隨時都在看著我們。一定要警惕啊！要警惕啊！❾

孔老夫子看了銘文，對弟子們說：「要記住銘文所講的啊！銘文文字雖然粗鄙，但講的內容卻完全中的。《詩經》說：『戰戰兢兢，如臨深淵，如履薄冰。』如果做人能夠如此，難道還會因說話而肇禍嗎！」❿

❾古之慎言人也，戒之哉！戒之哉！無多言，多言多敗；無多事，多事多患。安樂必戒，無行所悔。勿謂何傷，其禍將長；勿謂何害，其禍將大；勿謂何殘，其禍將然；勿謂莫聞，天妖伺人。……戒之哉！戒之哉！《說苑・敬慎第十》

❿孔子顧謂弟子曰：「記之！此言雖鄙，而中事情。《詩》曰：『戰戰兢兢，如臨深淵，如履薄冰。』行身如此，豈以口遇禍哉！」《說苑・敬慎第十》

由金人背上的銘文看，由孔老夫子的叮嚀看，我們對說話一事真是要小心謹慎，學習金人三緘其口，以免不小心惹禍上身！

言者，百行之本

人的各種行為舉止，開始都是出於一句話。一句話說得恰當，可以使敵人退兵；一句話說得合理，可以保全國家。單響不能成為音樂，影子不能把彎的變成直的，同類事物一定相互關連，所以君子說話一定要謹慎。⓫

說話既然是所有行為舉止的來源，豈可不慎？

一句話說錯，造成的負面影響是四匹快馬都追不回的；該說的一句話沒即時講，錯過的時機也是四匹快馬所挽不回的！⓬

口是關鍵，舌是弩機，說出的話不恰當，四匹馬也不能追回來。口是關塞，舌是兵刃，說出的話不恰當，反而會傷害到自己。話從自己嘴巴出去，別人聽到後，就再也收不回來了；行為由近處表現出來，效果影響到遠方，就再也撤不回來了。言行是君子立身的關鍵所在，這關鍵的表現，是所得到榮耀或恥辱的根本，怎麼可

⓫ 百行之本，一言也。一言而適，可以卻敵；一言而得，可以保國。響不能獨為聲，影不能倍曲為直，物必以其類及。故君子慎言出己。《說苑・談叢第十六》

⓬ 一言而非，四馬不能追；一言不急，四馬不能及。《說苑・談叢第十六》

以不謹慎對待呢？所以蒯子羽說：「說話就像射箭，箭栝一離弓，就射出去了！雖有所後悔，想收回來，已不可能！」《詩經》說：「白玉上的斑痕，還可以磨去，說話有缺失，就無法補救了！」⓭

話說出口前，還是再考慮一下吧！

多聞慎言，寡尤寡悔

子張請教做官求取俸祿的事，孔老夫子對他說：「為官要多聞慎言，聽到的若有不能盡信的疑點，應當暫時保留，其餘沒有懷疑的地方，也要謹慎言之，這樣就可以減少別人對你的怨尤；廣閱多見，見到的若有令自己心中不安的，應當暫時擱置，其餘沒有不安的地方，也要謹慎行之，這樣就可以減少內心的悔恨。說話很少被人怨尤，行事心中很少有悔恨，自然會有人舉薦，官位俸祿自然會來。」⓮

針對魯定公所問：「說一句話就能使國家興盛，有這樣的事嗎？」孔老夫子是這樣回答的：「說話不一定能有這樣預期的效果！古人說：『做國君難，做臣子也不易。』如果國君知道為君的

⓭口者，關也；舌者，機也。出言不當，四馬不能追也。口者，關也；舌者，兵也；出言不當，反自傷也。言出於己，不可止於人；行發於邇，不可止於遠。夫言行者君子之樞機，樞機之發，榮辱之本也，可不慎乎？故蒯子羽曰：「言猶射也。栝既離弦，雖有所悔焉，不可從而追已。」《詩》曰：「白珪之玷，尚可磨也；斯言之玷，不可為也。」《說苑・談叢第十六》

⓮子張學干祿。子曰：「多聞闕疑，慎言其餘，則寡尤；多見闕殆，慎行其餘，則寡悔。言寡尤，行寡悔，祿在其中矣。」《論語・為政篇》

艱難，因而修身正己、以民之所好而好之，不敢稍有懈怠，那麼，不就是這一句話就能使國家興盛嗎？」魯定公又問：「說一句話就能使國家覆亡，有這樣的事嗎？」孔老夫子是這麼回答的：「說話不一定能有這樣預期的效果！古人說：『我做國君沒有別的快樂，只是我說什麼都沒有人敢違抗。』如果所說的話良善而沒有人敢違抗，不也很好嗎？如果所說的話不良善卻沒有人敢違抗，那麼，不就是這一句話就能使國家覆亡嗎？」⑮

每個人說話都應該小心謹慎，那些有權有勢有錢、一言一行動見觀瞻、所作所為影響到多數人者更應如此！

非可言傳，口才無用

有些事是不需要用言辭表達的。

當孔老夫子對弟子表示以後將不再說話，要行無言的教化時，子貢問道：「夫子若真的不再以言語教化，弟子們如何有所依循呢？」孔老夫子說：「老天爺可曾說了什麼？老天爺雖然不說話，四季照常運行，百物照常生長！老天爺又何必說話呢？」⑯

⑮定公問：「一言而可以興邦，有諸？」孔子對曰：「言不可以若是其幾也！人之言曰：『為君難，為臣不易。』如知為君之難也，不幾乎一言而興邦乎？」曰：「一言而喪邦，有諸？」孔子對曰：「言不可以若是其幾也！人之言曰：『予無樂乎為君。唯其言而莫予違也。』如其善而莫之違也，不亦善乎？如不善而莫之違也，不幾乎一言而喪邦乎？」《論語・子路篇》

⑯子曰：「予欲無言！」子貢曰：「子如不言，則小子何述焉？」子曰：「天何言哉？四時行焉，百物生焉，天何言哉？」《論語・陽貨篇》

老天爺、大自然就是以實踐代替言語，以行動進行無言的教化！

孔老夫子曾對弟子說：「你們以為我對你們有什麼隱藏，而不教你們嗎？我對你們是無所隱藏的，我的所言所行沒有一件不和大家同聞同見，這是我做人教學的原則！」⑰

明朝呂坤對「予欲無言」和「吾無隱爾」有進一步的說明：孔老夫子所說的「予欲無言」，指的不是一般言語內容，而是言語所不能彰顯的天地變化；「吾無隱爾」，指的不是一般文章辭彙，而是文字所不能描述的性與天道。性與天道這檔事，要說，也說不明白；反之，要藏，也藏不住；要靠學習者自悟才能學到。天地何曾說了什麼？又何曾隱藏了什麼？所以，所謂不可用言語傳達的，其實都是像日、月、星、辰運行，這些每天可見、被視為理所當然的事物或現象。⑱

性與天道，不是言語所能傳授的；世俗許多技術的高層心法，也不是言語所能傳授的。言語所傳授的，只是基本的規矩動作，要學得任何上層奧妙的心法，沒有例外，端在自悟！⑲

而聖人間的相知，也不需要言語。孔老夫子去見一位南方的得

⑰子曰：「二三子以我為隱乎？吾無隱乎爾！吾無行而不與二三子者，是丘也。」《論語・述而篇》

⑱「予欲無言」，非雅言也，言之所不能顯者也。「吾無隱爾」，非文辭也，性與天道也。說便說不來，藏也藏不得，然則無言即無隱也，在學者之自悟耳。天地何嘗言？何嘗隱？以是知不可言傳者，皆日用流行於事物者也。《呻吟語・談道》

⑲孟子曰：「梓匠輪輿，能與人規矩，不能使人巧。」《孟子・盡心下》

道者溫伯雪子，卻沒說上一句話就出來了。對子貢所問：「夫子想見溫伯雪子已經很久，現在見到了，卻不說一句話，這是什麼原因？」孔老夫子是這麼回答的：「像他這樣的人，我眼睛看到他，就知道他道術自存，哪還需要用聲音表達呢？」⑳

因此，還沒見到本人便知道他的志向，見到人時其心思和志向都能看得很清楚，這是彼此有天道相通的緣故。聖人彼此間的相互知交，哪還需要靠語言溝通呢？㉑

至言去言，至爲無爲

楚平王的孫子白公向孔老夫子請教：「可以和別人談隱祕的事嗎？」孔老夫子沒有回應。白公再問：「如果談隱祕的事，做得像石頭丟到水裡一樣不露痕跡，又怎麼樣呢？」孔老夫子說：「潛入水中的人，還是可以把石頭取出來啊。」㉒

白公又問：「如果像把水倒入水中一樣，使任何人也沒法再取出來，又怎麼樣呢？」孔老夫子說：「即使把淄水和澠水的水混在一起，像易牙這樣善於分辨味道的人，還是可以區分。」白公說：

⑳ 孔子曰：「若夫人者，目擊而道存矣，不可以容聲矣。」《呂氏春秋・精諭》

㉑ 故未見其人而知其志，見其人而心與志皆見，天符同也。聖人之相知，豈待言哉？《呂氏春秋・精諭》

㉒ 白公問於孔子曰：「人可與微言乎？」孔子不應。白公曰：「若以石投水奚若？」孔子曰：「沒人能取之。」《呂氏春秋・精諭》

「如此說來，人和人之間就不能談隱祕的事了嗎？」孔老夫子說：「怎麼不可以呢？只不過是唯有善解他人話中語意的人才可以和他談論隱祕的事。」㉓

白公就是聽不懂孔老夫子的意思。如果真能理解事情的本意，就不用依賴語言了。所謂語言者，是事情意思的載體媒介。捕魚的人總會沾濕衣服，獵獸的人總得拚命奔波，並不是他們喜歡如此。所以，最高境界的語言，就是不用語言，最大成就的作為，就是無所作為。智慧淺薄的人爭著做的，都是枝微末節的事罷了！白公不能領悟孔老夫子的意思，這也是白公後來謀敗死於刑室的原因！㉔

《文子》一書中也有類似說法，老子在回答文子所問：「可不可以和別人談論隱祕事情？」也和上述孔老夫子一樣表示：「只有善解他人話中語意的人才可以和他談論隱祕的事；捕魚的人總會沾濕衣服，獵獸的人總得拚命奔波，並不是他們喜歡這樣。所以，最高境界的語言，就是不用語言，最大成就的作為，就是無所作為。」老子最後還總結：「言語有它的主旨，事情有它的根據，正因為人們不了解這個道理，所以才不了解我。」㉕

老子認為他說的話是很容易理解、很容易施行的，但天下竟沒

㉓白公曰：「若以水投水奚若？」孔子曰：「淄、澠之合者，易牙嘗而知之。」白公曰：「然則人不可與微言乎？」孔子曰：「胡為不可？唯知言之謂者為可耳。」《呂氏春秋・精諭》

㉔白公弗得也。知謂則不以言矣。言者，謂之屬也。求魚者濡，爭獸者趨，非樂之也。故至言去言，至為無為。淺智者之所爭則末矣。此白公之所以死於法室。《呂氏春秋・精諭》

㉕文子問曰：人可以微言乎？老子曰：何為不可？唯知言之謂乎！夫知言之謂者，不以言言也。爭魚者濡，逐獸者趨，非樂之也，故至言去言，至為去為，淺知之人，所爭者末矣，夫「言有宗，事有君，夫為無知，是以不吾知。」《文子・微明》

有誰能理解，沒有誰能實行。言論有主旨，行事有根據。正由於人們不理解這個道理，因此才不理解老子；能理解老子的人很少，能取法於老子的就更難得了。因此有道的聖人總像是穿著粗布衣服，懷裡放著美玉。可嘆！世人鮮有看得清楚、看明白聖人所懷抱著的美玉寶貝！26

聽聖人說話，不能只聽表面意思，而要善解聖人話中的語意；想了解被褐懷玉的聖人，想洞悉聖人所懷抱的美玉寶貝，不能不認清這一點！

聽出言者心意

言語是用來表達意思的；言語和心中的意思若是相背離，就是凶兆。27

經典中觀察到這種徵兆出現在國家社會時，對領導人的影響。將給國家帶來禍患的習俗風行，流言蜚語彌漫，而不考慮事實，一些人盡力互相詆毀，另一些人又盡力互相吹捧，詆毀和吹捧的又各自結成朋黨，大家吵來吵去，氣勢薰天，賢和不肖難以區分。在這

26 吾言甚易知，甚易行。天下莫能知，莫能行。言有宗，事有君。夫唯無知，是以不我知。知我者希，則我者貴。是以聖人被褐懷玉。《道德經・第七十章》

27 言者，以諭意也。言意相離，凶也。《呂氏春秋・離謂》

種情況下，想治理好國家，賢明的國君都還感到昏惑，更何況不肖的國君呢？㉘

昏惑者最大的禍患，在不以為自己昏惑，所以明明在極其昏惑之中，卻自以為很清楚，明明在極其幽暗之中，卻自以為很明白。亡國之君總不自以為昏惑，所以他們就跟桀、紂、幽、厲歸到一類去了。那些遭到滅亡命運的國家，走的都是同一條路！㉙

不用言辭，人們就無法交往，亂用言辭，又會造成混亂。看似混亂的言辭背後又有言辭，那就是說者的心意。言辭不違背心意，也就接近符合實際了。凡是說話，都是用以表達心意的。言辭與心意違背，而上位者又不能參驗考核，則下位的人就會說出許多與所做不同的話，或做出許多與所說不同的事。言行相互悖逆，沒有比這更不祥的了。㉚

人臣辭意相違，是國家領導人的禍患，將造成國家滅亡。任何人在聽到各種訊息言辭時，若不能拋下昏惑，仔細判斷辭意是否相違，找到言辭的真意，也一定會在做人處事上撞得鼻青臉腫，嘗盡失敗的滋味！

㉘亂國之俗，甚多流言，而不顧其實，務以相毀，務以相譽，毀譽成黨，眾口熏天，賢不肖不分。以此治國，賢主猶惑之也，又況乎不肖者乎？《呂氏春秋・離謂》

㉙惑者之患，不自以為惑，故惑惑之中有曉焉，冥冥之中有昭焉。亡國之主，不自以為惑，故與桀、紂、幽、厲皆也。然有亡者國，無二道矣。《呂氏春秋・離謂》

㉚非辭無以相期，從辭則亂。亂辭之中又有辭焉，心之謂也。言不欺心，則近之矣。凡言者，以諭心也。言心相離，而上無以參之，則下多所言非所行也，所行非所言也。言行相詭，不祥莫大焉。《呂氏春秋・淫辭》

話一出口，四面陷阱

言語常常傷到說話者自己的首要原因，在於對說話內容的詮釋權掌握在聽者手中；言者無心，聽者有意，心中本來就有定見——甚至有鬼——的聽者，往往對說話內容給予負面的詮釋。

不是生而知之的聖人，說話之前沒有不應該先思考的。容貌深沉而說話的態度安詳平靜，講起話來慢慢吞吞，好像有所疑惑的樣子，這樣子說話雖然可能會有過失，但應該很小。講話時的神態興奮高揚而語調急促，好像泉水湧出口若懸河，這樣子說話雖然可能會有所收穫，但機會也是很少的。[31]

一句話說出去，四面都是深淵陷阱。講高興的事，聽者以為你驕傲；講傷心的事，聽者以為你怯懦。說話謙虛，聽者以為你諂媚；說話直爽，聽者以為你態度高傲。說機密的事，聽者以為你身涉凶險；公開地說話，聽者以為你輕浮。無心冒犯聽者，卻被認為是故意譏諷；沒有原由地提起一件事，卻被認為是有所目的的說話。不管怎麼說，不管說什麼，聽者都能找到說話者的毛病！[32]

說話真是動輒得咎！那要怎樣說話才好呢？

[31] 自非生知之聖，未有言而不思者。貌深沉而言安定，若蹇若疑，欲發欲留。雖有失焉者，寡矣！神奮揚而語急速，若湧若懸，半跆半晦，雖有得焉者，寡矣！《呻吟語・談道》

[32] 夫一言之發，四面皆淵阱也。喜言之則以為驕，戚言之則以為懦，謙言之則以為諂，直言之則以為陵，微言之則以為險，明言之則以為浮，無心犯諱則謂有心之譏，無為發端則疑有為之說。《呻吟語・談道》

簡單而切中事情，委婉而切中情境，如此這般，一句話就能解決問題，一句話就能說服別人，一句話就能闡明道理，這樣說話的人就是善用言辭的人。要做到這樣，有兩個要領：一是心要澄靜，二是氣定神閒。[33]

呂坤自認多話不當是自己的缺點，期許和大家一齊努力改進。其實，這個缺點，聖人之外人人都有，都該自省改正！[34]

都是嘴巴惹的禍

古人相信多言惹禍，有這麼個說法：人生病，都是細菌病毒由嘴巴進入人體的！惹禍上身，都是不該說的話由嘴巴出去的！[35]

嘴巴惹的災禍形形色色、各式各樣，經典中就講了許多。

說話時，說得太多太滿，說了卻做不到，讓說話的人感覺羞恥。[36]

說得太多太滿、承諾太多，說了卻做不到、交付得少，除了說話的人自己感覺羞恥，也必定惹來別人怨恨。所以君子與其輕易許諾別人而招來怨恨，寧願因為不許諾而受抱怨。[37]

[33] 簡而當事，曲而當情，精而當理，確而當時，一言而濟事，一言而服人，一言而明道，是謂修辭之善者。其要有二：曰澄心，曰定氣。《呻吟語・談道》

[34] 余多言而無當，真知病本云云，當與同志者共改之。《呻吟語・談道》

[35] 病從口入，禍從口出。《太平御覽・人事部・口》

[36] 子曰：「古者言之不出，恥躬之不逮也。」《論語・里仁篇》

[37] 口惠而實不至，怨災及其身。是故君子與其有諾責也，寧有已怨。《禮記・表記第三十二》

說話時，談論別人的缺點和不好的地方，若給那人知道了，心生不滿，必思報復，成為自己的後患！38

還沒到該說話時就搶著說，稱之為急躁；已經到了該說話時還不說，稱之為隱匿；不先看聽者的臉色就逕自說話，稱之為瞎了眼睛。像這樣，搞不清該不該說話，或是搞不清狀況就說話，都是說話的大忌！39

人常以為說得多、說得溜，就是會溝通，其實不然；西方管理學賦予「溝通」的定義是：在對方有需求且提出要求時，對他提供所要的資訊。的確，只有在對方要求之後開口，對方才會聽，自己說的話才不會淪為馬耳東風、對牛彈琴，才是溝通。這個「溝通」的定義，值得拿來重新檢視原本被我們視為會溝通的人，是不是真的會溝通。40

講刻薄話，講傷人的話，學佛修道的人稱「造口業」，會折損福份、帶來災禍；經典呼應這樣的說法，勸人別說傷了天地和氣的話，那和折損自己福氣的事一樣，務必小心別做！41

別說傷天地和氣的話，因為即使只是譏諷，都會激怒鬼神，為說者帶來奇禍、奇窮！42

38 孟子曰：「言人之不善，當如後患何？」《孟子．離婁下》

39 孔子曰：「侍於君子有三愆：言未及之而言，謂之『躁』；言及之而不言，謂之『隱』；未見顏色而言，謂之『瞽』。」《論語．季氏篇》

40 Communicating is giving people the information they want when they ask for it. ——*Be Your Own Executive Coach*

41 有一言而傷天地之和，一事而折終身之福者，切須檢點。《小窗幽記．集醒篇》

42 好談閨閫，及好譏諷者，必為鬼神所怒，非有奇禍，必有奇窮。《小窗幽記．集醒篇》

沒有口德、逞口舌之快的人，千萬戒之！

一張嘴講百種話

張開嘴巴就說話，說出來的可是形形色色、千變萬「話」！

有把話分成自然話、當然話、不可不然話、不敢不然話四種分法。

說自然是第一等話，講話沒有特別的目的，順其自然而已；說當然是第二等話，性分上所當盡的，職分上所當做的，取其有當而已；說不可不然是第三等話，在外界環境下，顧慮是非毀譽而已；說不敢不然是第四等話，擔心不這麼說，就牽涉到利害禍福。43

有把話分成至言、微言、玄言的分法。

很少用譬喻解說，而別人就知曉了解的話，是至言、是明白話；要用譬喻解說，別人才知曉了解的話，是微言、是隱諱話；雖用了譬喻解說，別人還是不能知曉了解的話，是玄言、是玄奧話。玄奧的話，大道並不把它當成必然；所以不理會玄奧的話，對聖人是無損的！44

43 說自然是第一等話，無所為而為；說當然是第二等話，性分之所當盡，職分之所當為；說不可不然是第三等話，是非毀譽是已；說不敢不然是第四等話，利害禍福是已。《呻吟語・談道》

44 罕譬而喻者，至言也；譬而喻者，微言也；譬而不喻者，玄言也。玄言者，道之無以為者也。不理會玄言，不害其為聖人。《呻吟語・談道》

有把話分為天言、人言、鬼言的分法。

有人說的話正大光明，透徹簡易，像天地彰顯了天圓地方的形狀，如同太陽月亮顯示禍福吉凶的徵兆，足以讓人通曉事物的道理，處理好各種事情，足以濟世安民，流傳天下萬世而沒有缺漏，這樣的說話叫做「天言」。45

有人說的話平易明白，切合精要實際，雖出自於自己的嘴巴，卻合於天下人的心理，若把它記載於典籍中，有益於輔助古人之道，這樣的說話叫做「人言」。46

有人說的話艱深冷僻，弔詭探奇，不自句讀不能通其文，通了也無分毫會心的理趣；不考據音韻不能認識所用的字，認識後發現都是日常所用的形聲，這樣的說話叫做「鬼言」。鬼言這種話，是傷害道的賊子，木頭上生出的禍種，會替經生學士帶來災禍。然而為什麼世上卻有許多人崇尚鬼言？就是要用奇巧怪異來文飾他們平凡粗陋的文筆，以所談的怪異之事驚駭那些膚淺的眼光，吸引他們的注意力。這是光明平易大雅君子會額頭流汗不好意思做的，而講鬼言的人還自以為得意。「鬼言」盡是故作玄虛，賣弄奇巧，內容空洞，對人無助，與世無益的東西！47

45 正大光明，透徹簡易，如天地之為形，如日月之垂象，足以開物成務，足以濟世安民，達之天下萬世而無弊，此謂天言。《呻吟語‧談道》

46 平易明白，切近精實，出於吾口，而當於天下之心，載之典籍，而裨於古人之道，是謂人言。《呻吟語‧談道》

47 艱深幽僻，弔詭探奇，不自句讀不能通其文，通則無分毫會心之理趣；不考音韻不能識其字，識則皆常行日用之形聲，是謂鬼言。鬼言者，道之賊也，木之孽也，經生學士之殃也。然而世人崇尚之者何？逃之怪異，足以文凡陋之筆；見其怪異，易以駭膚淺之目。此光明平易大雅君子，為之汗顏泚顙，而彼方以為得意者也。哀哉！《呻吟語‧談道》

希望被聽見的是什麼？

有讒媚聽者、讓他聽了心花怒放的甜言蜜語；有刺激聽者、讓他聽了血氣亢奮的激人之語。甜言蜜語不管對聽者是對是錯，讓他聽了爽就好！激人之語不管對聽者是利是害，讓他聽了火冒三丈就好！[48]

還有那講話者常見的大毛病，就是像老奶奶的裹腳布又臭又長、柳暗花明又一村、以為講完卻又話頭重起的說話！他們不知道，天地間的道理其實都像白日青天一樣明朗，聖賢的心事也像雨後風中明月一樣透徹，如果講一件事要千言萬語解釋個不停，講的人還不痛快地說明白，聽的人還不趕快搞清楚，難道世人都是愚蠢的人嗎？這個大毛病千萬別有！[49]

現代人想追求的東西太多，想做的事太多，飽受時間不夠的壓力之苦。西方人提出的解決之道，就是加快腳步。相關的立論是一般人的注意力只能集中專注三十秒，沒時間聽長篇大論，頭三十秒若抓不住聽者的心，說者就被三振出局了！[50]

因此，收音機和電視機的廣告都設計成以三十秒為一單位，要

[48] 甘人之語，多不論其是非；激人之語，多不顧其利害。《小窗幽記・集醒篇》

[49] 天地間道理，如白日青天；聖賢心事，如光風霽月。若說出一段話，說千解萬，解說者再不痛快，聽者再不惺憹，豈舉世人皆愚哉？此立言者之大病。《呻吟語・談道》

[50] Attention Span – The attention span of the average individual is 30 seconds. —— *How to Get Your Point Across in 30 Seconds or Less*

在這短短的時間內把想傳達的訊息有效地讓消費者聽到，抓住消費者的心，激起他們對訊息的好奇和欲望。而在職場工作的人，也被教導要簡潔扼要，學習把自己要說的、要讓人知道的，在三十秒內說清楚講明白。[51]

講了這麼多說話的原則，最後還是要回到人類言語口說的原點，那就是說話自然，說自然話，只要話說到心坎裡，就破除一切曖昧不明！[52]

由言觀人，以語立品

看一個人怎麼說話，可以判斷他是怎樣的人；看一個人所說的內容，可以斷定他的人品高下！

人品不同，說出的話就不同：神人的話微妙玄奧，聖人的話言簡意賅，賢人的話清楚明白，眾人的話多，小人的話狂妄。[53]

君子話講得少，但行動很快！因此，由一個人話多話少、做事是否敏捷，可以判斷出是不是君子！[54]

一位君子若能做事敏捷、講話小心，再加上食無求飽、居無求

[51] Radio and TV commercials – 30 seconds to be the attention span of the average viewer. ——*How to Get Your Point Across in 30 Seconds or Less*

[52] 讀書到快目處，起一切沉淪之色；說話到洞心處，破一切曖昧之私。《小窗幽記・集靈篇》

[53] 神人之言微，聖人之言簡，賢人之言明，眾人之言多，小人之言妄。《小窗幽記・集醒篇》

[54] 子曰：「君子欲訥於言，而敏於行。」《論語・里仁篇》

安，親近有道的人而接受他們的指導，就可算是「好學」！這讓我們知道，如何講話也是判斷一個人是否稱得上好學的重要因素。55

善傳話的人守不住祕密，千萬別和他討論事情，因為他就是那個會壞了你大事的人！56

雪中送炭，能管你閒事、解決你困難的人少，失意時向人訴苦是白費功夫，所以失意的事少向人說。57

與其奢談高論，君子實事求是，先把自己想講的事都做到了，再去說，再去鼓吹，別人才會信服！58

說話巧言令色的人少有仁德，要趁早遠離！59

當然，在你由言語觀察別人、以言語為別人立品的同時，別人也在由言語觀察你、以言語為你立品。人的說話，不可不慎！

說話有特定的條件

心裡留不住話，說話不選擇對象，雖然露出自己的肺肝，卻是君子所不做的。這種人自以為這樣做就是光明磊落，但君子何嘗不光明磊落？君子不輕易說話，一旦說話，就是心口如一。60

55 子曰：「君子食無求飽，居無求安，敏於事而慎於言，就有道而正焉，可謂好學也已。」《論語・學而篇》

56 喜傳語者，不可與語。好議事者，不可圖事。《小窗幽記・集醒篇》

57 花開花落春不管，拂意事休對人言；水暖水寒魚自知，會心處還期獨賞。《小窗幽記・集素篇》

58 子貢問君子。子曰：「先行其言，而後從之。」《論語・為政篇》

59 子曰：「巧言令色，鮮矣仁！」《論語・學而篇》

60 心無留言，言無擇人，雖露肺肝，君子不取也。彼固自以為光明矣，君子何嘗不光明？自不輕言，言則心口如一耳。《呻吟語・修身》

君子說話有特定的條件，合乎條件的就說，否則就做個三緘其口的金人！

一、**對的名義**

首先，說話的名義要對。君子名義正了，就能說出個道理來；說得出道理，就必定行得通。君子對自己說出的話從不苟且隨便，所以說話之前要先正名，在正確的名義下以正確的立場講出正確的話。61

二、**對的時機**

在對的時機、在別人需要的時候，講一句對的話對別人會有莫大幫助。有心性智慧的人沒有錢財濟助別人，卻能以言贈人，在人癡迷時講一句提醒他的話，遇人有急難時講一句提供錦囊妙計的話，都是無量功德！62

即使沒有無量功德，抓住正確的時機，該說話時再張口，至少不惹人討厭！古人認為做任何事都有正確的時機場合，所以針對別人所問公叔文子是不是真如旁人所傳的不言、不笑、不取，公明賈

61 故君子名之必可言也，言之必可行也。君子於其言，無所苟而已矣。《論語・子路篇》

62 士君子貧不能濟物者，遇人癡迷處，出一言提醒之；遇人急難處，出一言解救之，亦是無量功德。《小窗幽記・集靈篇》

說：「公叔文子時候到了才說話，別人就不討厭他說話；快樂了才笑，別人就不討厭他笑；合乎義理之後才取，別人就不討厭他的取。」說話一定要時然後言！63

三、對的內容

說話要有對的內容，所謂對的內容含義有二：其一，只講自己懂的事，自己不懂的事一概擱置不談！64

其二，只講聽者聽得懂的事，別人聽不懂的事少講！孔老夫子因材施教，針對弟子不同的資質而加以教誨；孔老夫子對詩、書、禮、樂和修、齊、治、平的文章論述，每個弟子都可以聽聞得到，但是他對性理心法和宇宙真諦的傳承，就不是每個弟子都可以聽聞得到的了！65

四、對的態度

說話要有正確的態度。

顏淵夫子問孔老夫子如何實踐仁道，得到的答案是「克己復禮」——克制私欲，一言一行都要合乎禮。顏淵夫子再問：「那要

63 子問公叔文子於公明賈曰：「信乎？夫子不言、不笑、不取乎？」公明賈對曰：「以告者過也！夫子時然後言，人不厭其言；樂然後笑，人不厭其笑；義然後取，人不厭其取。」《論語．憲問篇》

64 子曰：「野哉由也！君子於其所不知，蓋闕如也。……」《論語．子路篇》

65 子貢曰：「夫子之文章，可得而聞也。夫子之言性與天道，不可得而聞也。」《論語．公冶長篇》

做到克己復禮的細目又是什麼？」得到的答案是：「不合乎禮的，不要看；不合乎禮的，不要聽；不合乎禮的，不要說；不合乎禮的，不要做。」66

非禮勿視，非禮勿聽，非禮勿言，非禮勿動，被稱為顏淵夫子的「四勿」，清楚說明了視、聽、言、動都要合乎禮。

說話不能合乎禮，有理也變成無理了！

五、對的對象

說話最後一個條件，就是要挑選正確的對象。

遇到可以和他說話的人卻不曾和他說上話，這是錯失了說話的對象；遇到不該和他說話的人卻和他說話，這是說錯了話。有智慧的人，不會錯失說話的對象，也不會說錯話。67

挑選到正確的對象再說話，就能做到既不「失人」，也不「失言」！

至於說話前的一門大學問——了解對方的心裡在想什麼？本書將在第二十二篇〈說難知心〉一窺道、神、聖、賢對這個議題的立場。

66 子曰：「非禮勿視，非禮勿聽，非禮勿言，非禮勿動。」《論語・顏淵篇》

67 子曰：「可與言而不與之言，失人；不可與言而與之言，失言。知者不失人，亦不失言。」《論語・衛靈公篇》

原來，善默即是能語

傳世經典的心性智慧，很多都有《道德經》通篇主軸「正言若反」的味道：要清楚明白看事情，最好身處暗處；要藏匿身形足跡，最好混雜在世俗人群中；要適應環境，最好先安定自己的心。而講到會說話這檔事，原來會說話的人少說話，善於沉默不言的人最會說話！68

只有道、神、聖、賢可以整天說話，而沒有一字的差失。其他人都要在開口之前先打個草稿，還要守著話留一點、不敢把話都說盡的原則；不這樣做，說話的人沒有不犯過的！所以，只有少說話的人少犯過錯！69

這也正是老子所說的「善者不辯，辯者不善」——會說話的人不與人辯，常與人辯的人其實不算會說話。70

同樣的道理：書讀得愈多的人，肚子裡愈有東西的人，愈覺得自己不足，也愈學得要少說一句話。71

與人講話，十句話中講對九句，也未必有什麼奇妙的結果，但只要一句話講錯，就會被人抱怨，讓自己悔恨，豈可不慎！有些人

68 善嘿即是能語，用晦即是處明，混俗即是藏身，安心即是適境。《小窗幽記・集醒篇》

69 惟聖賢終日說話，無一字差失。其餘都要擬之而後言，有餘，不敢盡。不然，未有無過者。故惟寡言者寡過。《呻吟語・修身》

70 信言不美，美言不信。善者不辯，辯者不善。知者不博，博者不知。《道德經・第八十一章》

71 多讀兩句書，少說一句話；讀得兩行書，說得幾句話。《小窗幽記・集醒篇》

不先了解別人想不想聽他說話，若是想聽，又想聽些什麼？與人一見就搶著開口，一開口就滔滔不絕，正以為他要打住了，卻又是一個新話題！這樣的人，姑不論他已犯了「未見顏色而言，謂之『瞽』」的過失，還必定說錯一大堆話，惹得別人討厭！[72]

《呻吟語》提醒修道人有關說話的一段話，可以用在所有人身上：說話的人，先檢視自己是「道深言淺」——對所說的內容已經融會貫通，所以才能長話短說、言簡意賅地表達；還是「道淺言深」——講話冗長、翻來覆去、講個不停，對所說的內容還是沒有融會貫通。[73]

本書第三十五篇〈知止不殆〉闡述凡事要有餘，凡事不要做盡的智慧，說話也不例外。真機、真味都要含蓄表達，若隱若現，不直接點破，才更有味道，其妙無窮，不可言喻。所以聖人無言，留下無限想像空間。若是講得巨細靡遺，沒完沒了，重複又重複，一點咀嚼回味的空間都沒有留給聽者，這可是說話的大忌！[74]

發現相對論的科學家愛因斯坦（Albert Einstein）對說話的看法也不含糊，他認為閉上嘴巴是人生成功的必要條件。[75]

[72] 十語九中未必稱奇，一語不中則愆尤駢集；十謀九成未必歸功，一謀不成則訾議叢興。君子所以寧默毋躁、寧拙毋巧。《菜根譚・概論》

[73] 惟得道之深者，然後能淺言；凡深言者，得道之淺者也。《呻吟語・談道》

[74] 真機真味，要涵蓄，休點破，其妙無窮，不可言喻，所以聖人無言。一犯口頰，窮年說不盡。又離披澆漓，無一些咀嚼處矣。《呻吟語・性命》

[75] If A is success in life, then A equals x plus y plus z. Work is x; y is play; and z is keeping your mouth shut. ——Albert Einstein

人生的成功＝工作＋玩耍＋閉上嘴巴

不愧是偉大的科學家，有相當於哲學家的功力，說得好！

先等個二十秒再說！

一個人輕易地隨便說話，通常都是因為沒有責任心！76

二〇一〇年一月十五日，耗資人民幣一億五千萬拍攝的電影《孔子——決戰春秋》在北京舉辦首映典禮，飾演孔子的港星周潤發在典禮上向特別受邀的孔老夫子第七十七代孫、高齡九十三歲的孔德懋女士行跪拜禮。這個動作或許唐突，但以儒家思想對天、地、君、親、師的尊崇，即便是男兒膝下有黃金，對天地、國家、父母、師長行叩首大禮仍然是應有的禮數。現場來賓和經由電視看到這一幕的觀眾或許會想著：周潤發雖曾公開說沒讀過《論語》，但也許是在電影拍攝過程中受到儒家思想的薰陶，感念到孔老夫子的偉大，才有了向孔家後代公開下跪的舉動，真好！

念頭猶在，周潤發笑著說話了：「下跪這動作並不陌生」、「在

76 孟子曰：「人之易其言也，無責耳矣。」《孟子・離婁上》

家裡也會跟太太下跪說『我錯了』」、「腿都麻了還不准起來」。頃刻之間，粉粧頭套戲服卸下後，沒讀過《論語》的周潤發本尊上身，對至聖先師的叩首大禮淪落到夫妻兩口間嘻皮笑臉互動的層次（按：儒家「夫婦有別」的人倫中可也沒有對妻子下跪這招），虔敬變成戲謔，芬芳變成惡臭！

善辯不如木訥，多話不如緘默！77

君子惜言，要和守財奴捨不得花錢一樣，真的非花不可，也要拖到不得已、拖到最後再花。78

多言招辱，周潤發當時若能忍個二十秒，把失宜的話吞下去就好了！而現場來賓和萬千電視觀眾也應該都學到了一個有關說話的寶貴教訓。

77 辯不如訥，語不如默，動不如靜，忙不如閑。《小窗幽記・集法篇》

78 君子之出言也，如嗇夫之用財；其見義也，如貪夫之趨利。《呻吟語・修身》

第二十二篇

說難知心

說話最難之處，是知道聽者的心。

遊說是件非常困難的事，
最艱鉅的挑戰，在掌握聽者的內心世界，
要知所說之心，匿己之為而為，
從言談中揣度其心，投聽者所好，
才能得到信任，有效說服他人。

辭不可不修，說不可不善

人生無時無刻不在和別人打交道，把自己的想法讓別人了解，爭取別人對自己想法的認同。善於遊說、善於說服的人，可以得到別人的支持，也容易達到自己的目標。

孔老夫子門下子弟子中最擅長言辭的子貢，對說話所能造成的影響知之甚明。他認為一個人的言語用辭關係到個人得失，甚至於影響到國家的興亡安危。而《詩經》說：「君王講錯一句話，老百姓就要遭殃。」言語是人們溝通交際的工具。主父偃也說：「人若不以言辭溝通，要怎樣溝通呢？」❶

子貢把他對言辭說話的認知付諸行動，有「子貢出，存魯、亂齊、破吳、強晉而霸越」的精彩故事：孔老夫子因為齊國打算攻打魯國，要子貢想想辦法幫助魯國，子貢於是做了穿梭外交，遊說各國國君。由於子貢的言辭撥弄，造成連串事件，使各國國勢消長變化，十年之間魯國生存下來，齊國政局變得混亂，吳國滅亡，晉國強大，而越國因滅吳而稱霸！❷

說話的難處，在於要對最卑賤的人講述最高深的道理，讓他聽

【典籍出處】

❶ 子貢曰：「出言陳辭，身之得失，國之安危也。」《詩》云：「辭之繹矣，民之莫矣。」夫辭者人之所以自通也。主父偃曰：「人而無辭，安所用之。」《說苑・善說第十一》

❷ 故子貢一出，存魯，亂齊，破吳，強晉而霸越。子貢一使，使勢相破，十年之中，五國各有變。《史記・仲尼弟子列傳》

懂；對最昏亂的國君講述最好的治道，讓他接受。既不能對聽者直截了當明說，扯得太遠會被嫌荒謬，只舉近世之事又被嫌庸鄙！❸

善於說話的人落在兩者之間，說遠不被聽者嫌荒謬，說近不被聽者淪庸鄙，他所說的內容能隨著時代變化，隨著世俗起伏，不論情境緩急盈損，都能斟酌俯就，好像堰堤可以治水、檃栝可以制木一樣，委曲、談說都能得意，而不損傷他所要講的道理。❹

言談應對，攻心爲上

為人父母的，覺得說服子女難；為人子女的，覺得說服父母難。做夥計的，覺得說服老闆難；做老闆的，覺得說服夥計難。要想在一件事情上說服別人，讓別人照著自己的想法做，其實真是非常困難！每個人都有自己的看法和意見，認知不同、考量不同、目標不同、處事方法不同、對特定事物所設定的輕重緩急不同，都想照著自己主觀意志做，哪有多少空間聽得進別人的話呢？

說服人這麼難，想說動別人的唯一手段就是由揣度對方的心意下手；《度心術》就記載了如何揣度不同治吏的心意來應付他們。

❸ 凡說之難，以至高遇至卑，以至治接至亂。未可直至也，遠舉則病繆，近世則病傭。《荀子・非相第五》

❹ 善者於是間也，亦必遠舉而不繆，近世而不傭，與時遷徙，與世偃仰，緩急贏絀，府然若渠匽檃栝之於己也，曲得所謂焉，然而不折傷。《荀子・非相第五》

狡猾的官員仗恃自己聰明，一定缺乏勇氣，可以加以脅迫，逼他就範。強悍的官員缺少謀略，行為常有疏失，可以找到他的過失加以要脅。廉潔的官員堅持己見而高傲，一心想著要博得美好的名聲，可以對他加以讚美。❺

掌控官員要由掌控其心意著手，聖明的國君不會捨棄曾犯過錯誤或背叛自己的人。了解一個人，要由了解他所想要的著手，有智慧的人因而善於驅策使用道德欲望上有瑕疵的人。❻

《度心術》雖是針對治吏而講，但是由揣度對方心意下手說動別人的這項原則，對遊說說服任何人都是一體適用的。

❺ 狡吏恃智，其勇必缺，迫之可也。悍吏少謀，其行多疏，挾之可也。廉吏固傲，其心繫名，譽之可也。《度心術・度心術第一》

❻ 治吏治心，明主不棄背己之人也。知人知欲，智者善使敗德之人焉。《度心術・度心術第一》

投聽者所好，爭取好感

遊說要投聽者所好，他私下想做的事，幫他找出該做的理由，私下不想做或做不到的事，幫他找到不該做的理由。

遊說的要訣，在於懂得為聽者得意的事吹噓，而掩飾他覺得羞恥的事。他心中有對自己有利而急著想做的事，就要鼓吹那件事對大眾的好處而勉強他去做。他心中有覺得不恥卻不能不做的事，就

要稱揚那件事的好處，告訴他不做會遺憾。他心中有覺得高尚實際上卻做不到的事，就要舉出那件事的毛病，讚揚他的不做。❼

想誇讚聽者的智慧能力，就要幫他舉出其他類似實例，多給他參考，使他採用我們的意見，還要裝做不知道其所以然，以彰顯他的智慧。建議他和異己共存共榮的說辭，就強調這是可以獲得美名的事，暗示這是對他個人有利的。想陳述某件事有禍害，就要說明做這事一定會引起毀謗惡名，暗示這對他個人是有害的。❽

要稱讚和他行為相同的人，指正和他謀略相類似的事。有和他同樣污穢的，一定要掩飾說並無妨礙；有和他同樣失敗的，一定要表明這沒有錯誤。如果他自認能力高強，就不要提他做不到的事來突顯他的平庸；如果他自認決斷果敢，就不要提他錯誤的事來激怒他；如果他自認計劃高明，就不要提他失敗的事來困窘他！❾

遊說的大原則是別去拂逆聽者，言辭也不要牴觸他，然後盡量發揮急智和口才，這樣才可以讓國君對你親近不疑，讓你有機會把心中的話都說出來！❿

飾矜滅恥，建構好氛圍，是爭取聽者好感，讓遊說成功的必要條件。不知所說之心，絕做不到這點！

❼凡說之務，在知飾所說之所矜，而滅其所恥。彼有私急也，必以公義示而強之。其意有下也，然而不能已，說者因為之飾其美，而少其不為也。其心有高也，而實不能及，說者為之舉其過而見其惡，而多其不行也。《韓非子・說難》

❽有欲矜以智能，則為之舉異事之同類者，多為之地，使之資說於我，而佯不知也，以資其智。欲內相存之言，則必以美名明之，而微見其合於私利也。欲陳危害之事，則顯其毀誹，而微見其合於私患也。《韓非子・說難》

❾譽異人與同行者，規異事與同計者。有與同汙者，則必以大飾其無傷也；有與同敗者，則必以明飾其無失也。彼自多其力，則毋以其難概之；自勇其斷，則無以其謫怒之；自智其計，則毋以其敗窮之。《韓非子・說難》

❿大意無所拂忤，辭言無所繫縻，然後極騁智辯焉，此所道親近不疑，而得盡之辭也。《韓非子・說難》

善說：其言能入心

蘇秦、張儀兩人是戰國時代縱橫家的代表性人物，靠著三寸不爛之舌，蘇秦說服六國合縱以抗秦，張儀說服六國連橫以尊秦；兩人的老師鬼谷子該算是懂說話的人了吧，而他對什麼叫做善於說話是這樣形容的：

碰到一個人不好，要想糾正他是很難的。你提出的建議不被採用，說的話別人不聽，是因為你自己道理沒說清楚；道理說清楚了，別人還不採用你的建議，是因為你自己的立論不夠堅定；立論非常堅定，別人還不採用你的建議，是因為你沒有投聽者所好。能夠反覆申辯把道理說清楚，堅持自己的立論而不動搖，又能投聽者所好，所說的話靈驗珍貴，明白有條理，能深入聽者的心，像這樣說話而還不能被人採納的，天下沒有聽說過。能這樣說話，就叫做善於說話了。[11]

對於什麼叫「善說」——會說話，沒有比下面的故事說明得更清楚、更令人印象深刻的了！

戰國時期，韓國建築一座新城池，計劃要在十五天內完成。段

[11] 鬼谷子曰：「人之不善而能矯之者難矣。說之不行，言之不從者，其辯之不明也；既明而不行者，持之不固也；既固而不行者，未中其心之所善也。辯之，明之，持之，固之，又中其人之所善，其言神而珍，白而分，能入於人之心，如此而說不行者，天下未嘗聞也。此之謂善說。」《說苑・善說第十一》

喬擔任司空的職務，負責督導工程，有一縣進度落後兩天，段喬就把負責的官吏關入牢裡，有可能將他治罪殺掉。官員之子因此去見封人（官名）子高，請求他：「只有先生能挽救我父親的命，要拜託先生您了！」封人子高答應了。⓬

封人子高去見段喬，段喬邀請他登上新蓋好的城樓參觀。封人子高左右眺望說：「蓋得多壯觀美麗的一座城！不只固若金湯，望出去又一望無際，若有敵人來攻，定是易守難攻，真是大功一件！您一定會得到厚重的賞賜！而最難能可貴的是，從古到今，建了這樣大功而還能不傷及無辜，沒有以罪戮加諸任何人，這可是從來沒有發生過的啊！」說完，結束拜訪，封人子高就回去了。⓭

封人子高離開之後，當晚，段喬就讓人在把關在牢裡的官員悄悄放了！⓮

《呂氏春秋》的講評認為：封人子高的說話，不說出自己想要的，卻已達到目的；段喬聽到別人所說的話而有所作為，隱匿自己的作為，同樣達到了目的。說話能這樣精巧細膩的，封人子高可以稱得上是善說了！⓯

今世的人想在一件事上說服別人，講起理由來常是說天道地、

⓬韓氏城新城，期十五日而成。段喬為司空。有一縣後二日，段喬執其吏而囚之。囚者之子走告封人子高曰：「唯先生能活臣父之死，願委之先生。」封人子高曰：「諾。」《呂氏春秋・開春》

⓭乃見段喬，自扶而上城。封人子高左右望曰：「美哉城乎！一大功矣。子必有厚賞矣。自古及今，功若此其大也，而能無有罪戮者，未嘗有也。」《呂氏春秋・開春》

⓮封人子高出，段喬使人夜解其吏之束縛也而出之。《呂氏春秋・開春》

⓯故曰封人子高為之言也，而匿己之為而為也；段喬聽而行之也，匿己之行而行也。說之行若此其精也。封人子高可謂善說矣。《呂氏春秋・開春》

說上道下、說東說西、說南說北，唯恐說漏了一個理由，遊說因此功敗垂成。今世之人的才能和膽識，和封人子高相比，可真天壤雲泥之別！封人子高要去救人，言談之中卻隻字不提此事、也不提想救之人的姓名，這全是因為他對自己的言說做法有十足的信心，相信自己已經清楚知道聽者所追求的、已經掌握了聽者的心，才能大膽地「匿己之為而為」！

讀了封人子高的談說之術，令人嘆為觀止！所有想要「善說」的人，當見賢思齊，好好體會學習！

說難，在知所說之心

做事難，做人更難；做人之中，又以遊說最難。這個難，歷史上講得最懇切的就是戰國時代的韓國公子韓非。根據韓非的說法：遊說難，最困難的難處、最艱鉅的挑戰，是要掌握聽者的內心世界，讓自己的言辭切入要害。

遊說的困難不在於有沒有知識足以說服聽者；不在於口才好不好足以表明自己的意思；不在於有沒有膽識足以毫無忌憚地把話說

盡。遊說的困難在於了解聽者的心理，讓自己可以用言辭因應。⑯

韓非曾向秦王闡明他進言並沒有困難，不輕易進言是因下述原因：說話完全順應主上的意思，洋洋灑灑，就被認為浮華不實。說話誠懇恭敬，耿直慎重，就被認為口齒笨拙語無倫次。說話多所稱舉，以同類事物詳說，就被認為空洞沒有效用。說話擷取精微，闡明要旨，簡約而不加修飾，就被認為言辭生硬沒有口才。⑰

說話刺激到主上親近之人，探知人情，就被認為是讒毀近臣不知謙讓。說話廣博深遠，難以測度其底蘊，就被認為誇大無用。說話像家計小談，只少許講了幾句，就被認為鄙陋沒見識。⑱

說話用近於世俗的見解，言辭不牴觸主上，就被認為貪生阿諛主上。說話遠離世俗見解，和人間事相比顯得奇特，就被認為荒誕。口才敏捷能辯，文采豐富，就被認為像史官撰史。說話棄絕文學，注重實質，就被認為庸俗。說話常常引經據典，師法古代，就被認為陳述故事！⑲

反正，不論說者用什麼說法遊說進言，聽者都可以雞蛋裡挑骨頭，認為你有問題，讓你動輒得咎！

聽者意在求取高尚的名譽，我們如果勸他求取大量的財利，就

⑯凡說之難，非吾知之有以說之之難也，又非吾辯之能明吾意之難也，又非吾敢橫佚而能盡之難也。凡說之難，在知所說之心，可以吾說當之。《韓非子・說難》

⑰臣非、非難言也，所以難言者：言順比滑澤，洋洋纚纚然，則見以為華而不實。敦厚恭祗，鯁固慎完，則見以為掘而不倫。多言繁稱，連類比物，則見以為虛而無用。總微說約，徑省而不飾，則見以為劌而不辯。《韓非子・難言》

⑱激急親近，探知人情，則見以為譖而不讓。閎大廣博，妙遠不測，則見以為夸而無用。家計小談，以具數言，則見以為陋。《韓非子・難言》

⑲言而近世，辭不悖逆，則見以為貪生而諛上。言而遠俗，詭躁人間，則見以為誕。捷敏辯給，繁於文采，則見以為史。殊釋文學，以質信言，則見以為鄙。時稱詩書，道法往古，則見以為誦。此臣非之所以難言而重患也。《韓非子・難言》

會被他看成凡夫俗子，而用卑賤的禮數相待，必然會疏遠我們。聽者意在求取大量的財利，我們如果勸他求取高尚的名譽，就會被他認為沒有頭腦，不夠實際，必然不會採納我們的建議。⑳

聽者暗中求取大量的財利，表面卻裝著要追求高尚的名譽，如果勸他求取高尚的名譽，他會表面上採納我們的建議，實際卻疏遠我們；如果勸他求取大量的財利，他就會暗中依我們的建議進行，表面上卻不採納建議。這種曲折變化的內心世界和表面的偽裝，常常被遊說者忽視，卻是最重要、不可不明察的事。㉑

不知所說之心，不管你如何使盡三寸不爛之舌，聽者最多只會虛以委蛇，讓你徒勞無功！

聽者疑心不可不知

人是多疑的，愈有權有勢的人，愈是多疑，總是懷疑遊說者心中另有所謀，在打他的什麼主意！

和他談論高級官吏，他就以為是要離間他們君臣；和他談論低階人員，就以為要出賣他的權力；談論他喜歡的人，就以為要從他

⑳ 所說出於為名高者也，而說之以厚利，則見下節而遇卑賤，必棄遠矣。所說出於厚利者也，而說之以名高，則見無心而遠事情，必不收矣。《韓非子・說難》

㉑ 所說陰為厚利而顯為名高者也，而說之以名高，則陽收其身，而實疏之；說之以厚利，則陰用其言，顯棄其身矣。此不可不察也。《韓非子・說難》

那借取助力；談論他憎惡的人，就以為在試探他的口風。[22]

進行簡略的談論，聽者就以為遊說者學問不深而加以輕視；詳細的談論，就以為遊說者話多沒有條理；粗略的陳述意見，就以為遊說者膽小不敢暢言；多方考慮事情，就以為遊說者粗俗傲慢。[23]

這些聽者腦中的疑慮疑惑，不會拿出來質問遊說者，卻為遊說者帶來極大的困難，遊說者不可不知。遊說者依討論對談的進行，得隨時主動表明立場，破除聽者的疑慮疑惑。

尤有甚者，在許多狀況下，遊說會成為要命的事，不可不慎！

第一種遊說者會有生命危險的狀況是：行事由於保密而成功，說話洩露機密就會失敗。遊說者不見得真洩露了聽者的祕密，但只要遊說時觸碰到聽者想保密的事，就有生命危險！[24]

第二種狀況：聽者表面做一件事，實際上是要成就另一件事，若遊說者不僅知道聽者表面要做的事，又知道為什麼要這樣做，遊說者就有生命危險！[25]

第三種狀況：為國君計劃要事，卻被聰明的局外人猜測到，流傳在外，一定會認為是遊說者洩露的，遊說者就有生命危險！[26]

第四種狀況：國君的深恩厚澤還沒有沾潤到，遊說者和國君的

[22] 故與之論大人，則以為閒己矣；與之論細人，則以為賣重；論其所愛，則以為藉資；論其所憎，則以為嘗己也。《韓非子・說難》

[23] 徑省其說，則以為不智而拙之；米鹽博辯，則以為多而交之。略事陳意，則曰怯懦而不盡；慮事廣肆，則曰草野而倨侮。此說之難，不可不知也。《韓非子・說難》

[24] 夫事以密成，語以泄敗。未必其身泄之也，而語及所匿之事，如此者身危。《韓非子・說難》

[25] 彼顯有所出事，而乃以成他故，說者不徒知所出而已矣，又知其所以為，如此者身危。《韓非子・說難》

[26] 規異事而當，知者揣之外而得之，事泄於外，必以為己也，如此者身危。《韓非子・說難》

關係還不夠深卻交淺言深；若是建議被實行了而且有效，就會遭人妒忌；若是建議沒被實行而失敗，忠誠和能力就會受懷疑；任一者，遊說者都有生命危險！[27]

第五種狀況：國君做錯了一件事，遊說者卻公開談論禮義，使國君的過錯更加明顯，這樣遊說者就有生命危險。[28]

第六種狀況：國君有一好計策，想藉以誇耀自己的功績，若遊說者也知道這個計策，就有生命危險。[29]

第七種狀況：勉強國君做他不能做的事，或是阻止國君做他不能不做的事，遊說者也有生命危險！[30]

由以上看來，遊說者常置險地，聽者常生殺機，遊說真是要命危險的事！

聽者愛憎說變就變

想勸諫、遊說國君，發表議論的臣子不可不先審察國君的愛憎好惡再進言。[31]

中國人以龍做為尊貴權勢的象徵，《韓非子》一書就以龍的不

[27] 周澤未渥也，而語極知，說行而有功，則德忘，說不行而有敗，則見疑，如此者身危。《韓非子・說難》

[28] 貴人有過端，而說者明言禮義以挑其惡，如此者身危。《韓非子・說難》

[29] 貴人或得計，而欲自以為功，說者與知焉，如此者身危。《韓非子・說難》

[30] 彊以其所不能為，止以其所不能已，如此者身危。《韓非子・說難》

[31] 故諫說談論之士，不可不察愛憎之主而後說焉。《韓非子・說難》

能被忤逆惹毛，說明遊說者必須小心翼翼。龍這種大蟲，馴養之後可以親近地騎在背上，可是牠的喉嚨下有逆生的鱗片，直徑一尺，若有人觸犯逆鱗，牠一定會將人殺死。國君也有逆鱗，遊說者能避開觸犯國君的逆鱗，遊說就接近成功了。㉜

除了避免聽者的忌諱——聽者的逆鱗，還要知道他的愛憎好惡隨時在變、說變就變！春秋時代彌子瑕的故事就是最好的例子。

彌子瑕一度受到衛國國君的寵愛。依衛國法律，私用國君的馬車要處以刖刑。彌子瑕的母親生病，家人在深夜告知彌子瑕，彌子瑕便假藉衛君命令，乘坐衛君馬車出宮回家。衛君聽到這件事，不僅沒有問罪，反而稱讚他：「彌子瑕多孝順啊！為了母親，竟不顧自己觸犯刖罪的危險。」㉝

又有一天，彌子瑕陪著衛君到果園遊玩，吃到一顆桃子覺得味道甜美，就把剩下的半顆給衛君吃。衛君因此說：「彌子瑕多愛我啊！犧牲自己的口福，把桃子留給我吃！」㉞

等到彌子瑕姿色褪去、衛君對他的寵愛不再，有時還被他惹得生氣，衛君就埋怨：「這個人過去曾假託我的命令，私用我的馬車，還曾把他吃剩下的桃子給我吃。」其實，彌子瑕之後和當初的

㉜ 夫龍之為蟲也，柔，可狎而騎也；然其喉下有逆鱗徑尺，若人有嬰之者，則必殺人。人主亦有逆鱗，說者能無嬰人主之逆鱗，則幾矣。《韓非子・說難》

㉝ 昔者，彌子瑕有寵於衛君。衛國之法，竊駕君車者罪刖。彌子瑕母病，人間往夜告彌子，彌子矯駕君車以出。君聞而賢之，曰：「孝哉，為母之故，忘其犯刖罪。」《韓非子・說難》

㉞ 異日，與君遊於果園，食桃而甘，不盡，以其半啗君，君曰：「愛我哉，忘其口味，以啗寡人。」《韓非子・說難》

行為並沒有兩樣，可是以前受到國君稱讚的事，後來卻被國君認為是罪過，這只是因為愛憎的變化啊！[35]

遊說者的才智並沒有變，只是時空變化，國君的愛憎變了！所以受到國君喜愛時，才智就被視為恰當而更加親近；受國君憎惡時，才智就被視為不恰當，被認為有罪而更加疏遠！[36]

追逐那隨時在變的「所說之心」，真難為了那些要遊說國君和老闆的人啊！

[35] 及彌子色衰愛弛，得罪於君，君曰：「是固嘗矯駕吾車，又嘗啗我以餘桃。」故彌子之行，未變於初也，而以前之所以見賢，而後獲罪者，愛憎之變也。《韓非子・說難》

[36] 故有愛於主，則智當而加親；有憎於主，則智不當，見罪而加疏。《韓非子・說難》

從言談中揣度其心

開口之前已經知道所說之心的遊說者，是有準備的幸運者，但在言說過程中，仍應隨時察言觀色，注意聽者所說之心有沒有改變。開口之前還不確定所說之心的遊說者，趕鴨子上架開始遊說，更是要在言說中運用手段技巧，盡快揣度探出聽者的所說之心。

道、神、聖、賢經典講到言說遊說的很多，《論語》、《孟子》都有相關論述，《荀子》、《韓非子》、《說苑》、《呂氏春秋》討論得更多，但整本書都在講遊說的，只有《鬼谷子》一書。《鬼谷子》不只講到遊說開始之前的「量權」——揣量天下的權勢，和「揣情」——探究各諸侯的真情，更講到在言說過程中如何揣度探索聽者的心意。受限篇幅，只舉幾例如下，一嘗其味。

一、反復

古代教化人民的聖人，言行舉止都和天下的大道吻合。他們反過去可追溯以往，覆回來又能驗證將來；反過去可通曉古代，覆回來又能明瞭現在；反過去可了解對方，覆回來又能認識自己。㊲

動靜虛實的道理，如果和現在的情形不相符，我們就要從古代尋找線索；事情要反過去尋求既往以了解對方，卻又要回覆驗證將來以認識自身；這些都是聖人的深意，不可以不詳加審察。㊳

二、反辭

別人在說話，這是動態；自己默默聽，這是靜態。想說服別人，一定要先聽人說話；那些不聽別人說話，只顧自說自話的人，絕對說服不了別人。㊴

以靜觀動，就能從對方的言談中了解他真正的意圖。如果對方

㊲古之大化者，乃與無形俱生。反以觀往，覆以驗來；反以知古，覆以知今；反以知彼，覆以知此。《鬼谷子．反應第二》

㊳動靜虛實之理不合來今，反古而求之。事有反而得覆者，聖人之意也，不可不察。《鬼谷子．反應第二》

㊴人言者，動也。己默者，靜也。《鬼谷子．反應第二》

言談有不合理的地方，還可以反過來質疑他，他一定會有反應。[40]

三、釣人

引誘聽者說話，使他涉及具體事實，這樣才能了解他真正的意圖。[41]

要引誘聽者露出真正的意圖，就像獵人張網捕獸一樣，必須在多幾個地方拉開網子等待野獸的出入。如果布局引導的方式得當，對方的意圖自然會脫口而出，這就是釣人意圖的網。[42]

下說服上，難上加難

要說服同輩、同儕、地位相同的人已經夠困難了，下要說服上、幼要說服長、卑要說服尊、賤要說服貴，更是難上加難！《韓非子》有一段章句把這個道理講得令人拍案叫絕！

善於識馬的伯樂教他不喜歡的人鑑賞千里馬，教他喜歡的人鑑賞普通馬。千里馬萬中選一，交易很少，因此賺的錢少；普通馬很多，買賣的生意天天都有，因此賺的錢多。這就是《周書》所說的

[40] 因其言，聽其辭。言有不合者，反而求之，其應必出。《鬼谷子・反應第二》

[41] 其釣語合事，得人實也。《鬼谷子・反應第二》

[42] 其猶張置網而取獸也。多張其會而司之，道合其事，彼自出之，此釣人之網也。常持其網驅之。《鬼谷子・反應第二》

「地位低下的人，想要說服地位高的人，是少有的事！」43

這段章句和說話遊說有什麼關係？買得起千里馬的人都是有權、有勢、有錢的A咖和大腕，自許地位比販賣千里馬的馬販和相馬的人高得多，鮮少對喜歡怎樣的千里馬、想買怎樣的千里馬沒有既定的主見，也因此很少會聽從馬販和相馬者的意見而被說服。

下說服上，難上加難，不只販馬如此，天下每件事都是如此！

遊說這門功夫，開口之後的本領只占十分之一，十分之九都是開口之前的準備工夫，包括知所說之心、爭得聽者信任等等。

伊尹做過廚子，百里奚曾為奴隸，這都是他們接近國君，以求被聽用的方法手段。他們兩人都是聖人，還不能不屈就低下的工作以求晉用，做到這樣卑污的程度。讓自己淪為廚子奴隸，就能被重用而救世，這不是智者會覺得羞恥的事！44

當君臣經過長久時日相處，國君的深恩厚澤臣子都已沾潤到，臣子為國君深謀遠慮就不會招惹疑心，急切地爭辯也不會入罪，此時就可以明白剖析利害以建立事功，坦言指陳是非以整飭國君的德行，用這樣有耐心、有智慧的方法輔助國君，才是成功的遊說！45

43 伯樂教其所憎者相千里之馬，教其所愛者相駑馬。千里之馬時一，其利緩；駑馬日售，其利急。此《周書》所謂「下言而上用者惑也」。《韓非子・說林下》

44 伊尹為宰，百里奚為虜，皆所以干其上也。此二人者，皆聖人也，然猶不能無役身以進，如此其汙也。今以吾言為宰虜，而可以聽用而振世，此非能士之所恥也。《韓非子・說難》

45 夫曠日彌久，而周澤既渥，深計而不疑，引爭而不罪，則明割利害以致其功，直指是非以飾其身，以此相持，此說之成也。《韓非子・說難》

內涵信任重於口才便給

內涵比口才技巧重要。

春秋時代崇尚口才，有人說：冉雍這個人雖然仁厚，可惜沒有口才。孔老夫子對此回應說：「何必用口才呢？以口才應付別人，只是令人憎恨罷了，我雖然不知道他仁厚的程度，但只要行仁，又何必強用口才呢？」46

仁是做人的本質，口才只是說服別人的技巧，甚至還不是全部的技巧，口才便給在說服別人時有幫助，卻不是說服別人的重點。

口才敏捷能辯、滔滔不絕、能言善道的人，如果得不到聽者的信任，不知所說之心，那所有說出來的辯證辭藻都是白功，沒有一絲一毫的效果！反倒是口才不好、甚至於說話結巴的人，如果得到聽者的信任，知所說之心，即使結結巴巴，只要能讓人聽懂聽進，就有一槍斃命的效果！

這個道理，學言談遊說不可不知！

46 或曰：「雍也，仁而不佞。」子曰：「焉用佞？禦人以口給，屢憎於人。不知其仁，焉用佞？」《論語・公冶長篇》

第二十三篇

諷諫少辯

下者敢諫，上者納諫。辯輸是輸，辯贏也是輸。

諫？還是不諫？

諫易以為謗，深知勸諫方法才能不危自身。

辯？還是不辯？

辯要勝人之口，更要服人之心。

諫的竅門，在諷諫；辯的竅門，在少辯！

諫的最佳操作典範

若問什麼是諫說的最佳操作典範（best practice）？周文王在渭水北岸首次遇到姜太公時，兩人間的互動當之無愧！

文王要去渭水北岸打獵，行前命令太史占卜得到的卜兆顯示：在渭水北岸打獵，將有大收穫，會得到一位公侯之才，做文王之師，輔佐大業！文王在打獵期間，遇到太公坐在茅草遍地的河岸上釣魚。寒暄過後，太公就表示：「今天臣下要說的乃是至情之言，而且將直言不諱，不知道君上聽了會不會見怪？」❶

文王很誠懇地請太公賜教，他說：「只有具有仁德的人能接受耿直的勸諫，不厭惡真情肺腑之言，您為何要如此之想呢？」❷

文王遇到太公，接受太公的正諫，拜其為相，奠定了周朝八百年的基業。太公的智慧在於先打招呼，試試風向，看文王願不願聽他的諫言；文王的智慧在於虛心受教，洗耳恭聽。兩人的搭配絕佳，正是諫說與受諫的最佳典範！

《荀子》一書中的〈臣道第十三〉論述做為人臣的道理，把臣子對國君不同性質的建言分為諫、爭、輔、拂四種。

【典籍出處】

❶……言至情者，事之極也。今臣言至情不諱，君其惡之乎？《六韜・文韜・文師》

❷文王曰：「惟仁人能受正諫，不惡至情，何為其然？」《六韜・文韜・文師》

諫、爭、輔、拂

當國君的謀劃發生錯誤、做錯事，將有可能危害國家、墜損社稷時，朝中大臣或同姓父兄中有能進言於國君的，若國君採用建言則罷，若不採用就應該離去，這樣的進言稱之為「諫」。有能進言於國君的，若國君採用建言則罷，不採用就應該赴死，這樣的進言稱之為「爭」。有辦法合智同力，率領群臣百官一同強逼國君、矯正國君的行為，國君雖感不安，卻不能不聽，因此而解除了國家的大難大害，造成國君尊榮、國家安定，這樣的進言稱之為「輔」。有能夠抗拒國君的命令，竊用國君的權柄重器，反轉國君原先的行事，以安定國家的危難，去除國君的羞辱，功業足以成就國家的大利，這樣的進言稱之為「拂」。❸

荀子認為：能夠做到諫、爭、輔、拂任一種行為的人，都是社稷之臣、國君之寶，是聖明國君所尊崇厚待的人，卻也是闇主、惑君痛恨賊敵的人。所以聖明國君所要賞賜的人，就是闇主、惑君所要懲罰的人；闇主、惑君所要賞賜的人；就是聖明國君所要斬殺的人。❹

❸君有過謀過事，將危國家殞社稷之懼也；大臣父兄，有能進言於君，用則可，不用則去，謂之諫；有能進言於君，用則可，不用則死，謂之爭；有能比知同力，率群臣百吏而相與彊君撟君，君雖不安，不能不聽，遂以解國之大患，除國之大害，成於尊君安國，謂之輔；有能抗君之命，竊君之重，反君之事，以安國之危，除君之辱，功伐足以成國之大利，謂之拂。《荀子・臣道第十三》

❹故諫爭輔拂之人，社稷之臣也，國君之寶也，明君之所尊厚也，而闇主惑君以為己賊也。故明君之所賞，闇君之所罰也；闇君之所賞，明君之所殺也。《荀子・臣道第十三》

荀子還在以往的社稷之臣、國君之寶中，舉出諫、爭、輔、拂的代表性人物：伊尹、箕子可稱「諫」，比干、子胥可稱「爭」，平原君對趙國可稱「輔」，信陵君對魏國可稱「拂」，讓後世臣子有效法學習的榜樣。❺

忠於其人，諫無旁貸

替人做事，為什麼要諫？

古代的臣子對國君忠心，今世的企業員工對老闆忠心，受聘的專業人士對當事人忠心，一般人對朋友忠心。當看到國君、老闆、當事人、朋友做了或即將要做出錯誤決定時，既然忠於其人，怎能不加以勸諫呢？❻

《周易》說：「王臣費心勞神，不是為了自己。」人臣之所以盡力勞神地勸諫國君，並不是為自己打算，想從中追求私利，而是為了匡正國君的過錯、糾正國君的失誤。國君有了過失，就是危亡的開始；人臣看到國君有過失而不加以勸諫，就是不重視國君的危亡。不重視國君的危亡，忠臣是不忍心這樣做的！❼

❺伊尹箕子可謂諫矣，比干子胥可謂爭矣，平原君之於趙可謂輔矣，信陵君之於魏可謂拂矣。《荀子・臣道第十三》

❻子曰：「愛之，能勿勞乎？忠焉，能勿誨乎？」《論語・憲問篇》

❼《易》曰：「王臣蹇蹇，匪躬之故。」人臣之所以蹇蹇為難而諫其君者，非為身也，將欲以匡君之過，矯君之失也。君有過失者，危亡之萌也；見君之過失而不諫，是輕君之危亡也。夫輕君之危亡者，忠臣不忍為也。《說苑・正諫第九》

忠於人並加以勸諫，就是不忍心看到被諫者發生過失、帶來禍害。但是以長勸幼，像是父母勸子女、師長勸弟子、長輩勸晚輩，容易做；以幼諫長，像子女諫父母、弟子諫師長、晚輩諫長輩，就和臣子諫國君、夥計諫老闆一樣困難，勸諫者必須有相當的技巧才能做到。

勸諫四難，審度爲要

勸諫是件難事。古人認為進言的困難有四：審度聽者難、審度自己難、審度所諫之事難、審度勸諫時機難。四者之中，只要一件的審度有所閃失，勸諫就不會成功！[8]

要說服別人，本來就不容易。勸諫是以卑對尊、以幼對長、以賤對貴，做起來更是困難，絕對要搞清楚人、己、事、時的各種狀況！

講到夥計善於進諫、老闆善於納諫，唐太宗李世民和魏徵該是歷史上最有名、提到最多的拍檔組合了。太宗曾說，貞觀以前，跟隨他平定天下，周旋各種艱險，都是房玄齡的功勞，無人可比。貞

[8] 進言有四難：審人、審己、審事、審時，一有未審，事必不濟。《呻吟語・治道》

觀之後，對他盡心效忠，進獻忠言，安國利民，能冒犯龍顏以該做的事來進諫，匡正他過失的人，只有魏徵一人而已。自古以來的名臣，也不能做得更多更好了！❾

太宗有多看重魏徵？魏徵往生後，太宗曾對左右侍臣表示，以銅為鏡，可以端正衣冠；以歷史為鏡，可以知道國家興替；以人為鏡，可以明白自己行為得失。過去他時常保有這三面鏡子，以防範自己有過，如今魏徵已逝，三面鏡子就少了一面！❿

逆耳忠言，易以爲謗

聽說古代的名醫扁鵲替人治病時，用尖刀刺骨；聖人挽救危亡的國家，以忠言拂耳。以尖刀刺骨，雖有小痛，但對身體是有長久好處的；忠言逆耳，國君聽到耳朵裡，雖然心裡小不順意，國家卻能長久有福。所以重病的人為了治好身體，而忍住尖刀刺骨的疼痛；猛毅的國君為了國家之福，而願意接納臣子逆耳的忠言。⓫

病人忍住尖刀刺骨的疼痛，扁鵲才能盡使巧妙的醫術；國君接納逆耳的忠言，國家才不會失去像伍子胥這樣的忠臣。這是個人長

❾ 貞觀以前，從我平定天下，周旋艱險，玄齡之功，無所與讓。貞觀之後，盡心於我，獻納忠讜，安國利民，犯顏正諫，匡朕之違者，唯魏徵而已。古之名臣，何以加也！《舊唐書・卷七十一》

❿ 夫以銅為鏡，可以正衣冠；以古為鏡，可以知興替；以人為鏡，可以明得失。朕常保此三鏡，以防己過。今魏徵殂逝，遂亡一鏡矣！《舊唐書・卷七十一》

⓫ 聞古扁鵲之治甚病也，以刀刺骨；聖人之救危國也，以忠拂耳。刺骨，故小痛在體，而長利在身；拂耳，故小逆在心，而久福在國。故甚病之人，利在忍痛；猛毅之君，福以拂耳。《韓非子・安危》

壽、國家安定的方法。病人有病而不能忍受治療的疼痛，扁鵲巧妙的醫術就施展不出來；國家危亂而國君不能接納逆耳忠言，聖賢的良言也不能發揮作用。如此，長遠的利益不能永遠延續，功名也不能長久建立。⓬

逆耳忠言，雖是諫者基於對聽者的忠心才說的，但聽者心中的不快也是難免。如果諫者和聽者關係密切，衝擊也許能稍緩，較能讓聽者把話聽進去。所以，國君要在已經得到人民的信任，讓人民知道國君愛護他們之後再勞役他們，否則人民就會認為國君苛刻；同理，臣子要在已經得到國君的信任，讓他知道臣子忠心耿耿之後再勸諫國君，否則國君就會認為臣子是在毀謗他。⓭

讓手操生殺大權的國君誤以為臣子在毀謗他，那還得了，殺身之禍恐怕就在眼前！小命休矣！

《韓非子》以商朝開國之君湯和宰相伊尹間的故事為例，說明要說服別人是非常困難的事：商湯是至聖，伊尹是大智，以大智勸說至聖，經過七十次還沒被接受，伊尹是靠著帶著烹調器具去做廚子，慢慢地和商湯接近，才讓商湯知道他是一位賢能的人而加以任用。⓮

⓬忍痛，故扁鵲盡巧；拂耳，則子胥不失；壽安之術也。病而不忍痛，則失扁鵲之巧；危而不拂耳，則失聖人之意。如此，長利不遠垂，功名不久立。《韓非子・安危》

⓭子夏曰：「君子信而後勞其民；未信，則以為厲己也。信而後諫；未信，則以為謗己也。」《論語・子張篇》

⓮上古、有湯、至聖也，伊尹、至智也。夫至智說至聖，然且七十說而不受，身執鼎俎為庖宰，昵近習親，而湯乃僅知其賢而用之。《韓非子・難言》

所以說，以大智勸說至聖，也未必一開始就會被接受，伊尹勸說商湯就是例子；而以智者勸說愚人，不被接受則是必然的，周文王勸說不了紂王即是。⓯

三諫而不用則去

對國君的勸諫有五種不同的方式：一名正諫，正言勸諫；二名降諫，委婉勸諫；三名忠諫，忠心勸諫；四名戇諫，剛直勸諫；五名諷諫，隱語勸諫。孔老夫子最贊同的是諷諫。⓰

不勸諫國君，國君會有危險，固執地勸諫國君，自身會遭到危險；與其國君遭到危險，寧可自身遭到危險。冒著自身的危險勸諫國君，國君最終還是不採納，那勸諫也沒有用了。智者觀察國君，權衡時宜，分辨緩急，使自己處在得宜的位置，上不至於危害國君，下不至於危害自身。如此，既不危及國家，也不害到自己！⓱

從前，陳靈公不聽泄冶的勸諫而殺了他，曹羈多次勸諫曹君不聽就離開了曹君，《春秋》雖然論定他們倆都是賢人，但認為曹羈的做法更合乎禮法，勝過泄冶。⓲

⓯ 故曰以至智說至聖，未必至而見受，伊尹說湯是也；以智說愚，必不聽，文王說紂是也。《韓非子・難言》

⓰ 是故諫有五：一曰正諫，二曰降諫，三曰忠諫，四曰戇諫，五曰諷諫。孔子曰：「吾其從諷諫乎！」《說苑・正諫第九》

⓱ 夫不諫則危君，固諫則危身，與其危君寧危身。危身而終不用，則諫亦無功矣。智者度君權時，調其緩急，而處其宜，上不敢危君，下不以危身。故在國而國不危，在身而身不殆。《說苑・正諫第九》

⓲ 昔陳靈公不聽泄冶之諫而殺之，曹羈三諫曹君不聽而去，《春秋》序義雖俱賢，而曹羈合禮。《說苑・正諫第九》

道、神、聖、賢是通情達理的，沒有要我們為了勸諫朋友，惹得朋友大不高興而失去友誼；沒有要我們為了勸諫老闆，惹得老闆大不高興而丟掉工作；更沒有要古代的臣子為了勸諫國君，惹得國君火大而招來殺身之禍！

侍奉國君，如果國君有過，自當力諫；屢諫不聽，則當辭官，否則必使國君厭煩，讓自己受到斥辱。與朋友相交，自當互相勸勉向善；如果朋友有過，要依禮漸進地勸導，否則必使朋友厭煩，友誼疏遠。[19]

當子貢向孔老夫子請問交友時，孔老夫子也說：「朋友有了過失，要忠誠地勸告，好好地開導。如果他還是不聽，就別再勸了，以免朋友反感而自取其辱。」[20]

臣子多次勸諫國君而國君不聽，臣子就應該去職離開，不離開就會有身亡的危險。讓自己身亡，仁人是不會這樣做的。[21]

不只進諫，還助國君納諫

臣下進言言辭尖銳深切，國君就會發怒；國君發怒，諫者就有

[19] 子游曰：「事君數，斯辱矣；朋友數，斯疏矣。」《論語・里仁篇》

[20] 子貢問友。子曰：「忠告而善道之，不可則止，毋自辱焉。」《論語・顏淵篇》

[21] 三諫而不用則去，不去則身亡；身亡者，仁人之所不為也。《說苑・正諫第九》

危險。除非是賢者，誰敢冒這個危險？如不是賢者，就是想藉著進言的機會為自己謀求私利了。要謀求私利的人，冒這種危險對他有什麼好處？所以在不肖國君的身旁沒有賢人；沒有賢人，就聽不到言辭尖銳深切的進言；聽不到言辭尖銳深切的進言，奸人就會結黨營私、各種邪僻的事都會發生，這樣的話，國家就沒法生存了。大凡國家的生存，國君的安寧，都是有原因的。不了解其原因，目前國家雖然生存，終必滅亡，國君雖然安寧，終必遭到危險，所以不可以沒有尖銳深切的建言。㉒

最有用的臣子，是能夠運用智慧幫助國君納諫。戰國時代魏文侯的臣子翟黃就是這樣例子。

當時文侯宴請群臣飲酒，要群臣說說對自己的看法。有的臣子讚美文侯的智慧，輪到任座時，他說：「大王是一個不肖的國君啊！大王攻取了中山國，但是不把土地封給弟弟，卻將土地封給兒子，由此可知大王的不肖。」文侯聽了這話很不高興，不悅明顯掛在臉上，任座也識趣地說完就走。㉓

接下來輪到翟黃發言，在氣氛如此冷凝尷尬的情境下，翟黃要說什麼呢？翟黃真有幾把刷子！他是這麼說的：「大王真是賢君

㉒言極則怒，怒則說者危，非賢者孰肯犯危？而非賢者也，將以要利矣。要利之人，犯危何益？故不肖主無賢者。無賢則不聞極言，不聞極言則姦人比周、百邪悉起，若此則無以存矣。凡國之存也，主之安也，必有以也。不知所以，雖存必亡，雖安必危，所以不可不論也。《呂氏春秋・直諫》

㉓魏文侯燕飲，皆令諸大夫論己。或言君之智也。至於任座，任座曰：「君不肖君也。得中山不以封君之弟，而以封君之子，是以知君之不肖也。」文侯不說，知於顏色。任座趨而出。《呂氏春秋・自知》

啊！臣聽人說，主公賢明，臣子就敢直言不諱。今天，任座話敢講得這麼直，由此可知大王的賢明了。」文侯很高興地問：「那可以把任座找回來嗎？」翟黃答：「有什麼不可以呢？臣聽人說，身為忠臣要盡其忠，就不敢離開他的主公。任座雖走了出去，應該還在門外。」翟黃出去一看，任座果然還在門外，就以文侯之名召他回來。任座進來後，文侯走下台階迎接他，請他上座。㉔

《呂氏春秋》是這樣評論的：文侯要是沒有翟黃，就差一點失去忠臣；能順著主公的心意，以彰顯主公賢德的，大概只有翟黃了。翟黃一開口，面面俱到，皆大歡喜，真是抓住侍候主上、勸諫老闆的訣竅！㉕

不受諫，何以自知

要知道平不平、直不直，一定得仰賴準繩；要知道方不方、圓不圓，一定得仰賴圓規矩尺；國君想知道自己有沒有過失，一定要仰賴正直之士。所以天子要設立輔弼大臣，設立太師太保，讓他們來舉發自己的過失。原本人就不能知道自己的過失，國君權高位

㉔ 次及翟黃，翟黃曰：「君賢君也。臣聞其主賢者，其臣之言直。今者任座之言直，是以知君之賢也。」文侯喜曰：「可反歟？」翟黃對曰：「奚為不可？臣聞忠臣畢其忠，而不敢遠其死。座殆尚在於門。」翟黃往視之，任座在於門，以君令召之。任座入，文侯下階而迎之，終座以為上客。《呂氏春秋‧自知》

㉕ 文侯微翟黃，則幾失忠臣矣。上順乎主心以顯賢者，其唯翟黃乎？《呂氏春秋‧自知》

尊，尤其是這樣。國家存亡，個人安危，原因都不必向外尋找，關鍵就在於知不知道自己的過失！[26]

帝堯設置了供諫者敲擊的鼓，帝舜設置了供書寫帝王過失的木牌，商湯設有糾正帝王過失的官位，武王有告誡帝王要慎於政事的搖鼓，即使這樣，他們還擔心不能了解自己的過失。後世的國君，講賢明比不上堯、舜、湯、武，卻反而掩塞視聽、杜絕言路，又如何能知道自己的過失呢？[27]

法家韓非列出國君常常會犯的十項過失，其中第七、第八和第十項都與聽不進諫言有關：第七，離開國都，到遠方遨遊，忽略臣下的勸諫，這是危害生命的做法。第八，有了過失，但不聽忠臣勸諫，獨斷獨行，這是敗壞名聲、受人譏笑的開端。第十，國家弱小，卻顢頇無禮，不肯採納諫臣建言，這是亡國絕世的態勢。[28]

不聽諫言，在國君的過失中十取其三，對國君來說，怎樣接納諫言可真是要好好費神學習的事了！

楚成王、齊莊公因為不了解自己的過失而被殺，吳王夫差、智伯因為不了解自己的過失而亡國，宋國、中山國因為國君不了解自己的過失而被消滅，晉惠公、趙括因為不了解自己的過失而被敵人

[26] 欲知平直，則必準繩；欲知方圓，則必規矩；人主欲自知，則必直士。故天子立輔弼，設師保，所以舉過也。夫人故不能自知，人主猶其。存亡安危，勿求於外，務在自知。《呂氏春秋・自知》

[27] 堯有欲諫之鼓，舜有誹謗之木，湯有司過之士，武王有戒慎之鞀，猶恐不能自知。今賢非堯、舜、湯、武也，而有掩蔽之道，奚繇自知哉？《呂氏春秋・自知》

[28] 十過：……七曰、離內遠遊，而忽於諫士，則危身之道也。八曰、過而不聽於忠臣，而獨行其意，則滅高名為人笑之始也。……十曰、國小無禮，不用諫臣，則絕世之勢也。《韓非子・十過》

俘虜，鑽荼、龐涓、太子申因為不了解自己的過失而兵敗身死。所以，沒有比不了解自己缺失更壞的事了！[29]

而古代的國君、今世有權有勢有地位的人，要了解自己的缺失，避免覆亡，就要靠時時有人勸諫、指出缺失！

晉定公二十二年，范氏為趙簡子所討伐，出亡齊國。有一個百姓得到范家的一口鐘，想把它背著帶走；可是鐘太大，沒法背負，於是他打算先用椎子把鐘敲碎了再搬走。孰料椎子一敲，鐘轟然作響，這人怕別人聽到後，來和自己搶奪這口鐘，於是急忙掩住耳朵！[30]

不想讓別人聽到鐘聲是可以理解的，但解決的方法竟是不讓自己聽到鐘聲，那就太離譜了！做為國君卻不願意聽到別人對自己指出過錯，不正和椎鐘掩耳一樣嗎？不願意別人聽到自己的過錯還可以理解，自己都不願聽到自己的過錯，就太荒謬了！[31]

亡國之君，在位時都聽不進直言進諫。聽不進直言進諫，就無從知道自己的過失，賢能之士也不會前來投奔。賢能之士不前來效勞，國君就耳目不通，心智壅塞了！[32]

[29] 荊成、齊莊不自知而殺，吳王、智伯不自知而亡，宋、中山不自知而滅，晉惠公、趙括不自知而虜，鑽荼、龐涓、太子申不自知而死，敗莫大於不自知。《呂氏春秋‧自知》

[30] 范氏之亡也，百姓有得鐘者，欲負而走，則鐘大不可負，以椎毀之，鐘況然有音，恐人聞之而奪己也，遽揜其耳。《呂氏春秋‧自知》

[31] 惡人聞之可也，惡己自聞之悖矣。為人主而惡聞其過，非猶此也？惡人聞其過尚猶可。《呂氏春秋‧自知》

[32] 亡國之主，不可以直言。不可以直言，則過無道聞，而善無自至矣。無自至則壅。《呂氏春秋‧壅塞》

誰能當領導、老闆的鏡子？

戰國時代的賢者列精子高讓齊湣王對他言聽計從，十分信任。一天，列精子高穿著素色的熟絹衣，戴著大白帽，腳上穿著頭部突出的粗劣鞋子，大清早撩起衣襟在堂下走來走去，問自己的侍從說：「我的樣子怎麼樣？」侍者回答：「大人又美又麗。」列精子高為此走到井邊，要從水中看看自己的樣子，看到的卻只是一普普通通、平凡簡樸男子的模樣，因而感歎地說：「侍者因為齊王聽我的話，就這樣曲意奉迎我！那對聽從我的話、照我話做的萬乘之主齊君，人們對他的阿諛奉承自然更加厲害了！國君如果沒有鏡子來端正自己，離國破身亡的日子也就不遠了！」33

而誰能當國君的鏡子？只有賢士吧！人們都喜歡照鏡子看清自己的面容，卻厭惡賢士幫助自己看清自己。鏡子照清楚面容，功用小；賢士幫助自己看清自己，功用大。只得到功用小的，卻拋棄功用大的，真太不懂大小比例了！列精子高的感嘆，發人深省！34

趙簡子比較兩位臣子與他的互動，感慨地說：「趙厥愛惜我，尹鐸則不愛惜我。趙厥勸諫我，必定在旁邊沒有人的場合；而尹鐸

33 侍者為吾聽行於齊王也，夫何阿哉？又況於所聽行乎萬乘之主，人之阿之亦甚矣，而無所鏡，其殘亡無日矣。《呂氏春秋・達鬱》

34 孰當可而鏡？其唯士乎！人皆知說鏡之明己也，而惡士之明己也。鏡之明己也功細，士之明己也功大。得其細，失其大，不知類耳。《呂氏春秋・達鬱》

勸誡我，喜歡當著眾人之面指責我，定要讓我出醜！」[35]

尹鐸的回答是這樣的：「趙厥只顧惜主上會不會出醜，而不顧惜主上是不是有過失；我則顧惜主上是不是有過失，而不顧惜主上是不是會出醜。我學過看相，看出主上面容敦厚，膚色土黃，是可以忍受羞辱且寬容的人。我之所以不得不在眾人面前勸諫主上，是恐怕若不這樣，主上不會改變啊！」[36]

《呂氏春秋》評說趙簡子真是賢明！國君賢明，則臣下進諫的言辭就可以坦白尖刻。趙簡子如果不賢明，尹鐸終將待不下去，遑論侍奉在趙簡子左右呢？[37]

其實，尹鐸也是大有智慧的臣子，由上觀之，他是深深知道言說勸諫方法的人，才能進諫而不危自身，更為國君贏得賢明的美名！

辯？還是不辯？

和「諫？還是不諫？」類似的問題是「辯？還是不辯？」。

道、神、聖、賢經典中，在「辯？還是不辯？」的問題上，除

[35] 趙簡子曰：「厥也愛我，鐸也不愛我。厥之諫我也，必於無人之所；鐸之諫我也，喜質我於人中，必使我醜。」《呂氏春秋・達鬱》

[36] 尹鐸對曰：「厥也愛君之醜也，而不愛君之過也；鐸也愛君之過也，而不愛君之醜也。臣嘗聞相人於師，敦顏而土色者忍醜。不質君於人中，恐君之不變也。」《呂氏春秋・達鬱》

[37] 此簡子之賢也。人主賢則人臣之言刻。簡子不賢，鐸也卒不居趙地，有況乎在簡子之側哉？《呂氏春秋・達鬱》

了戰國時代的孟老夫子和荀子主張辯說，其餘似乎都採取不辯的立場。

一、孟子：予豈好辯哉？予不得已也！

孟老夫子的學生公都子問：「外人都稱夫子喜歡辯論，敢問是什麼緣故呢？」《孟子》一書以五百多字記載了孟老夫子的回答，讓我們看看其中可視為結論的最後近百字是怎樣說的。

「從前大禹平治洪水，天下才得以太平；周公摒絕夷狄，驅走猛獸，人民才得到安寧；孔老夫子撰寫了《春秋》，記載當時發生的事件，亂臣賊子才感到害怕。《詩經》記載：『打擊了戎人和狄人，懲戒了荊國和舒國，那就沒有人敢抵抗我們了。』周公之所以討伐戎人和狄人，正是因為戎人和狄人心中無父無君。」[38]

「我孟子也想要端正天下人心，撲滅邪僻的學說，抵抗偏頗不正的行為，摒斥放蕩淫逸的言論，以承繼大禹、周公、孔子三位聖人的大業。我哪裡是喜歡辯論呢？我是不得已的啊！能發表言論，抗拒楊墨邪說的人，都是聖人的信徒！」[39]

孟老夫子不是好辯，身處當時的環境下，他是不得不辯啊！

[38] 「……昔者禹抑洪水，而天下平；周公兼夷狄，驅猛獸，而百姓寧；孔子成《春秋》，而亂臣賊子懼。《詩》云：『戎狄是膺，荊舒是懲，則莫我敢承。』無父無君，是周公所膺也……」。《孟子・滕文公下》

[39] 「……我亦欲正人心，息邪說，距詖行，放淫辭，以承三聖者。予豈好辯哉？予不得已也。能言距楊墨者，聖人之徒也。」《孟子・滕文公下》

二、荀子：君子必辯

荀子則認為，做為君子，身懷仁義，不可不辯。

君子一定要辯。凡是人，沒有不喜歡談論自己擅長之事的，君子更是如此；只不過，小人的辯辭險詐，而君子的辯辭仁義罷了。要辯，但辯辭不合乎仁義，辯說還不如沉默，巧辯還不如木訥。辯辭若是合乎仁義，那好言愛辯就是上，就是該做的事，不好言愛辯就是下，就是不該做的事。所以，合乎仁義的辯說太重要了！這樣的辯說起之於居上位的人，可以用來開導居下位的人，那就是良好的政令；這樣的辯說起之於居下位的人，可以用來對居上位的人盡忠，那就是勸諫國君。[40]

所以君子對施仁行義是不會厭倦的，他們喜好以仁義為志，行動以仁義為本，更喜歡講說仁義。因此，君子一定要辯說，而小辯不如見其端首，見端首不如見其應有的本分；小辯能使聽者有所察覺，見端首能使聽者有所明白，見本分則能使聽者通達事理。能這樣，聖人士君子講說仁義的本分就具備了。[41]

人人都會辯說，對不同心性資質的人所做的不同辯說和其對社會的影響，《荀子》做了如下的比較。

[40] 君子必辯。凡人莫不好言其所善，而君子為甚焉。是以小人辯言險，而君子辯言仁也。言而非仁之中也，則其言不若其默也，其辯不若其吶也。言而仁之中也，則好言者上矣，不好言者下也。故仁言大矣，起於上所以道於下，政令是也；起於下所以忠於上，謀救是也。《荀子・非相第五》

[41] 故君子之行仁也無厭，志好之，行安之，樂言之；故言君子必辯，小辯不如見端，見端不如見本分。小辯而察，見端而明，本分而理。聖人士君子之分具矣。《荀子・非相第五》

有小人的辯說，有士君子的辯說，有聖人的辯說。不必事先思慮，不必早作籌謀，講出來就妥當，合乎既有文理類別，所講的不論如何措置或變遷，都能應變無窮，這是聖人的辯說。事先有所思慮，早作籌謀，頃刻間的發言也值得聽，有文理而行信實，淵博而直正，這是士君子的辯說。聽他的話，言辭巧辯而沒有內涵，用他做事，則都是欺詐而沒有功效，上不足以順事聖明的國君，下不足以和治齊一人民，然而他的口舌調均，所承諾的事都能中節，正足以成為奇偉浮沉之類，這是奸人中的梟雄。如果有聖王興起，在誅殺盜賊之前，一定要首先誅殺的就是這類奸人中的梟雄。盜賊還可以讓他們改變向善，奸人中的梟雄卻是改變不了的。[42]

勝人之口與服人之心

善辯者能勝人之口，能把對手當下說得啞口無言，卻常常不能服人之心，讓人就此永遠接受他的論點，理由有二。

第一個理由：善辯只是使用言辭的技巧高人一等，但所講的未必真有內涵。戰國時代有名家一派，莊子就點名其中的桓團、公孫

[42] 有小人之辯者，有士君子之辯者，有聖人之辯者。不先慮，不早謀，發之而當，成文而類，居錯遷徙，應變不窮，是聖人之辯者也。先慮之，早謀之，斯須之言而足聽，文而致實，博而黨正，是士君子之辯者也。聽其言則辭辯而無統，用其身則多詐而無功，上不足以順明王，下不足以和齊百姓；然而口舌之均，噡唯則節，足以為奇偉偃卻之屬；夫是之謂姦人之雄。聖王起，所以先誅也，然後盜賊次之。盜賊得變，此不得變也。《荀子・非相第五》

龍等善辯的人，擅長用詭辯混淆人心，改變人的看法，但是只能在言辭上使人屈服，卻不能服人之心，這就是辯者的局限。莊子又指出惠施常常表現自己的才能和別人詭辯，和天下詭辯者獨創一些怪異的言論，這是他們的大略。惠施的口辯自以為是最棒的，還自豪地說出：「只有天地更偉大！」惠施只存心想勝過別人，卻沒有真正的學術做為底子！[43]

第二個理由：如本書首部曲第四篇〈為學知兵〉所講，能以兵力兼併，讓人臣服刀劍之下，卻不一定能讓人誠心歸順，達成凝聚整合。同樣的，一個人可以被說得啞口無言，心裡未必服氣。

西方溝通大師卡內基（Dale Carnegie）就講得更白了：在任何狀況下，都不要和別人爭辯！「別爭辯。辯輸了，是輸；辯贏了，也是輸。」[44]

辯輸了是輸，這點大家都了解。辯贏了也是輸，這就有點讓人不解了。其解釋在於人性：辯贏了只是勝了別人的口，別人那顆不服的心會伺機而動，在有機可乘時，或明或暗地報那一箭之仇。所以，辯贏了，也是輸！

[43] 桓團、公孫龍辯者之徒，飾人之心，易人之意，能勝人之口，不能服人之心，辯者之囿也。惠施日以其知與人之辯，特與天下之辯者為怪，此其柢也。然惠施之口談，自以為最賢，曰：「天地其壯乎！」施存雄而無術。《莊子・雜篇・天下》

[44] Never enter an argument. If you lose the argument, you lose. If you win the argument, you lose too. —— *How to Win Friends & Influence People*

爲何而辯？明心見志

在戰國時代那個邪說橫行的背景下，孟老夫子和荀子為什麼還要大費口舌，知其不可為而為之，與其他學說的論者激辯呢？

明知不可為而為之，則說服別人接受自己的看法，已經不是目的了；得罪聽者，也已經不放在心上了；唯一想做到的——也是唯一能做到的，恐怕就是留下紀錄，讓天地為自己的心志做個見證罷了！

所以，諫的竅門，在於諷諫。辯的竅門，在還有一絲說服對方機會的時候，別爭辯；而當已經沒有絲毫說服對方的機會時，無所損失，就儘管放膽爭辯吧，說不定還留個紀錄，爭得青史留名呢！

第二十四篇

智愚之分

讀書的人智慧增長，不讀書的人愚昧到死。

智慧和愚昧的分別從哪來？

智愚之分，在讀書與不讀書。

讀書能增廣知識、改變人生、明理寡過，

建構自己的人生書單，洞悉讀書的方法，

一定能看得更遠，因為你站在巨人的肩膀上！

半部《論語》治天下

有云：半部《論語》治天下。講的是：讀書有益，不用讀上一部書，就能夠經世濟民，平治天下！雖有學者質疑相關故事是杜撰的，但這個有關在宋太祖和宋太宗兩任皇帝時都當過宰相、宋朝開國名臣趙普的故事卻流傳甚廣。

宋太宗問趙普：「有人說你書讀得很少，只讀過一部《論語》而已，這是真的嗎？」趙普回答：「臣所知道的，確實不超出《論語》；但為臣的過去就是用半部《論語》輔佐太祖皇帝平定天下，現在又用另外的半部《論語》輔助陛下做到天下太平。」❶

除了文盲，每個人一生中都讀了書，卻少有人花功夫了解讀書究竟是怎麼回事？該讀哪些書？要怎樣讀書？其實，讀書這檔事，是有學問的，也是大有門道的！

有一本英文書 *How To Read A Book* 教人如何讀書，內容鉅細靡遺，令人不禁佩服美國人對任何事都抽絲剝繭、變成標準作業模式的文化。其實咱們老祖先對讀書一事也留下許多寶貴的經驗與心得，雖然散見各處，沒有匯集成冊，卻都可以讓我們了解讀書、提

【典籍出處】

❶ 臣平生所知，誠不出此，昔以其半輔太祖定天下，今欲以其半輔陛下致太平。

——宋・羅大經《鶴林玉露・第七卷》

升讀書效益、由讀書中得到更多樂趣的心法，值得我們學習。

讀書，是什麼？

讀書是什麼？讀書——閱讀書籍，是經由閱讀文字符號去了解、建構段落章句的意義，以獲得知識的行為。讀書是語言的辨識、溝通的進行、資訊與想法的分享。二十一世紀，讀書只是閱讀的一種選項，許多人閱讀雜誌、瀏覽網站，接觸到大量的資訊——但那不是讀書，效果也不同。書本記載的是完整的知識，雜誌、網站、推特（Twitter）、微博傳遞的是片段的資訊，兩者迥然不同。

讀書是什麼？讀書是開卷就有益、做了就有好處的事。宋太宗身為一國之君，也勤於讀書，若有一天事忙而不能讀書，第二天就要趕緊補上。是什麼樣的動力驅策著他呢？正是因為他認為開卷有益，所以不以讀書為辛勞！❷

讀書是什麼？讀書是智慧和愚昧分別之由來。中國人相信許多事都是自己一手造成的：一個人受到褒貶，沒有別的理由，心存仁恕，做的事就會得到讚譽；心無仁恕，做的事就會受到毀謗。一個

❷太宗日閱《御覽》三卷，因事有缺，暇日追補之，嘗曰：「開卷有益，朕不以為勞也。」——北宋・王辟之《澠水燕談錄・卷六》

人的貧富，沒有別的理由，勤儉就可以致富，不勤儉就淪為貧窮。一個人的禍福，沒有別的理由，行善就招來福，做惡就惹來禍。而在人是智慧還是愚昧的分別上，讀書的人智慧增長，終成為一個有智慧的人；不讀書的人則愚昧到死，始終如一。❸

讀書讀書，所爲何來？

做任何一件事，若能清楚了解做這件事能達到的目的，知道這件事能為自己帶來的好處，必然會做得更起勁。且讓我們看看在道、神、聖、賢眼中，讀書的目的何在，能帶給讀者哪些好處，竟讓幾千年來的人們一直樂此不疲地讀書！

一、增廣知識

多讀書、多問問題，為的是增廣知識見聞。這是讀書最直接、最明顯的目的。❹

人藉讀書所吸收的智慧和知識，不只可以用來解決生活上的問題、成就事功、修身養性，更可以怡情休閒做為娛樂。

❸ 凡智愚無他，在讀書與不讀書。禍福無他，在為善與不為善。貧富無他，在勤儉與不勤儉。毀譽無他，在仁恕與不仁恕。《呻吟語・修身》

❹ 博學切問，所以廣知；高行微言，所以修身。《黃石公素書・求人之志章第三》

二、改變人生

讀書能增廣知識見聞，所以人常以讀書做為創造人生、改變人生的重要途徑之一。中國人講出人頭地要靠「一命、二運、三風水、四積陰德、五讀書」；在中國歷史上，士居四民之首，而「學而優則仕」，政府文官也由讀書科舉而來，所以有下面這大家都能朗朗上口的詩句。

富家不用買良田，書中自有千鍾粟；
安居不用架高樓，書中自有黃金屋；
娶妻莫恨無良媒，書中自有顏如玉；
出門莫恨無人隨，書中車馬多如簇。
男兒欲遂平生志，五更勤向窗前讀。

——宋・趙恆〈勵學篇〉

其實，「千鍾粟」、「黃金屋」、「顏如玉」、「車馬多」、「遂志向」的追求固然驅策許多人捧起書本，但不論最終是否真的到手，讀書的人總是已經得到讀書的其他諸多好處，不枉費讀書一場！

三、明理寡過

以道、神、聖、賢的眼光來看，讀書的收穫中，最重要的是讓我們培養出修身的心性智慧——那些幫助我們先明理，進而糾正過失、減少過失的心性智慧。❺

今世之人，少談明理寡過，也更少人認為讀書的目的在於明理寡過。但熟讀了道、神、聖、賢經典，對人生真諦有所了解的人當會同意，相較於前述增廣知識和改變人生兩項目的，明理寡過才是人要讀書、必須讀書的首要目的。

四、名家爲師

讀書讓我們吸取書本所記錄前人人生努力奮鬥的經驗，是藉由別人腦筋的思考，擴展自己的腦筋。❻

特別是，當我們讀到那些經典之作，則古今中外名家大師盡為我師，讓我們得以吸收他們一生成果的精髓，所達到的效果，就是牛頓那讓人耳熟能詳的名句：

> 如果我能看得更遠，是因為站在巨人的肩膀上。❼

❺ 讀書能使人寡過，不獨明理。此心日以道俱，邪念自不得乘之。《呻吟語・問學》

❻ Reading is a means of thinking with another person's mind; it forces you to stretch your own. ——Charles Scribner, Jr.

❼ If I have seen further it is by standing on the shoulders of giants. ——Isaac Newton

讀書的心境功夫

道、神、聖、賢相信，讀書時若具備正確合宜的心境，效益會更為擴大，以下是幾則能讓讀書效益更廣更大的讀書心境。

一、抱負要大

讀書的目的，始於提升自己，終於立大志、做大事。如果不是如此，讀書的效果就被做小了！❽

而立大志、做大事，不外乎以讀書所學服務國家社會，以善為念，為國家社會、世界人類謀福利！古人學而優則仕，就是要把讀書所學貢獻出來，由獨善其身，擴大到兼善天下！❾

二、別盡信書

讀書，可別百分之百相信書中所寫的。孟老夫子就是這麼教導我們的：完全相信書中講的，倒不如沒有書來得好！孟老夫子在讀《周書・武成篇》時，只相信其中兩三片竹簡所載的內容，其他的都不相信。他認為仁者天下無敵，仁愛的周武王征伐不仁的紂王，

❽且夫人之學也，不志其大，雖多而何為？——宋・蘇轍〈上樞密韓太尉書〉

❾子夏曰：「仕而優則學，學而優則仕。」《論語・子張篇》

怎麼可能像書中所載，殺得血流漂杵呢！⑩

西方人則在不盡信書的懷疑中加上了些許期待。他們認為：讀書時，雖然不能盡信書中內容，要有一絲存疑，但也同時要對書中所寫的懷抱希望，期待它可能是真的！就像醫師對各種藥品或是職業球隊的經理對各種進攻防守戰術，雖存有懷疑，但都期許它能發揮效用，治好疾病或是帶來勝利！⑪

畢竟，讀書是增加知識、帶來希望的事，如果對所寫的內容只抱持否定的心念，也是不如不讀！

三、**心中有書**

桌上整理清潔好做事，心中卻要時時想著唸書、讀書；若不能兩者都做到，至少要心中時時想著唸書、讀書。⑫

可嘆！今世之人，桌上固然沒書，心中更沒有書啊！

四、**學無止境**

古人的教誨是：天下萬事都容易滿足，或是應該容易滿足，只有對讀書這件事，不應該滿足。所謂「學海無涯」，讀書的心境就

⑩ 孟子曰：「盡信書，則不如無書。吾于武成，取二三策而已矣。仁人無敵於天下。以至仁伐至不仁，而何其血之流杵也？」《孟子・盡心下》

⑪ He felt about books as doctors feel about medicines, or managers about plays - cynical, but hopeful. —— Dame Rose Macaulay

⑫ 案上不可多書，心中不可少書。《格言聯璧・學問類》

是要「不知足」，能有此心，讀書必能有成！⓭

孔老夫子以自己為例：在十五歲時立下學習大人之學的志向；三十歲時學問道德已稍有成就，可以卓然自立；四十歲時能夠了解宇宙真諦，通達事理；五十歲時知道自己為天所命，不是毫無目的而來的；六十歲時能夠聞聲而得，知道別人說話的真意而不生氣；七十歲時從心所欲，所作所為都不會超出法度。⓮

由志於學、到而立、到不惑、到知天命、到耳順、最後到從心所欲不踰矩的這個循階而上的人生成長過程，當然不是不學習、不讀書，只靠馬齒徒增就能達到的。讀書學習不是只在當學生時才做的事，讀書學習是一輩子的事，是一場馬拉松，大家努力吧！

三日不讀書，則面目可憎

一個人有沒有讀書，很容易由外在儀態、行為舉止分辨判斷。

孔老夫子為我們勾勒出一位好學者的模樣：飲食只求止饑止渴，不求飽饜美味佳餚；居處只求躲避風雨，不求安適堂皇的豪宅；勤敏做事，說話謹慎，常常親近有德行有學問的人，求取他們

⓭萬事皆易滿足，唯讀書終身無盡，人何不以「不知足」一念加之書。——明・吳從先《小窗自紀》

⓮子曰：「吾十有五而志於學，三十而立，四十而不惑，五十而知天命，六十而耳順，七十而從心所欲，不踰矩。」《論語・為政篇》

的指導。表現如此的人，就是一位好學的人！⑮

子夏也提出辨識好學之人的方法：尊敬賢德的人，唾棄惑人的女色，侍奉父母竭盡心力，侍奉國君忘卻自身，和朋友相交言而有信。做到這樣的人，雖然自謙沒讀過什麼書，子夏也會認定他是一個好學的人！⑯

那些氣宇飛揚、氣質出眾的人，都是常讀書、多讀書的人；而那些面目可憎、言語無味的人，則八成都是不讀書的人！⑰

以此看別人，據此照鏡子，誰讀書誰不讀書，一看就知道了！最重要的啟示是：一個人有沒有讀過書，是不是好學，答案原來是來自觀察他的儀態、氣質、待人接物、做人處事，和他上了什麼學校、有什麼文憑、拿了什麼學位、甚至真的讀了多少本書，其實沒有絕對的關係。

要怎麼讀書？

讀書看似靜態，其實應該以動態為之，效果更好！所謂動態地讀書，就是要與作者對話，與作者互動。閱讀時常想作者當時的心

⑮ 子曰：「君子食無求飽，居無求安，敏於事而慎於言，就有道而正焉，可謂好學也已。」《論語・學而篇》

⑯ 子夏曰：「賢賢易色，事父母能竭其力，事君能致其身，與朋友交言而有信。雖曰未學，吾必謂之學矣。」《論語・學而篇》

⑰ 士大夫三日不讀書，則義理不交於胸中，對鏡覺面目可憎，向人亦語言無味。——宋・黃庭堅

念思緒，他要說什麼？我們要問他什麼？我們不是手捧沒生命的書，生吞活嚼；我們是跨越時空，與作者剪燭西窗，開懷討論啊！

一、趁早讀、趁年輕讀

年輕時，精神好、眼力好、記性好，讀起書來，一下子就記住了，最適合下功夫讀書，可惜年輕人常因心性未定，嬉戲貪玩，不喜讀書。等到年紀長了，知道讀書的重要，重拾書本，想多讀點書，可惜精神差了、眼睛花了、記性壞了，讀起書來，除了領悟力，讀書的條件都比年輕時來得差，讀起來辛苦萬分！即如明朝徐渭所言：「好（ㄏㄠˇ）讀書，不好（ㄏㄠˋ）讀書；好（ㄏㄠˋ）讀書，不好（ㄏㄠˇ）讀書。」

上了年紀的人，心想讀書，看了徐渭的說法，當如人飲水冷暖自知，真有幾分無奈。徐渭的說法一點不假，趁早、趁年輕，趕快讀書！

二、終生都要讀書

晉平公問盲人樂師師曠：「我七十歲了，還想學習，恐怕晚了吧？」師曠說：「那為什麼不點支蠟燭呢？」

平公說：「這是什麼回答？哪有臣子開國君玩笑的？」師曠曰：「我這瞎了眼的臣子哪敢開國君的玩笑。我曾聽說，年輕時喜好學習，就像日出的太陽；壯年而喜好學習，就像日正當中的太陽；年老而喜好學習，就像蠟燭的光亮。蠟燭的光，比起摸黑而行，哪個好呢？」⓲

不論人的年紀是少是壯是老，肯讀書學習總是好的！

三、不爲他事分心

孔老夫子稱讚顏回夫子「一簞食，一瓢飲，在陋巷，人不堪其憂，回也不改其樂。賢哉，回也！」使顏回夫子的安貧樂道、發憤向學，幾千年來成為中國讀書人的表率。⓳

宋朝蘇轍少年讀書時，每每讀到顏回夫子「一簞食，一瓢飲，在陋巷」，都不免私下疑惑，即使顏回夫子當時不願為官，但是去做個守關巡夜的工作，也可養活自己，不會為害學習，為何要如此困苦自己！直到後來貶官流放到筠州，為了生計辛苦勤勞，沒有一天休息，雖然想拋棄凡塵俗事，解脫世間羈絆，卻因困於生活瑣

⓲師曠曰：「盲臣安敢戲其君乎？臣聞之，少而好學，如日出之陽；壯而好學，如日中之光；老而好學，如炳燭之明。炳燭之明，孰與昧行乎？」《說苑・建本第三》

⓳子曰：「賢哉，回也！一簞食，一瓢飲，在陋巷，人不堪其憂，回也不改其樂。賢哉，回也！」《論語・雍也篇》

事，無暇在學問道德上精進。這才知道顏回夫子之所以甘於貧賤的生活，是因為讀書做學問但求心無旁鶩，顏回夫子就是怕有他事分心，害了讀書做學問的功夫。⑳

做任何事，只要能夠專心致志，就能有始有終，開始時自強不息，有結果後仍然至誠無息；讀書就要如此。㉑

為讀書心無旁鶩心甘情願，正是清末民初國學大師王國維所指成就大學問、大事業必經三境界的第二境：書要讀得出個頭緒結果來，就必須有「衣帶漸寬終不悔，為伊消得人憔悴」的承擔。㉒

四、自讀與同讀

讀經、讀傳，要一個人獨自讀，學習理論原則；讀史、讀鑒，要一夥人一起讀，共同討論事實議題。㉓

獨個兒讀書，或是幾個人一塊兒讀書再加上討論切磋，味道、效果各不相同。在學校唸書時的學習小組（study group）和在社會上風行的各類讀書會（book club），都是共同閱讀、分享心得、增加讀書效果的組合。

⑳ 私以為雖不欲仕，然抱關擊柝，尚可自養，而不害於學，何至困辱貧窶自苦如此！及來筠州，勤勞鹽米之間，無一日之休，雖欲棄塵垢，解羈縶，自放於道德之場，而事每劫而留之。然后知顏子之所以甘心貧賤，不肯求斗升之祿以自給者，良以其害於學故也。——宋・蘇轍〈東軒記〉

㉑ 下手處是自強不息，成就處是至誠無息。《呻吟語・拾遺》

㉒ 衣帶漸寬終不悔，為伊消得人憔悴。《人間詞話》

㉓ 經傳宜獨坐讀，史鑒宜與友共讀。《幽夢影》

五、配合時代，賦予新意

讀書學習，最重要的是心有所悟，能以所悟給予章句段落符合時代意義的新詮釋，死抱著老舊詮釋是沒有用的。㉔

要能對所讀內容給予新詮釋，則首先必須消化章句段落的論述，融會貫通，這才是真正的讀書學習。㉕

六、挑戰似爲理所當然者

由前面所說讀書的心態之一「別盡信書」延伸，對書中陳述的內容，應該抱著存疑之心，從而挑戰、驗證書中的事實和理論。

更別疏忽了那看似理所當然的立論和邏輯，就是要進一步質疑書中那看似理所當然的，自己才能在過程中得到進步！㉖

七、博學、審問、愼思、明辨、篤行，再加不成不罷休

讀書的正確方法是博學、審問、慎思、明辨、篤行，這是來自《中庸》的論述，也被廣州中山大學引用為校訓，清楚而簡單，明白道盡讀書學習的心法。

讀書要廣博地學習，詳細地請教，慎重地思考，明白地分辨，

㉔ 學貴心悟，守舊無功。——宋・張載《張子全書・經學理窟》

㉕ 學而不化，非學也。——宋・楊萬里《庸言》

㉖ 於不疑處有疑，方是進矣。——宋・張載《張子全書・經學理窟》

切實地履行。不學也就罷了，一旦學了，不到學會，絕不罷手；不問也就罷了，一旦問了，不到問個清楚，絕不罷手；不想也就罷了，一旦想了，不到想出心得，絕不罷手；不辨也就罷了，一旦辨了，不分辨個明白，絕不罷手；不做也就罷了，一旦做了，不到做出個結果，絕不罷手。別人做一次就能做好的，我做一百次總能做好；別人做十次就能做好的，我做一千次總能做好！讀書如果能這樣，再笨的人也能明白事理，懦弱的人也能變得強壯！[27]

《呂氏春秋》以另一個角度看讀書學習：一定要致力於不斷求進步，心志才不會被迷惑。學習時要努力誦讀，集中注意力聽講。觀察到教師心裡歡愉時，再詢問書中的涵意，順著教師的耳目，不違背他的意志。退而仔細思慮，探求其中真正的意義。時常辯駁，以討論其中的道理，辯駁時不強辭奪理，一定要合乎法度。若有所得不要驕矜，若有所失也別感到慚愧，一定要回到道的根本。[28]

何時讀？哪裡讀？

一九四〇年和一九五〇年兩度獲得諾貝爾文學獎提名的國學大

[27] 博學之，審問之，慎思之，明辨之，篤行之。有弗學，學之弗能，弗措也；有弗問，問之弗知，弗措也；有弗思，思之弗得，弗措也；有弗辨，辨之弗明，弗措也；有弗行，行之弗篤，弗措也。人一能之，己百之；人十能之，己千之。果能此道矣，雖愚必明，雖柔必強。《中庸》

[28] 凡學，必務進業，心則無營，疾諷誦，謹司聞，觀驩愉，問書意，順耳目，不逆志，退思慮，求所謂，時辨說，以論道，不苟辨，必中法。得之無矜，失之無慚，必反其本。《呂氏春秋・尊師》

師林語堂告訴我們：讀書要有空就讀，時空不限。其〈論讀書〉有云：

其實讀書是四季咸宜。古所謂「書淫」之人，無論何時何地可讀書皆手不釋卷，這樣才成讀書人樣子。讀書要為書而讀，不是為讀而讀。顧千里裸體讀經，便是一例，即使暑氣炎熱，至非裸體不可，亦要讀經。歐陽修在馬上廁上皆可做文章，因為文思一來，非做不可，非必正襟危坐明窗淨几才可做文章。一人要讀書則澡堂、馬路、洋車上、廁上、圖書館、理髮室皆可讀。而且必辦到洋車上、理髮室都必讀書，才可以讀成書。

林語堂所講的任何地方都能讀書、都要讀書，其實要稍做修正：為表示對道、神、聖、賢及文字的尊敬，我們應該避免在污穢的場所，像是廁所、澡堂，閱讀經典和其他言之有物的書籍，以免褻瀆了作者和文字。報紙和八卦雜誌本就臭氣薰天，讀之可也。

讀書四季咸宜，古人對什麼季節讀什麼書也有說法：冬天精神集中，適宜讀經書；夏天日長時間多，適宜讀史書；秋天秋高氣

爽，思維比較特殊，適宜讀諸子；春天生機盎然，適宜讀集部。(29)

開卷有益，但可也別久讀枯神！讀書和做許多事一樣，是質勝量的事，要在精神好、注意力集中的時候讀書，思路敏捷，吸收力強，效果才好。若是讀書讀太久，讀到心神用盡，便是頂尖的道、神、聖、賢心性智慧也無福受用！(30)

久讀枯神，不如休息養神，等精神恢復了再讀書，效果更好！

該讀什麼？

沒有一本書是完全無益的，但時間有限，必須有所選擇。書店中藏書千萬，如何下手？首先，我們該搞清楚：有哪些書可讀？該讀哪些書？

今世出版業把書籍細分成許多不同類別：人文社科、文學、生活、知識、商業、科普、趨勢、漫畫、流行等等。古人也把書加以分類，經、史、子、集便是最耳熟能詳的分類。

明朝呂坤認為當時人所撰著的各種書籍氾濫，他的《呻吟語》將其歸為九類：全書、要書、贅書、經世之書、益人之書、無用之

(29) 讀經宜冬，其神專也；讀史宜夏，其時久也；讀諸子宜秋，其致別也；讀諸集宜春，其機暢也。《幽夢影》

(30) 戒久讀，久讀枯神。《格言聯璧・學問類》

書、病道之書、雜道之書、敗俗之書，並且對每類書籍加以解釋及舉出例子，還鼓勵大家多讀全書、要書、經世之書和益人之書。31

呂坤闡述的，是道、神、聖、賢對讀書之事的一貫立場：不習無用之言，要讀有用之書。讀書的人不習無用之言，則所讀必將都是實用知識，術業必定專精而有所增進；若能再有一心治道的念頭，則書中所教成為行為習慣，對聖賢之道就登堂入室了。32

西方人也有同樣的主張，美國作家馬克・吐溫（Mark Twain）就曾說：「不讀好書的人，和不識字沒兩樣。」33

因此，對不同的書籍要有不同待遇。《呻吟語》為我們立下這不同待遇的標準，可以做為讀書的參考：闡述道理的書要全部讀盡，講述處世方法的書要多讀，只是文章的書宜少讀，閒雜的書不要讀，而那邪淫荒誕的書，一把火燒去了便是！34

西方人認為：不同的書，要有不同的讀法，與《呻吟語》講的異曲同工。有些書是用來淺嘗味道的，有些書是要大口吞噬的，有些書是要細嚼消化的；也就是說，有些書只需要閱讀部分就好，有些書不需要那麼專注地讀，而有些書則是要整本拿來勤奮而專心的閱讀。35

31 古今載籍莫濫於今日，括之有九：有全書，有要書，有贅書，有經世之書，有益人之書，有無用之書，有病道之書，有雜道之書，有敗俗之書。《呻吟語・物理》

32 學者不習無用之言，則業專而修矣；一心治道，則習貫而入矣。——宋・王安石〈取材〉

33 The man who doesn't read good books has no advantage over the man who can't read them. ——Mark Twain

34 道理書盡讀，事務書多讀，文章書少讀，閒雜書休讀，邪妄書焚之可也！《呻吟語・問學》

35 Some books are to be tasted, others to be swallowed, and some few to be chewed and digested: that is, some books are to be read only in parts, others to be read, but not curiously, and some few to be read wholly, and with diligence and attention. ——Sir Francis Bacon

守著這個道理，讀書的時間才會花在刀口上，才能以最有效率的方式閱讀，才能從讀書上得到最大的收穫！

循序漸進，理論與事實互補

讀該讀的書，也有按部就班的程序：先整本書熟讀，使書中文句有如出自自己之口，再對其中的重點專心深入地思考，使書中文義有如出自自己之心，就一定能有所得。36

這循序漸進的道理可以進一步擴張：善於讀書的古人都是先博、後約，先博覽群書，了解整體知識體系後，再選擇一個領域深入專精地研究。博覽群書固然不是為了炫耀所讀的書多而散，深入專精也不是為了抱殘守缺。37

博覽群書，再選擇一個領域深入專精，就像蓋金字塔，先打下厚實基礎，再縮小範圍，往上提升。38

西方企管教育採用的個案教學法（case method），讓學生經由對實際個案的討論，歸納出實用可行的經營理論，成為教學上的主流方式。而理論與事實必須互補這一點，古人早就想到、做到了。

36 大抵觀書先需熟讀，使其言皆若出於吾之口。繼以精思，使其意皆若出於吾之心，然後可以有得爾。——宋・朱熹〈讀書之要〉

37 古之善讀書者，始乎博，終乎約。博之而非誇多鬥靡也，約之而非保殘安陋也。——清・汪琬〈傳是樓記〉

38 博觀而約取，厚積而薄發，吾告子止於此矣。——宋・蘇轍〈雜說送張琥〉

古人主張讀書要經書、史書都讀。經書講的是理論，史書記載的是活生生的事實，先讀經書，了解道、神、聖、賢傳世的道理，再讀史書，就可以拿傳世的道理來論事。先讀史書，腦子裡面有了活生生的故事，再讀經書，書中的章句就有了生命，不再只是死板板堆砌起來的文字。[39]

經書、史書都要讀的另一個說法是：讀了經傳，通盤了解道、神、聖、賢傳世的道理，就有了堅實的根基；讀了史鑒，有實際發生的事例佐證，立論議事就更加宏偉。[40]

建構自己的人生書單

讀書讀到某個階段，已經知道自己人生的目標，以及要由閱讀書籍中得到什麼，就該建構一張專屬的人生書單，每隔一段時間再對書單進行增減。

中國近代哲學家錢賓四為現代中國人開了九本書的人生書單：《大學》、《中庸》、《論語》、《孟子》、《道德經》、《南華經》、《六祖壇經》、《傳習錄》和《近思錄》。

[39] 先讀經，後讀史，則論事不謬於聖賢。既讀史，復讀經，則觀書不徒為章句。《格言聯璧・學問類》

[40] 讀經傳則根底厚，看史鑒則議論偉，觀雲物則眼界寬，去嗜欲則胸懷淨。《格言聯璧・學問類》

西方管理學認為該讀的書有三類：第一，對工作有幫助的書，第二，對人生有幫助的書，第三，讀來有趣的書。每位在職場工作的人，也都可以根據這個原則，開出自己的書單。

兩者的差異在於：中國文化在教人如何做一個人，所以錢賓四推薦的九本書都是對人生、對做人有幫助的書。而由企業經營的角度，當然希望員工先讀對工作有幫助的書。只是了解人生、學習做人處事的書，其實對人生的每個面向，包括工作，都有幫助；究竟在選讀書籍上，是要先工作再人生，還是先人生再工作？道、神、聖、賢該是支持後者的吧！

但是，所有該讀、可讀的書中，最該讀、最可讀的，除了經典，還是經典。古人推崇《詩經》、《尚書》、《禮記》、《樂經》、《易經》、《春秋》，還說這六本經典之外，再也沒有奇特寶貴的書了。這個說法，強調了「六經」的重要，但實際上三千年道、神、聖、賢傳世的經典很多，都值得我們去挖掘寶藏！41

特別要指出的是：讀經典是要費神下功夫的，但得到的回報也是巨大而珍貴的！人們往往覺得經典難讀，不只要靜下心才讀得下去，而且閱讀的速度很慢，得花上好大功夫才能讀完一本，不像那

41 一庭之內，自有至樂。六經以外，別無奇書。《格言聯璧・學問類》

些泛泛的書籍可以看得飛快，一個晚上輕鬆讀完，一天能讀上好幾本。但是收穫與花下的功夫是成正比的，經典難讀，是在思想上攀爬山峰，但每讀完一本經典，又是在思想上登上一個山頭，站上又一個巨人的肩膀，心性智慧又提升了許多！

最終成爲書的主人

付了錢買了書，你就是書的主人了嗎？在書的內頁寫上名字，你就是書的主人了嗎？把書擺到家中專屬的書架上，你就是書的主人了嗎？讀了一篇一章、幾篇幾章、整本書都讀完了、甚至整本書都讀了好幾遍，你就是書的主人了嗎？

很抱歉！付了書錢、在書的內頁寫上名字、把書擺上專屬的書架、讀了書中篇章甚至整本書都讀了好幾遍，你仍然不見得就是這本書的主人！

買了書、讀了書，一直要到自己把書中的內容融會貫通，留下些東西，成為自己的一部分，功夫才沒白費，才能說這本書是自己的。古人拿吃東西和讀書比較：如果得了上吐下瀉的疾病，雖然每天吃了食物，但是吐的吐、瀉的瀉，食物終究沒有補到身子；同理，即使讀了書，但是入耳出口，過目即忘，沒有入心入腦，書的內容畢竟沒有成為自己的一部分，只是過客而已！42

想成為書的主人，讀書要虛心、開悟、體認、躬行。不虛心，就像是以水灌溉石頭，水進不了石；讀書虛心，才不會以心中已有的知識和定見，排斥書中的內容觀念進入心頭。不開悟，就像琴柱被黏住音調不能變換，自己的想法絲毫不能變動；讀書開悟，才能發揮創意，舉一反三，擴大見識。不體認，所讀的內容再好，也如電光照物，就是掌握不住其精髓要義；讀書體認，讓所讀的內容與自身的人生經驗共鳴整合，才能完全掌握其精髓要義。不躬行，就如要水行卻得車，要陸行卻得舟，一點實際用處都得不到；讀書躬行，把讀到的、學到的在日常生活中用出來，才真正受用到讀書的好處！43

讀書時，學習和思考要同時並重。一個人只會學習吸收前人所累積的經驗而不去思考，容易受到迷惑蒙蔽，而只會胡思亂想不去學習也是危險的。44

書讀通了，會是什麼樣的狀況？會是什麼樣的感覺？孔老夫子

42 上吐下瀉之疾，雖日進飲食，無補於憔悴；入耳出口之學，雖日事講究，無益於身心。《呻吟語・問學》

43 不虛心，便如以水沃石，一毫進入不得。不開悟，便如膠柱鼓瑟，一毫轉動不得。不體認，便如電光照物，一毫把捉不得。不躬行，便如水行得車，陸行得舟，一毫受用不得。《格言聯璧・學問類》

44 子曰：「學而不思則罔，思而不學則殆。」《論語・為政篇》

說：「那些不能夠舉一反三的人，就不必再教他們了。」想必讀書讀通了，至少要能夠舉一反三。[45]

其次，告訴你過去已經知道的道理，你就該能悟出那還沒有說出的道理，做到「告諸往而知來者」。[46]

讀一本書，心有所領悟，那是拍案叫絕的美妙感覺，陶淵明稱這種快樂讓人忘卻饑餓用餐！[47]

讀一本書，要能說「這本書，我讀過了！」要能宣示主權，說「這本書，是我的了！」靠的是自己能實踐自書中所學到的、照著書中所教的去做。[48]

讀書的最高境界，則是溫故而知新，能做自己的老師。這必須靠時時學習、終生學習，全方位綜合理解由讀書所學到的智慧和知識才能做到。[49]

「讀書無用」的謬論

社會上常有「讀書無用」的論調，特別是當那些沒讀什麼書卻累積了巨額財富的人以自己為例，高唱「讀書無用」論時，常受到

[45] 子曰：「不憤，不啟；不悱，不發。舉一隅不以三隅反，則不復也。」《論語‧述而篇》

[46] 子曰：「賜也，始可與言詩已矣！告諸往而知來者。」《論語‧學而篇》

[47] 好讀書，不求甚解，每有會意，便欣然忘食。——東晉‧陶淵明〈五柳先生傳〉

[48] 戰雖有陣，而勇為本。祭雖有儀，而誠為本。喪雖有禮，而哀為本。士雖有學，而行為本。《格言聯璧‧學問類》

[49] 子曰：「溫故而知新，可以為師矣。」《論語‧為政篇》

媒體廣泛轉述。「讀書無用」究竟講得對？講得錯？孔老夫子提供了清楚的答案。

孔老夫子曾向子路強調讀書學習的重要，子路反問孔老夫子：「南山上生長的竹子，不用加工就長得很直，砍下來製作成箭射出去，可以射穿犀牛皮。一個人若像南山之竹，不學就已經很好了，又為什麼還要讀書學習？」[50]

孔老夫子是這樣回答的：「把南山之竹製成的箭，在箭尾上加上鳥羽，把箭頭磨礪，射出去不是可以射得更遠更深嗎？」孔老夫子的說明不只讓子路豁然領悟，也為後世的人指點了迷津。[51]

南山之竹也許已經是又長又直了，但是經過適當加工製作出來的箭矢，會比沒有加工之前的好上幾倍。同理，不論一個人天生多聰明、多機靈，讀書學習可以讓他吸取前人的智慧經驗，站在無數巨人的肩膀上，成就更偉大的事功！

西方人也肯定讀書學習的效果，體認到在人類文明發展的歷史上，許多人就是因為讀了書，而在生命中開創了新時代！[52]

具備先天條件的人，如果多讀書，肯定做得更多更好。一個人不讀書，少讀書，只憑直覺、聰明與經驗，做人處事的知識不成體

[50] 子路曰：「南山有竹，弗揉自直，斬而射之，通於犀革，又何學為乎？」《說苑・建本第三》

[51] 孔子曰：「括而羽之，鏃而砥礪之，其入不益深乎？」子路拜曰：「敬受教哉！」《說苑・建本第三》

[52] How many a man has dated a new era in his life from the reading of a book. ——Henry David Thoreau

系，成功是僥倖的。碰到沒有經驗過的事，直覺、聰明與經驗罩不住，失敗就在當下。

那些沒讀什麼書卻成為巨富的人，其「讀書無用」論常被媒體引述，可憐的他們不知道：如果也花時間讀書，尤其是讀了道、神、聖、賢的經典，其實可以成就更大的功業！不讀書、不讀經典的他們，像井底之蛙一樣，不知道自己錯過多少美好的事物以及更偉大的功業！

在忙碌工商社會打拚的人聽到讀書，往往兩手一攤無奈地說：每天的事情多到忙都忙不完了，哪有時間讀書！其實，就像用斧頭砍樹，停下來歇一會，花點時間磨磨斧頭，雖然砍樹的時間少了一些，但是斧頭更鋒利了，效果絕對更好。讀書能帶給人做事的新觀念、解決問題的新方法，雖然會花去原本可以工作的時間，但肯定會大幅提升每單位時間的工作效率，整體績效一定比不讀書時更高！這些整天瞎忙、不肯讀書的人，自以為是，其實愚不可及！

第二十五篇

何來苦讀

苦學苦讀是騙人的！讀書有成的人以讀書為樂。

書是最安靜、最容易接近、也最長久的朋友，
讀書不苦，讀書是樂，閱讀能帶來最高的歡愉，
讀到對的書，一見傾心，像在談戀愛。
經典蘊含智慧，是一切書籍的標竿和至極之作，
挑選經典為對象，談一場刻骨銘心的戀愛吧！

懸梁刺股，精神不苦

《三字經》中有如下這麼幾句話：

頭懸梁，錐刺股，彼不教，自勤者。

「懸梁」講的是東漢孫敬的故事。孫敬常常對著孤燈讀書到深夜，怕倦怠時昏昏欲睡，就想出一個巧方法：拿條繩子一頭綁著頭頂上的髮髻，另一頭繫在屋梁上。只要垂頭閉眼打瞌睡，頭上的繩子就會拉緊頭髮，牽動頭皮，人便醒了！❶

「刺股」講的則是戰國時代蘇秦的故事。蘇秦功名未成之前，家人反對他到各國遊說，父母妻嫂沒有一個理他、給他好臉色看。他受到刺激，日夜勤讀姜太公的《六韜》、《陰符》等兵書，足不出戶。每當讀到夜深想睡覺時，蘇秦就用一支鐵錐刺戳大腿，驅走睡意！❷

後世常以「懸梁刺股」比喻刻苦讀書。想到「懸梁」、「刺股」的場景，都會讓人精神一凜，振作起來！特別要在此澄清的是：懸

【典籍出處】

❶ 孫敬字文寶，好學，晨夕不休。及至眠睡疲寢，以繩繫頭，懸屋梁。《漢書》

❷ 讀書欲睡，引錐自刺其股，血流至足。《戰國策・秦策一》

梁刺股的苦，當只是肉體生理上的痛苦，精神上絕對不苦！甚至於，應該是非常快樂的！

讀書的各種快樂

相較於其他行為，讀書有一項非常獨特之處：很多事往往投下的時間功夫和結果不成正比，讀書卻是一樁做了就肯定會有所收穫的事。讀書一事，在書和讀者之間，沒有外在的變數介入；而做為讀者的標的，書沒有脾氣、不使性子。因此，讀書的人不分貴賤，不分貧富，不分老少，只要讀了一卷書，就增長了一卷書的見識，只要讀了一天書，就有一天的收穫。讀書，是人一生少數——甚至是唯一的——只要花時間下功夫就會有收穫的事！❸

西方人同樣認為有讀書就有所獲。書是最安靜、最長久的朋友，書是最容易接近、最有智慧的顧問，書是最有耐心的老師。只要願意花時間和這位朋友、顧問、老師相處，就能得到指導、分享智慧。❹

雖然隨著科技的日新月異，一般人花在閱讀書籍的時間已愈來

❸ 惟書不問貴賤貧富老少，觀書一卷，則增一卷之益；觀書一日，則有一日之益。《小窗幽記・集法篇》

❹ Books are the quietest and most constant of friends; they are the most accessible and wisest of counsellors, and the most patient of teachers. ——Charles W. Eliot

愈少，但人類文明的發展與人類經由閱讀所傳承的知識息息相關，仍是不爭的事實。即使是最先進的文明，閱讀仍然能帶給人們最高的歡愉；而那些曾經由閱讀中得到滿足的人，更能藉過去閱讀累積的知識，面對挑戰、消弭災難！❺

常讀書的人當有這樣的經驗，一本你喜歡的書可以給你一個遠離煩惱、疲倦的避難所。當思緒融入書本內容時，整個人就能得到心安、平靜和快樂！西方人有更進一步的說法：甚至不需要開始讀書，不需要融入書本中，只要想到在漫長的一天之後有一本好書等著你，就能讓你這一天過得比較快樂。❻

自古，中國人講究家世、人品，而家世、人品從何而來？《格言聯璧》說得好：家族要成為世家，子孫要有家世，得靠自己累積功德；而要有人人羨慕的高超人品、出眾氣質，就得靠多讀書。❼

讀書要讀出個結果來，就像從事任何其他志業要有所成，都是時機與努力的結合；書讀多了，進德修業的道理領悟通了，做出來了，言行自然得宜，人品自然高雅！❽

所以，宋朝黃庭堅有這麼句話，強調人不可以不讀書，說出只要三天不讀書就有的缺點：進德修業的道理飛了，胸中沒有義理；

❺ In the highest civilization, the book is still the highest delight. He who has once known its satisfactions is provided with a resource against calamity. ——Ralph Waldo Emerson

❻ Just the knowledge that a good book is awaiting one at the end of a long day makes that day happier. ——Kathleen Norris

❼ 古今來許多世家，無非積德；天地間第一人品，還是讀書。《格言聯璧・學問類》

❽ 讀書即未成名，究竟人高品雅；修德不期獲報，自然夢穩心安。《格言聯璧・學問類》

溫文儒雅的氣質沒了，對鏡自照也覺面目可憎；與人說話少了氣質、品味與典故，讓人覺得無趣！❾

如果書是人，那麼讀到了未曾讀過的書，就如同遇到良友。再讀到那曾經讀過的書，就如同相逢故人。❿

讀書，帶給人獨到的快意人生！有過這種經驗的人，便知下面這句話不假！

佳思湧來，書能下酒。俠情一往，雲可贈人。

——《小窗幽記．集醒篇》

「苦學」二字是騙人

讀書不苦，讀書是樂，講得最透徹的該是林語堂了，他曾寫了一篇非常精彩的〈論讀書〉，暢談讀書、讚頌讀書之樂：

找到思想相近之作家，找到文學上之情人，心胸中感覺萬分痛快，而魂靈上發生猛烈影響，如春雷一鳴，蠶卵孵出，得一新

❾ 士大夫三日不讀書，則義理不交於胸中，對鏡覺面目可憎，向人亦語言無味。——宋．黃庭堅

❿ 讀未見書，如得良友；見已讀書，如逢故人。《格言聯壁．學問類》

生命，入一新世界。George Eliot自敘讀《盧騷自傳》，如觸電一般。尼采師叔本華、蕭伯納師易卜生，雖皆非及門弟子，而思想相承，影響極大。當二子讀叔本華、易卜生時，思想上起了大影響，是其思想萌芽學問生根之始。因為氣質性靈相近，所以樂此不疲，流連忘返；流連忘返，始可深入；深入後，如受春風化雨之賜，欣欣向榮，學業大進。

讀到對的書，一見傾心，讀到這樣的書，遇到與自己契合的作者，當覺相見恨晚。讀不到這樣的書，碰不到與自己契合的作者，就如同找不到看對眼的情人，東覽西閱，尋尋覓覓，又怎會有所心得？

誰是氣質與你相近的先賢，只有你知道，也無需人家指導，更無人能勉強，你找到這樣一位作家，自會一見如故。蘇東坡初讀莊子，如有胸中久積的話被他說出；袁中郎夜讀徐文長詩，叫喚起來，叫複讀，讀複叫，便是此理。這與「一見傾心」之性愛同一道理。你遇到這樣作家，自會恨相見太晚。一人必有一人中意的作家，各人自己去找去，找到了文學上的愛人。「文學上的愛人」，奇語，但極有道理。讀書若無愛情，如強迫婚姻，終究無效。他自會有魔力吸引你，而你也樂自為所吸，甚至聲音相貌，一顰一笑，亦漸與相似，這樣浸潤其中，自然獲益不少。將來年事漸長，厭此情人，再找別的情人，到了經過兩、三個情人，或是四、五個情人，大概你自己也已受了薰陶不淺，思想已經成熟，自己也就成了一位作家。若找不到情人，東覽西閱，所讀的未必能沁入魂靈深處，便是逢場作戲。逢場作戲，不會有心得，學問不會有成就。

林語堂認為，「苦學」、「苦讀」當真是騙人的話！天下讀書有成的人都以讀書為樂；一般人眼中的苦事，他們卻沉湎其中以為至樂！

知道情人滋味便知道苦學二字是騙人的話。苦學誤人！只可惜讀教科書，卻非苦學不可。然如能從浸潤各色奇書來長己之才智，未必不能過考卷關。學者每為「苦學」或「困學」二字所誤。讀書成名的人，只有樂，沒有苦。……天下讀書成名的人皆以讀書為樂；汝以為苦，彼卻沉湎以為至樂。

林語堂的話真的不假，當能引起好讀書者的共鳴，擊掌認同！

親近古籍八步驟

現代一般人對經典古籍的印象是：經典令人害怕，因為文言文既難唸又難懂！讀經典時，才發現竟然有這麼多自己不會發音的字，常常必須把字典放在左右，翻了又翻，查了又查！

流行甚廣的經典大都有白話文翻譯本：有白話譯本參考，《論語》、《孟子》算是很好懂的了；《道德經》雖短，即使有翻譯，還是不好懂；《六祖壇經》上半部像說故事，好懂，下半部像論文，難懂；《莊子》裡稀奇古怪的植物動物真多，字句文義難懂；《鬼谷子》字句艱深，也不好翻譯。至於其他為數更多，卻不是流行甚廣的經典，就很難找到現成的白話譯本，讀起來得自行摸索，辛苦多了！

許多經典對所主張的智慧，都有故事搭配，但不是所有經典都如此。沒有故事搭配時，所論述主張的智慧就變得抽象、冗長、容易忘記，講的內容好像和現實生活連不上，讓讀者如墜五里霧中，不知該如何把這些智慧用在現實生活之中。

閱讀經典、親近古籍，其實是有祕訣可循的，其步驟有八。

一、品嘗試吃，擇己所好

林語堂認為讀書要對味，要讀，就要讀那些內容合乎自己胃口的書。他在〈論讀書〉中是這麼說的：

> 所謂味，是不可捉摸的，一人有一人胃口，各不相同，所好的味亦異，所以必先知其所好，始能讀出味來。有人自幼嚼書本，老大不能通一經，便是食古不化勉強讀書所致。袁中郎所謂讀所好之書，所不好之書可讓他人讀之，這是知味的讀法。若必強讀，消化不來，必生疳積胃滯諸病。

聽了這樣的建議，任何人想跨入經典的殿堂，不必操之過急，先要找到一本對味的經典切入。對自己感興趣的某部經典，不必立刻投入，可以先選擇閱讀一些與該經典有關的書籍，品嘗試吃一下，確定是不是合自己胃口！舉個例子，對《韓非子》有興趣的讀者，先該買本坊間闡述《韓非子》心性智慧的相關書籍，像是《韓非子名言的智慧》、《韓非子：國家的秩序》等等閱讀一下。

試吃如果真對上了味，甚至有相見恨晚的感覺，就該開始閱讀那部經典；反之，若是味道不對，那也無妨，另找其他經典就是！

二、一點突破，融入其中

在試吃與某部經典有關的書籍時，或已經開始閱讀經典時，當試著背誦牢記如下一些既簡短好背、又有深遂內涵的名言佳句。

> 知所先後，則近道矣。
>
> ——《大學・經一章》

知道先後次序，先做重要的、基本的，再做次要的、枝節的，就離大道不遠了。這不就是西方管理學中的時間管理、設定先後次序——setting priority。我們每天早上睜開、到晚上闔上眼睛，不都是在設定和重新設定處理生活中大小事情的先後次序嗎？那些把先後次序設定正確的人，得到圓滿成功的機會就大！

備其所憎，禍在所愛。

——《韓非子・備內》

人常花大功夫防備他討厭的人，卻不知道，會帶給他最大禍害的人，其實是他最愛的人。此話當真不假！只要問問為人父母者，他們都會告訴你，帶給他們最大麻煩、最多頭痛的，不是別人，正是最疼愛的子女！

下君盡己之能，中君盡人之力，上君盡人之智。

——《韓非子・八經》

下等的國君用自己的能力做事，中等的國君用別人的力量做事，上等的國君用別人的智慧完成事功。講得多正確！我們周遭隨處可見：數不盡盡己之力的下等領導，少數用人之力的中等領導，和鮮如麟角用人之智的上等領導！

熟記了經典中既短而好背又有深意的名言佳句，就和這部經典建立了「關係」；如果能三不五時在日常生活中講出來應用一下，那關係就更密切了。做到了這點，這部經典就已經成為自己的朋友，不再是陌生人了！

三、先會其意，再識用字

沒有人說讀經典不能先看白話文翻譯的。對許多文義難懂的經典，像是《道德經》、《六祖壇經》下半部、《鬼谷子》、《莊子》等等，與其陷在深澀難懂、甚至還不會唸的字陣泥淖之中，最好的閱讀策略是先看白話文翻譯。等理解了白話文翻譯的意思，間接地把經典文義都搞懂了，腦中對經典章句闡述的心性智慧也有了印象，再回過頭來閱讀文言文，搞清楚每個字怎麼唸，了解每個字是什麼意思。

本書首部曲第十一篇〈迂迴至要〉曾舉出迂迴觀念在各方面應用的許多實例，「先會其意，再識用字」的讀法，正是閱讀經典文言文時繞道避開深澀難懂字陣泥淖的迂迴之法。

四、想著當下，證以經驗

明朝徐渭，字文長，對讀書有一段看法，其義甚深，讀經典者不可不知：凡是書籍所記載的，有讀者不能完全理解知道的，不一定要完全契合作者創作時真正的含義，只要所理解知道的能和自己的心念經驗相通，能運用到人生就可以了！⓫

徐渭的觀點，讓我們在閱讀經典、親近古籍時，脫去了頭上所戴作者創作時真正含義的緊箍咒，使我們膽氣驟增！就像欣賞一幅名畫、聆聽一首名曲，我們未必完全了解作者創作時的心境和目的，但是只要這幅畫、這首曲能和我們的人生經驗接軌，讓內心產生共鳴，那我們欣賞名畫、聆聽名曲的目的也就達到了！

古人認為學習章句若不能消化，不能算是真正的學習。⓬

「取於吾心之所通，以求適於用」的核心，在於千百年前道、神、聖、賢傳世的經典心性智慧，必須經過後世人生議題的挑戰和淬煉，由讀者在傳世章句中悟出新義，蛻變提升，而運用到實際的生活之上。⓭

例一，孔老夫子所講的「好而知其惡，惡而知其美者」，原是在說很少有人在喜歡一個人時還能知道這個人的缺點，在討厭一個

⓫ 凡書之所載，有不可盡知者，不必正為之解，其要在取於吾心之所通，以求適於用而已。——明・徐渭〈詩說序〉

⓬ 學而不化，非學也。——宋・楊萬里《庸言》

⓭ 學貴心悟，守舊無功。——宋・張載《張子全書・經學理窟》

人時還能知道這個人的優點。用在今世，豈不就是呼應企業管理上所講的成本效益分析（cost benefit analysis）嗎？⓮

例二，孔老夫子又說「不患人之不己知，患不知人也」，原意是進德修業是為自己做的，所以不必憂慮他人不知道自己的才學道德，該憂慮的是自己不知道別人的是非善惡。拿到現代來用，不就是行銷學所鼓吹的，別擔心消費者不知道自己賣的產品是什麼，該擔心的是自己不知道消費者的需求！⓯

別怕給經典心性智慧賦予新義。舉例來說：競逐貨殖的商場企業人閱讀經典，不妨思考每段章句應用在商場上的意義，懸壺濟世的醫師閱讀經典，也該想想每段章句在行醫上的應用。現代人若能這樣閱讀經典，道、神、聖、賢會非常高興，欣慰在千年之後還有後生小子讓他們的心性智慧歷久而彌新！

五、有空就讀，時空不限

讀書要有結果，靠的是日積月累，靠的是常行不休。閱讀經典要有空就讀、時空不限、隨時都讀，才能把書中心性智慧化為己有。為了表示對書籍文字的尊重，不必把正經的書籍像林語堂所主

⓮ 故好而知其惡，惡而知其美者，天下鮮矣。《大學・傳十章》

⓯ 子曰：「不患人之不己知，患不知人也。」《論語・學而篇》

張的帶到洗澡堂、廁所讀，但林語堂所言「讀書是四季咸宜，一個人要讀書讀到任何場所都能讀，才可以讀成書」，的確是讀書有成的條件。那些讀書要選地方才能讀得進去的人，能花在讀書上的時間必然有限，是難讀出個結果來的！

六、溫故知新，一讀再讀

講到讀書，現代人與古人有一最大不同處。現代人讀的書種類雖多，卻多是走馬看花、到此一遊；古人則是讀通、背熟一本經典，融會貫通應用在所有事情上。

孔老夫子推崇溫故知新，認為能夠由重溫過去所得的知識，而建立嶄新的見解，就可能承先啟後，擔任別人的老師。[16]

經典之為經典，在於其內容歷久而彌新。一本好書，要讀了再讀，不同時空，不同環境，會讀出個不同味道和心得，能得到不同的收穫！一如《幽夢影》中所言：

> 少年讀書，如隙中窺月；中年讀書，如庭中望月；老年讀書，如臺上玩月。皆以閱歷之淺深，為所得之淺深耳。

[16] 子曰：「溫故而知新，可以為師矣。」《論語・為政篇》

西方人有類似的說法：一本真正的好書，應該在年少時閱讀，成年後再讀，老年後再讀；就像一棟好的建築物，應該在晨曦中觀賞，在正午的陽光下觀賞，在月光中再觀賞。好的建築物在每天不同的時間、不同的外在環境下看，會有不同的景觀，在不同時空情境下讀同一本書亦然！[17]

不只因為一本書久久不讀，難免生疏淡忘，更因為同一本書每次讀會有不同的味道、心得、收穫，所以孔老夫子才視「學而時習之」為無限快樂的事！[18]

七、時時驗證，實際運用

有人喜歡買書，書架上擺滿整排書，卻不見得讀過多少本。買書收藏已是難事一樁，但沒有守著書難；守著書已是難事，但沒有讀書難；讀書已是難事，但沒有領悟書中要義、有所心得而實踐出來難！[19]

對任何書的內容，光讀不做，光知不行，那讀到的、知道的，都只是借來暫放在身上的，還不能算是自己的。一直要等到把書的內容經由己身實踐，那本書才算真正屬於自己所有。

[17] A truly great book should be read in youth, again in maturity and once more in old age, as a fine building should be seen by morning light, at noon and by moonlight.
——Robertson Davies

[18] 子曰：「學而時習之，不亦說乎？有朋自遠方來，不亦樂乎？人不知而不慍，不亦君子乎？」《論語・學而篇》

[19] 藏之之難，不若守之之難；守之之難，不若讀之之難；尤不若躬體而心得之之難。——清・汪琬〈傳是樓記〉

而閱讀經典就是要時時檢視，看自己有沒有在日常生活中展現出經典所教導的心性智慧。

以修身為例，《小窗幽記・集醒篇》有這麼一段話，描述一個人修身有成後的模樣：

> 身要嚴重，意要閒定，色要溫雅，氣要平和，語要簡徐，心要光明，量要闊大，志要果毅，機要縝密，事要妥當。

讀到這段話，若是認同它，就該當下並時時檢視自己，看自己十項中做到了幾項？還沒有做到的趕緊努力！

八、心有靈犀，了然徹悟

讀任何書，都是讀者和作者間的互動，心靈思緒的交流，閱讀一本經典也是如此。

當讀到經典引述的某段章句，知道它的來源出處時，這不僅是對自己的些微肯定，更是自己與經典作者跨越時空的交會；雖千百年之隔，經典作者和自己都曾讀著這同一本書，唸著同一段章句，有點毛骨聳然，卻是奇妙的感覺！

當經典的見解啟發了自己，讓自己想通了一個思索好久卻不得其解的問題，真是一語點醒夢中人，踏破鐵鞋無覓處，得來全不費功夫！好不痛快！

當經典的見解與自己所想的相同，那就是找到了知音！正是林語堂〈論讀書〉所指的「一見傾心」！眾裡尋它千百度，驀然回首，那人正在燈火闌珊處！這種感覺常讀經典的人對它當不陌生！

挑經典談戀愛

義大利作家卡爾維諾（Italo Calvino）寫了許多關於經典（classics）的文章，被翻譯成英文集結成書，書名 *Why Read The Classics?*，書中開宗明義對經典下了十四項定義，其中之一是這樣講的：即使是在第一次讀的時候，都會覺得其中的內容非常熟悉，好像在哪兒讀過一樣，這就是經典。[20]

經典內含的普世價值，使經典成為一切書籍的根源、標竿和至極之作。依咱們老祖先的定義，典籍所記載的都是經——就是常

[20] A classic is a book which even when we read it for the first time gives the sense of rereading something we have read before.

——*Why Read The Classics?*

道，是古代聖人撰著的。古代聖人學得了大道的精髓，身體力行，期許後代賢人自我勉勵，也能進入合乎常道的生活。所以，聖人撰著了經典，留傳給後代的賢人。就如同古代的工匠巧倕，不只自己工藝超凡，還製作了規矩準繩，留傳給後代的工匠，幫助他們創作。㉑

所以，經典是聯繫過往聖人與後人心靈和思想的橋梁。聖人以他的心撰著了經典，後人則依循經典的教誨揣摩學習聖心，所以研讀經典有成的賢人，德行是與聖人相近的。㉒

閱讀經典之作，必須投入功夫，雖然辛苦，但是值得。為娛樂而讀的書、為資訊而讀的書、讀起來毫不吃力的書，不會強迫讀者成長。閱讀經典、閱讀超越自身能力的書，讀書能力才會進步，眼界才能提升，心智才會成長！經典之作、偉大的好書增進閱讀技巧，增進讀者對世界、對人生和對自己的了解，不僅讓人豐富了知識，更增添了智慧！

讀對了書，正像林語堂比喻的，像是在談戀愛；那麼，在選擇戀愛的對象上，就應該以經典作為對象。

談戀愛，該選擇內涵最吸引人的對象，才能刻骨銘心，心靈相

㉑ 典者，經也，先聖之所制。先聖得道之精者以行其身，欲賢人自勉以入於道。故聖人之制經以遺後賢也，譬猶巧倕之為規矩準繩以遺後工也。《潛夫論・讚學第一》

㉒ 是故聖人以其心來造經典，後人以經典往合聖心也，故修經之賢，德近於聖矣。《潛夫論・讚學第一》

通，同時藉與愛人的相處，提升自己成為一個更好的人。讀書，該選擇內涵最吸引人、金字塔頂端的經典之作，同樣也才能刻骨銘心，心靈相通，同時藉與經典的親近閱讀，提升自己成為一個完美的人！

善讀書者真有福

人生有多元的快樂，其中之一就來自讀書。中國人講究福氣，更把有時間讀書、有能力幫助別人、有學問著作、少聽是是非非、能交到多聞直諒的朋友，都視為有福氣！讀書就是享福，有書可讀、能讀書的、善讀書的人，就是大大有福的人！[23]

而在讀書享福、享福讀書的過程中，還有最重要的一點：讀了書之後還要「涵養之如不識字人」，不因為自己讀過書而自以為高人一等，反而虛懷若谷，如不識字人，這才是真讀書人！[24]

[23] 有工夫讀書，謂之福；有力量濟人，謂之福；有學問著述，謂之福；無是非到耳，謂之福；有多聞、直、諒之友，謂之福。《幽夢影》

[24] 人生有書可讀，有暇得讀，有資能讀，又涵養之如不識字人，是謂善讀書者。享世間清福，未有過於此也。《小窗幽記・集醒篇》

第二十六篇

思慮之政

事的成敗、人的禍福，取決於有沒有用智慧思考。

成功者如何思考？

正謀無邪，去宥周全，思之以誠，

涵蓋各個角度，考慮每種可能，預測未來變化，

方能面對人生各種挑戰與考驗。

不計而進、不謀而行，注定會失敗！

外在行爲源自內在心念

西方人有如下說法，認為人生任何事都來自於人的思考心念：

Life consists in what a man is thinking about all day.

——Ralph Waldo Emerson

咱們中國人講的是：一個人要成為「大人」——有德行的人，由初始到最極致，共有八個階段：格物、致知、誠意、正心、修身、齊家、治國、平天下，合稱「八條目」。❶

八條目的前四項是內在的，涉及心念思考；後四項是外在的，涉及行為舉止。內在的在前，外在的在後，間接說明外在的行為舉止源自內在的心念思考。

用腦思考，不必學就會，但有效的思考和胡思亂想，結果大不相同。《紐約時報》暢銷作家約翰・麥斯威爾（John C. Maxwell）觀察到成功者如何以思考幫助自己成長，達到成功，寫了一本書與讀者分享他的結論：這些成功者可不是隨隨便便思考，而是以如下的

【典籍出處】

❶ 物格而后知致，知致而后意誠，意誠而后心正，心正而后身修，身修而后家齊，家齊而后國治，國治而后天下平。
《大學・經一章》

方式思考的：

開發宏觀思考，強化專注思考，培育創意思考，役使實際思考，利用策略思考，嘗試可行性思考，由反省思考學習，質疑受歡迎的思考，由分享思考獲益，實行無私的思考，仰賴有結果的思考。❷

值得注意的是，這樣的觀察和結論，其實道、神、聖、賢的經典早就或多或少地點出來過了。

例子可以隨手拈來。中國兵法講得言簡意賅，強調和敵人作戰前必須仔細研究敵情，在算計、謀劃之後才出兵。沒經過考量就前進，未思考謀略就作戰，必定吃敗仗！所以兵法說：好勇鬥狠的人必定輕率交戰，輕率交戰必然沒有好好考慮到利害得失。❸

作戰如此，人生任何其他事情也莫不如此，不計而進，不謀而行，就注定失敗！

世事非黑白，思考看分明

人要是不必用腦思考，能省卻思考的煩惱煎熬，那該有多好！

❷ Cultivate big-picture thinking, enhance focused thinking, harness creative thinking, employ realistic thinking, utilize strategic thinking, explore possibility thinking, learn from reflective thinking, question popular thinking, benefit from shared thinking, practice unselfish thinking, and rely on bottom-line thinking. —— *How Successful People Think*

❸ 凡與敵戰，必須料敵詳審而後出兵。若不計而進，不謀而戰，則必為敵所敗矣。法曰：「勇者必輕合，輕合而不知利。」《百戰奇略・輕戰第四十五》

只是世人面對人生各種挑戰，不同選項的不同因應，往往帶來大不相同的結果；要得到一個可以接受、甚至最好的結果，必須下功夫思考相關因素，做出正確的分析、研究、比較、選擇和取捨，才能得到。最難為的是，世事往往不是黑白分明，反而常是亦黑亦白、不黑不白、黑白相雜，所以才需要智慧，才需要經由思考看個清楚、理出頭緒。❹

事的成敗、人的禍福，常取決於有沒有用智慧思考。老子的學生、范蠡的老師，也是越國大夫的計然，在他所著《文子》一書中，對以智慧思考有一段清楚的說明。

事情要做成很難，要失敗卻很容易；名聲要建立很難，要毀掉則很容易。一般的人都忽視微小的禍害，把細微末節看得很容易，因此帶來禍患！禍患之所以臨頭，是人自己造成的；福的來到，也是人自己造成的。禍福同門，利害相鄰，不是非常精明的人，沒有辦法分辨禍與福、利與害。所以，能不能以智慧思考，是決定是禍是福來到的大門；輕舉妄動還是沉靜因應，是決定結果有利或有害的關鍵，不能不小心地明察！❺

思考以智慧為之，才能在亦黑亦白、不黑不白、黑白相雜的混

❹ 使治亂存亡若高山之與深谿，若白堊之與黑漆，則無所用智，雖愚猶可矣。《呂氏春秋・察微》

❺ 事者難成易敗，名者難立易廢。凡人皆輕小害，易微事，以至於患。夫禍之至也，人自生之，福之來也，人自成之。禍與福同門，利與害相鄰，自非至精，莫之能分。是故智慮者，禍福之門戶也，動靜者，利害之樞機也，不可不慎察也。《文子・微明》

沌之中，分辨出禍、福、利、害，不可不知！

思無邪，智欲圓

用腦子想，該想些什麼事？要思考，又要思考些什麼東西呢？腦子難免會天馬行空胡思亂想，但孔老夫子推崇的是「無邪」的思考：怎麼想都行，思考什麼東西都可以，至少要做到的下限是別有壞念頭！這是思考心念的大原則！❻

在上檔成長空間和下檔損失風險中，道、神、聖、賢領悟到危機生於安樂、覆亡來自存在、混亂源於安定，因此在思考上講究的是：看到細微處就要知道整體大局，看到初始就要知道最終結局，適宜地因應使禍害無從發生——這就是思考的要領！❼

十九世紀中葉到二十世紀中葉，中國先是飽受列強侵凌，再歷經外患內戰，民生凋敝，科技不昌，有人便把這些不幸歸咎於中華傳統文化，認為道、神、聖、賢經典架起了思想的大框架，限制了中國人的思考，束縛了中國人在科技上的創意發展。真正讀了經典的便知，這些信口開河的人都是不讀或少讀經典的人，那些荒謬的

❻ 子曰：「《詩》三百，一言以蔽之，曰：『思無邪』。」《論語・為政篇》

❼ 夫危生於安，亡生於存，害生於利，亂生於治。君子視微知著，見始知終，禍無從起，此思慮之政也。《便宜十六策・思慮第十五》

指責都是無的放矢！

道、神、聖、賢傳世的思考模式是保守的嗎？絕對不是！中國人在歷史上有指南車、絲綢、紙張、印刷術、火藥這麼多對人類文明具有重大貢獻的發明，在天文、曆法、建築、醫學、建築上也卓越有成，咱們中國人的祖先豈是不會積極從事創意思考的人？

相反的，老子替我們闡明了「智欲圓」的觀念，主張思考的智慧運用是要圓通無盡，看不到源頭，見不到盡頭，源源流出沒有停止；這樣智慧圓通地思考，是沒有因素不被考慮到，沒有解決方案不被想到，沒有事情不能做成的！❽

發揮老子「智欲圓」的思考模式，會為每個人帶來圓滿人生，為國家帶來輝煌文明！

思考的要領

道、神、聖、賢經典教誨有關思索考慮的要領不少，值得我們後人好好學習。

❽老子曰：凡人之道，心欲小，志欲大，智欲圓，行欲方，能欲多，事欲少。……智圓者，終始無端，方流四遠，淵泉而不竭也。……智圓者，無不知也……。《文子・微明》

一、涵蓋各個角度：遠近、利害、成敗

人無遠慮，必有近憂，所以思考事情不能只顧眼前，一定要想得遠，想到未來。[9]

大事起頭難，但成就的是大事；小事起頭易，但成就的是小事。小事起頭易，是利，但有利必有弊，到頭來成就的只是小事，就是弊！大事起頭難，是弊，但有弊必有利，到頭來成就的是大事，就是利！所以，想到好處就要想到壞處，想到成功就要想到失敗。[10]

同理，想到高，就不可以忽略低的可能性；想到前，就不可以忽略後的可能性。對任何相反因素，考慮其一，必得考慮相反的另一，否則就是以偏蓋全，招惹失敗！[11]

說得最好的是《孫子兵法》！孫子認為：不盡知用兵打仗害處的人，就不能算是盡知了用兵打仗的好處！[12]

思量考慮事情時，如果只聽到、看到、想到此事的好處，卻沒有聽到、看到、想到此事的壞處，必是有所盲點，才會有一面倒的狀況。有智慧的人，即使已決定了要行動的方向，還是要找尋反對的意見，不為別的，就是要確定自己已經把所有反對的理由都考慮

[9] 思慮之政，謂思近慮遠也。《便宜十六策・思慮第十五》

[10] 大事起於難，小事起於易。故欲思其利，必慮其害；欲思其成，必慮其敗。《便宜十六策・思慮第十五》

[11] 故仰高者不可忽其下，瞻前者不可忽其後。《便宜十六策・思慮第十五》

[12] 故不盡知用兵之害者，則不能盡知用兵之利也。《孫子兵法・作戰第二》

到了！

二、發生、結束、進行，全想一遍

思考一件事情，考慮一個行動，要怎麼思量？要怎麼考慮？以治理國家這樣的大事而言，經典認為：首先要知道怎麼起頭，其次要知道怎麼結束，再次要知道怎麼由起頭到結束。做不到這三點，國家必陷於危險，個人也必陷於窘困！⓭

看到全局，思考怎麼起頭、怎麼結束、怎麼由起頭到結束，讓禍害無從而起，這就是思量任何事物、考慮任何行動的要領。⓮

套個現代用語，這就是在心裡「模擬演練」（simulation），把整個行動的過程，由第一步到最後一步，都在心裡腦中預演走上幾遍！這樣模擬演練地思考，才是涵蓋發生、結束、由始到終的無疏漏思考。

三、預測未來變化

世事不但多變，世事必定會變，智慧最可貴的就是考量到未來的變化。不知考量未來變化的人，變化來到之前固然想不到變化，

⓭ 凡持國，太上知始，其次知終，其次知中。三者不能，國必危，身必窮。《呂氏春秋・察微》

⓮ 君子視微知著，見始知終，禍無從起，此思慮之政也。《便宜十六策・思慮第十五》

變化來了之後還不知道已經發生，這樣的智慧和沒有智慧是一模一樣的！⑮

災難沒來之前，不相信；災難來了，知道也來不及了。就像吳越爭霸中，吳王夫差不聽伍子胥的諫言，被越王句踐打敗後，羞於到黃泉面對伍子胥一樣，知道得太晚，不如不知啊！⑯

能思考到未來變化的人，能著人先鞭、搶得先手，必定是抓住趨勢潮流的領頭羊！

四、每種可能性，每個細微處

思考要想到每一種可能性，每一個細微處。就如棋手在下棋時，要考慮如何出手，要考慮對手對自己每一手可能的因應，要考慮自己又要怎麼再為因應。必須想到每一個細節，才算是具備了好棋手的基本條件。

棋局的變化，千變萬化，《棋經十三篇》就講出了下棋之道是深遠幽隱、莫衷一是，棋手必須思考到的細微處很多：有吃了對手棋子卻損及自身的，有被對手吃了棋子卻得到利益的。有攻擊而得到利益的，有攻擊而遭到損失的。有適宜下在左邊的，有適宜下在

⑮凡智之貴也，貴知化也。人主之惑者則不然。化未至則不知，化已至，雖知之與勿知一貫也。《呂氏春秋・知化》

⑯夫患未至，則不可告也；患既至，雖知之無及矣。故夫差之知慚於子胥也，不若勿知。《呂氏春秋・知化》

右邊的。有宜先下的，有宜後下的。有接著先前所下之子而下的，有慢慢依狀況走棋的。遇到粘子的狀況不輕易向前，敵人棄子要想想後面變化。有開始時就近而最終就遠的，有開始時地少而最終地多的。想鞏固外邊就得先攻擊裡邊，想堅實東邊就要先攻擊西側。敵人棋路有弱點而沒有成為活棋的眼，就要先覰（可斷而不直接斷，做出威脅的姿態）。對別的棋子不會造成傷害，就做劫。讓路予對方落子間隔宜大，接受對方讓路則不要纏戰。擇擇空地而攻侵，沒有阻礙就進逼。以上的這些棋局隱密細微處，都是學棋、下棋的人所不可不知的面向。⑰

善弈者所以贏棋，在於他能思考到好幾手棋之後的可能變化，想好了各種因應之道；人生如棋，能夠在行動之前思考到以後的各種可能性、每個細微處，在人生棋局中勝出的機率就高多了！

五、漏想的小事，大禍的起因

領軍作戰的主帥在賞賜士卒饗宴時，忘記把替自己駕御馬車的車夫包括在內，造成車夫心生不滿，在第二天與敵軍交戰時，直直把馬車駛入重重敵軍陣中，使主帥成為敵軍的俘虜。這不是笑話，

⑰凡棋有益之而損者，有損之而益者。有侵而利者，有侵而害者。有宜左投者，有宜右投者。有先著者，有後著者。有緊闢者，有慢行者。粘子勿前，棄子思後。有始近而終遠者，有始少而終多者。欲強外先攻內，欲實東先擊西。路虛而無眼，則先覰。無害於他棋，則做劫。饒路則宜疏，受路則勿戰。擇地而侵，無礙而進。此皆棋家之幽微也，不可不知也。《易》曰：「非天下之至精，其孰能與於此。」《棋經十三篇・洞微篇第十》

更不是瞎掰！這是春秋時代鄭公子歸生率師伐宋，發生在宋軍統帥華元身上的事。⑱

看來毫不起眼的小事，都可能是釀成大禍的原因，思考時不可不察！

六、事有正反陰陽，都要想到

事情都有表裡正反兩面，許多事看似顛倒，其實是正順；許多事看似正順，其實是顛倒。知道這個道理的人，就知道物極必反，就已經領悟到變化的可能，而不會昧於其中的一面。⑲

楚莊王想攻打陳國，派使者先去刺探打聽陳國的狀況。使者回來說：「不可以攻打陳國。」莊王問他原因，使者說：「陳國的城牆很高，護城河很深，糧食物資儲備也很多。」寧國聽了卻說：「可以攻打陳國。陳國是小國，能儲備那麼多糧食物資，賦稅徵收一定很重，則民怨一定很深；城牆很高，護城河很深，則民力一定已經用盡。出兵伐之，一定可以攻下陳國。」莊王聽了，就派兵攻打，果然攻占了陳國。⑳

寧國的思考，考慮到表象之下更深一層的因素，由反向切入，

⑱ 饗士而忘其御也，將以此敗而為虜，豈不宜哉？故凡戰必悉熟偏備，知彼知己，然後可也。《呂氏春秋・察微》

⑲ 事多似倒而順，多似順而倒。有知順之為倒、倒之為順者，則可與言化矣。至長反短，至短反長，天之道也。《呂氏春秋・似順》

⑳ 荊莊王欲伐陳，使人視之。使者曰：「陳不可伐也。」莊王曰：「何故？」對曰：「城郭高，溝洫深，蓄積多也。」寧國曰：「陳可伐也。夫陳，小國也，而蓄積多，賦斂重也，則民怨上矣；城郭高，溝洫深，則民力罷矣。興兵伐之，陳可取也。」莊王聽之，遂取陳焉。《呂氏春秋・似順》

值得學習。也告誡了我們：凡事不能只由一面看，必須考慮到表裡正反兩面地思考，才是完整的思考！

七、盲點包袱，災禍不遠

齊國有個人想黃金想瘋了，早上起床後，穿上衣服，來到金鋪子，看到黃金，搶了就跑。官吏把他抓到綁了起來，問他：「真奇怪耶！現場有那麼多人，你還搶黃金，是什麼原因？」這個人回答：「我可是眼中沒看到任何人，只看到黃金呀！」[21]

《呂氏春秋》稱這個故事是人有包袱、有拘囿到了極致的例子。有包袱、有拘囿的人，必定會把白天當黃昏，把白色當黑色，把帝堯當做夏桀，所帶來的危害太大了！亡國之君，大概都被偏見拘囿得很嚴重吧？所以，人必須擺脫拘囿，才能知道事物的本質，只有擺脫拘囿，才能保全自身！[22]

思考不能有盲點，不能有包袱，不能執著，不能拘囿。只有丟掉盲點、包袱、執著和拘囿的思考才能見到智慧，才能見到事情的全貌。

[21] 齊人有欲得金者，清旦，被衣冠，往鬻金者之所，見人操金，攫而奪之。吏搏而束縛之，問曰：「人皆在焉，子攫人之金，何故？」對吏曰：「殊不見人，徒見金耳。」《呂氏春秋・去宥》

[22] 此真大有所宥也。夫人有所宥者，固以晝為昏，以白為黑，以堯為桀，宥之為敗亦大矣。亡國之主，其皆甚有所宥邪？故凡人必別宥然後知，別宥則能全其天矣。《呂氏春秋・去宥》

八、君子九思三念

可以思考的事那麼多，但時間精神有限，我們該先思考些什麼呢？

孔老夫子認為君子有九項舉動，是必須在做的時候有所思考的。視思明：看事情是不是看得清楚仔細；聽思聰：聽人說話是不是已用心聆聽，聽清楚了話中真正的涵意；色思溫：臉上的容顏色相是不是溫婉和悅；貌思恭：對人的態度是不是容貌、表情都恭敬謙虛；言思忠：與人說話是不是心口如一，沒有欺騙別人，也沒有欺騙自己；事思敬：處事是不是存有敬重之心；疑思問：遇有疑難事，是不是做到了不恥下問，知之為知之，不知為不知，是知也；忿思難：生氣忿怒時，是不是想到了該忍下怒氣，以避免災難的發生；見得思義：得到好處時，要想一想得來是否正當？是否合乎義理？[23]

除了以上九件事，讓我們想想還有什麼是做特定事情時要提醒自己注意思考的？如果能列出一張清單，常看、熟記、提醒自己對這些項目加以思考，你的做人處事會愈來愈棒！

而有三件事，是君子該時時想到、念著、領悟的：年少的時候

[23] 孔子曰：「君子有九思：視思明，聽思聰，色思溫，貌思恭，言思忠，事思敬，疑思問，忿思難，見得思義。」《論語・季氏篇》

不學習，長大了就無能；年老而不教導他人，死了就沒有人思念；有錢而不肯施與，窮了就沒人親近！㉔

二十一世紀的人，想的事千奇百怪，腦子裡想的除了酒、色、財、氣，還有更多奇巧怪異的事！有沒有偶而充滿正念，想一些能提升自我人品的事，是我們該常常捫心自問的！

九、思之以誠，再思足矣

對一件事，到底要想多久？思考到什麼程度？常有人思考不止，到了猶豫不決的地步，其實是不必要的！

常說「熟思緩處」，所謂「熟思」當是重質不重量。思考的時候思之以誠，顧到經典所說思考的每一個要領，就是有質量的思考，不必拖泥帶水一直耗下去！㉕

君子一旦話出口，一旦事情做下去，就不反悔更改，都是因為在說話之前，已經深思熟慮過了。㉖

思之以誠的思考，不必一而再再而三的反覆重來。對一件事只要想得誠，最多思考兩遍就夠了！想個沒完，就是優柔寡斷。㉗

㉔ 孔子曰：「君子有三思，而不可不思也：少而不學，長無能也；老而不教，死無思也；有而不施，窮無與也。是故君子少思長，則學；老思死，則教；有思窮，則施也。」《荀子・法行第三十》

㉕ 處事最當熟思緩處，熟思則得其情，緩處則得其當。《小窗幽記・集醒篇》

㉖ 士君子一出口，無反悔之言，一動手，無更改之事，誠之於思故也。《呻吟語・存心》

㉗ 季文子三思而後行。子聞之曰：「再，斯可矣。」《論語・公冶長篇》

十、不疑之事，聖人不謀

要知道什麼時候喊停，不再多餘無謂地思考。

明白禍福真相的國君，不可能被虛妄的言論迷惑；明察國家治亂根源的國君，不會被裝飾華麗的言辭打動。已經沒有懷疑的事，聖人不會再和人討論；浮誇無根的議論，聖人也不會聽從。[28]

別神經緊張，也別患得患失！確定已經周全地思考過的、確定已經做了最佳決策的，就置之腦後，讓腦袋瓜休息一下吧！

讓思考更有價值

想，不能只是憑空地想。第一個想要解決某個問題的人，前無來者，沒有前例可供參考，可能只有天馬行空地激盪自己的腦，獨自一人埋頭苦幹找尋答案。當人類已經有了文明和歷史的累積，前有來者，有前例可供參考，這時再要解決問題，想出新點子，最有效的方法就是先搞清楚過去在同一問題或類似問題上已經累積的知識和經驗，再以此做為改進或是完全創新的背景和基礎。

孔老夫子就教誨弟子：「學習和思考是相輔相成的，缺一不

[28] 明於禍福之實者，不可以虛論惑也；察於治亂之情者，不可以華飾移也。是故不疑之事，聖人不謀；浮遊之說，聖人不聽。《潛夫論‧邊議第二十三》

可。只一股腦兒地學習而不用腦思考，不會有收穫；只憑空死勁地思考而不學習，不會有成果！」[29]

美國廣告業巨擘詹姆士・楊（James Webb Young）以他自身尋找創意的經驗，寫了一本小書，與讀者分享產生新點子的原則和步驟。根據他的說法，產生新點子有兩項原則：第一，新點子不外乎是舊點子的重新組合；第二，重新組合舊點子各部分成為新點子的能力，在於是否清楚地了解舊點子中各部分間的關聯性。[30]

要知道有哪些舊點子，不能不學習！要知道舊點子各部分間的關聯性，不能不學習！由此可知，學習前人的知識和經驗，是尋找創意、產生新點子不可或缺的必要條件。

當今世人，自以為聰明，不讀經典，不去了解三千年道、神、聖、賢的人生考古真題，認為只憑自己腦中所有的區區知識，就能想出因應各種人生挑戰的解決之道，也真是愚之至極了！

[29] 子曰：「學而不思則罔，思而不學則殆。」《論語・為政篇》

[30] An idea is nothing more nor less than a new combination of old ideas…The capacity to bring old elements into new combination depends largely on the ability to see relationship. ——*A Technique for Producing Ideas*

第二十七篇

成章始達

筆掃千軍。文不能成章，人不算達於所學！

要寫得出文章，所學才算通達，
想法唯有透過文字，表達才完整合乎邏輯。
但要怎麼寫才會是好作品？
字字推敲，句句斟酌，
始於能達，終於立言。

文風百種，功能廣泛

今人喜用電腦打字，寫字漸疏，古人則不然。依中國人的看法，一個人總要能識幾個字、寫幾個字。做一個不識幾個字、不寫幾個字的人，有眼睛卻不識字，這種煩悶甚於失明；有雙手卻不能寫字，這種痛苦甚於不能言語！❶

現代人講「溝通」，常誤以為「溝通」就是言說講話，其實寫字才是最基本的「溝通」，古人所見真矣！

文字的功能廣大，不同的文章體裁，在人與人的互動上有不同的功能。南北朝時代宋、齊、梁三朝的劉勰，著有《文心雕龍》，是中國文學史上體大思精的文學理論批評巨著，在論述文章體裁風格上，由〈明詩第六〉起，迄〈書記第二十五〉，以二十篇論述了詩、樂府、賦、頌、贊、祝、盟、銘、箴、誄、碑、哀、吊、雜文、諧、讔、史、傳、諸子、論、說、詔、策、檄、移、封禪、章、表、奏、啟、議、對、書、記，總計三十四種體裁風格。

南北朝已經有這麼多文章體裁風格，加上後世新增者，像是宋詞、元曲，來到今世，雖似無人統計、整理、論述，考慮到功能、

【典籍出處】

❶ 目不能識字，其悶尤過於盲；手不能執管，其苦更甚於啞。《幽夢影》

載體、時空的多元化，電郵、簡訊、微博等書寫格式的推陳出新，我們可以肯定當下文章體裁風格的種類有更突破性的成長。

筆掃千軍，力量驚人

三寸不爛之舌，言語的力量強大！文字所及的讀者更多，還能跨越時空，其力量更勝言語！❷

以文字寫出的東西千變萬化。積筆畫而成字，積字以連成句，積句以連成篇，這就稱之為文章。文章體裁隨時間而增加，到八股文就停止了。像古文、像詩、像賦、像詞、像曲、像說部、像傳奇小說，都是從無到有。在某一種文體產生之前，當然料想不到後來會有這樣的文體。等到有了這樣的文體之後，卻又好像天造地設，是這世界上一定會有的東西。清朝《幽夢影》的作者張潮感嘆：自明朝以降，就再沒見到任何新創的文體能讓人耳目一新；卻估算遙遠的百年之後，必定會有新創文體的人，只不過他是看不到了！❸

文字的奧妙，在於以不同方式觸動讀者的心弦，點燃各種情緒：語意痛快的令人起舞，語意悲傷的令人哭泣，語意深藏不顯的

❷ 劍雄萬敵，筆掃千軍。《小窗幽記・集豪篇》

❸ 積畫以成字，積字以成句，積句以成篇，謂之文。文體日增，至八股而遂止。如古文、如詩、如賦、如詞、如曲、如說部、如傳奇小說，皆自無而有。方其未有之時，固不料後來之有此一體也；逮既有此一體之後，又若天造地設，為世必應有之物。然自明以來，未見有創一體裁新人耳目者。遙計百年之後，必有其人，惜乎不及見耳！《幽夢影》

令人冷寂以對，語意可憐的令人憐惜，語意險峻的令人生危，語意謹慎的令人覺得機密，語意憤怒的令人按劍待發，語意激諷的令人投筆，語意高亢的令人豪氣入雲，語意低迷的令人心如下石。[4]

形諸文字，思想完整合邏輯

一個觀念形成了，如果沒有化為文字，仍然只是浮動跳躍、還不確定、還不完整的半成品。一旦寫下來了，說也奇怪，觀念裡的坑坑洞洞、未盡之處都會現出原形，讓作者有自我檢驗，進而改正補齊的機會。這是任何有話要說的人必須先拿筆寫下的原因。

一九七〇年代，美國哈佛大學商學院在企管碩士（MBA）第一年的課程裡，有一門令學生既緊張又興奮的課程：Written Analysis of Cases, WAC，這門課不用上課，只要繳交八份報告，學生在要繳報告的那週星期四下午兩點半領到需要分析解決的個案，必須在隔天星期五晚上十二點以前把一份打字、雙行間隔、四或五頁的報告投入貝克圖書館（Baker Library）的收件口，完成作業繳件。

這門課的目的在訓練學生的邏輯能力。許多按部就班應該「由

[4] 文章之妙：語快令人舞，語悲令人泣，語幽令人冷，語憐令人惜，語險令人危，語慎令人密，語怒令人按劍，語激令人投筆，語高令人入雲，語低令人下石。《小窗幽記・集素篇》

甲到乙，由乙到丙，因此由甲到丙」地論理，在腦子想、嘴巴表達的時候，卻跳躍進行地「由甲到丙」，造成邏輯上的漏洞。這個漏洞在我們用白紙黑字寫下來時會無所遁形。WAC這門課程就是要學生經由寫作，而且是合乎邏輯的寫作，讓大家的思考、言辭表達合乎邏輯，循序「由甲到乙，由乙到丙，因此由甲到丙」地論理。

不成章，不達

文字讓想法和言辭所想表達的內容，完整而合乎邏輯地傳達和放大，對從事任何專業研究的人而言，由入門學習到得心應手、到累積心得、再到自成一家，唯有把心得寫出來，經過完整性和邏輯性的考驗，所闡述的心得才算站得住腳，作者才稱得上是個專家。

孟老夫子就說過：「流水不把坑坑洞洞填滿，不會往前流；而同樣地，君子立身行道，非等到內心有所厚積，以文章表現出來，也不能稱之為足於此而通於彼。」[5]

寫作是流水，填滿了跳躍思考和表達上的邏輯漏洞；心有所悟，若不能成章，人也不算達於所學！

[5] 孟子曰：「……流水之為物也，不盈科不行；君子之志於道也，不成章不達。」《孟子・盡心上》

博、碩士學位的頒予都有通過論文寫作和口試的要求，其實與孟老夫子「不成章不達」的論點不謀而合。進不進高等教育機構與專業達不達沒有直接關係，但有沒有相關文章著作與專業達不達卻絕對相關——沒有相關文章著作，專業絕對稱不上「達」！

《文心雕龍》的作者劉勰，對他努力寫好這部書的企圖、抱負與用心做了一番說明。名為「文心」，是指寫文章非常用心。從前戰國時代的楚人涓子寫了一部《琴心》，王孫不傳寫了一部《巧心》，都突顯用心的美妙，所以用做書名。古來的文章，都是作者以精雕細琢的繁麗文辭堆砌的，所以引用戰國時代齊人騶奭把文辭修飾得像龍紋雕刻一樣華麗精緻的典故，稱之為「雕龍」。❻

「文心」已夠好！「雕龍」已夠好！「文心雕龍」更好！讓劉勰對文字創作的重視栩栩如生地躍然紙上！《文心雕龍》固然是少有的巨作，而其他同樣嘔心瀝血創作的典故在歷史上亦有多矣！

一字千金，拈斷莖鬚

由提筆到能達再到寫得好，是一條辛苦漫長的路。古代形容用

❻夫「文心」者，言為文之用心也。昔涓子《琴心》，王孫《巧心》，心哉美矣，故用之焉。古來文章，以雕縟成體，豈取騶奭之群言「雕龍」也！《文心雕龍・序志第五十》

字遺辭投下的心血或作品的無懈可擊，有「一字千金」的說法。

且說，戰國時代，魏有信陵君、楚有春申君、趙有平原君、齊有孟嘗君，都喜歡禮賢下士供養賓客。時為秦國宰相的呂不韋以秦國那麼強大，卻在延攬各方豪傑一事上不如其他國家，感到羞恥不滿，所以也廣招人才，優遇對待，門下食客達到三千人。

當時，各國都有擅長辯說立論的人才，像荀卿等人，著書立說廣傳於天下。呂不韋於是讓他的食客們各自寫下所見所聞，集論成為〈八覽〉、〈六論〉、〈十二紀〉，共二十多萬字，完備地講述了天地萬物古今之事，定書名為《呂氏春秋》。❼

呂不韋把完成的《呂氏春秋》公布在秦都咸陽的城門，並在上面懸掛千金，宣稱各國遊士賓客若有能挑出《呂氏春秋》不足之處，而增一字或減一字的人，就賞賜千金。❽

有沒有人賺到那千金？正史沒寫。但當時呂不韋貴為秦相，權勢逼人，沒人敢前去虎嘴拔鬚，千金沒被賺走的可能性比較高。雖然《呂氏春秋》本就是一部精彩的經典，由今天的眼光看，「增減一字，給予千金」仍然是非常高明、提升知名度的營銷手法！

中國文人對以筆創作的態度是極其嚴謹認真的，每個字、每個

❼呂不韋乃使其客人人著所聞，集論以為八覽、六論、十二紀，二十餘萬言。以為備天地萬物古今之事，號曰《呂氏春秋》。《史記・呂不韋列傳》

❽布咸陽市門，懸千金其上，延諸侯游士賓客有能增損一字者予千金。《史記・呂不韋列傳》

詞句都反覆推敲，以求完美。唐代詩人盧延讓就曾以「吟安一個字，拈斷數莖鬚」來描述全心投入、辛苦創作的心路歷程。❾

是推是敲，字字斟酌

唐朝名詩人賈島，一次前往探訪友人李凝，見到幽靜的居所，觸景生情，即興賦詩一首：

閒居少鄰並，草徑入荒園。鳥宿池邊樹，僧敲月下門。
過橋分野色，移石動雲根。暫去還來此，幽期不負言。

——〈題李凝幽居〉

賈島對詩中「僧?月下門」該用「敲」還是「推」，始終無法決定，在回程路上反覆誦吟，對迎面而來的官轎竟不知避讓，直衝撞了過去，被帶到轎前聽候發落。

官轎中坐的正是當時聞名京城的大文人韓愈，問明緣由後，韓愈提出他的見解：「鳥宿池邊樹」點明了是夜間拜訪，從「閒居少

❾莫話詩中事，詩中難更無。吟安一個字，拈斷數莖鬚。險覓天應悶，狂搜海亦枯。不同文賦易，為著者之乎。《全唐詩・盧延讓》

鄰並，草徑入荒園」兩句可看出這是幽靜隱居之地，若用「推」字，明顯帶有唐突擅闖之意，顯得詩人不懂禮貌，對所營造的環境氛圍也不切合，因此先敲門較為妥帖，用「敲」字較好。

一席話令賈島茅塞頓開，此後便尊稱韓愈為自己的「一字師」。「推敲」也流傳下來，成了思索考慮的代名詞！

宋朝王安石罷官後，曾有一年從京口（現今江蘇鎮江）到隔江相望的瓜洲，做了一首題名〈泊船瓜洲〉的詩：

京口瓜洲一水間，鍾山只隔數重山。
春風又綠江南岸，明月何時照我還？

詩中「春風又綠江南岸」的「綠」字，寫盡了春風拂過、麥浪起伏、春草碧綠、生機勃勃、春意盎然的江南水岸景色，完全印證唐朝詩人王維「詩中有畫，畫中有詩」的境界，卻不是王安石隨手拈來，而是換了一字又一字、非常辛苦的反覆推敲得來的：

春風又「到」江南岸↓春風又「過」江南岸↓
春風又「入」江南岸↓春風又「滿」江南岸↓

春風又「盈」江南岸↓春風又「逾」江南岸↓

春風又「鬧」江南岸↓春風又「綠」江南岸

最後才改得的這個「綠」字，不僅可當動作，更把「綠油油」直接帶進白紙黑字，點亮了王安石的整首詩！

始於能達，終於立言

會寫幾個字的人，舞文弄墨的最低要求，是要能表達意思。⑩說話，最基本的要求是讓人聽懂。同樣的，寫東西不必牽扯太多，最基本的要求是讓人看懂。⑪

在古人眼中，提筆作文、撰述著書，可是一件了不得、莊嚴慎重、不可等閒視之的大事。他們認為：文章文采都是由自然之道所生，其內涵非常隆盛偉大，和天地同生，並駕齊驅！⑫

《文心雕龍》第一卷的五篇分別是〈原道第一〉〈征聖第二〉〈宗經第三〉〈正緯第四〉和〈辨騷第五〉，闡明寫作總原則和基本文學觀點。對自己創作《文心雕龍》，能本於道的本旨，師法聖賢，體例依循經書，文采酌取緯書，變化參考《楚辭》，達到自設的

⑩子曰：「辭，達而已矣！」《論語・衛靈公篇》

⑪作詩能把眼前光景、胸中情趣一筆寫出，便是作手，不必說唐說宋。《小窗幽記・集靈篇》

⑫文之為德也，大矣，與天地並生者何哉？《文心雕龍・原道第一》

「文之樞紐」——撰文所要掌握的關鍵，劉勰顯然相當滿意。⓭

因為有「本乎道，師乎聖，體乎經，酌乎緯，變乎騷」的文之樞紐，所以中國人有了「文以載道」的說法：文字創作一定要闡述道理的內涵。⓮

文字創作既然不是泛泛之事，則書寫的終極之境，當然也是有大格局的；書寫的終極之境，就是立言。

中國人的觀念中，富貴榮華不算不朽，只有三事可以歷經千萬年而不墜，稱之為不朽：第一是立德，其次是立功，再次是立言。那富貴榮華，即使是受了朝廷冊封，得到賜姓之尊，宗廟受祀，每世都有人祭拜，但國家亡了尊榮也就沒了，稱不上不朽。⓯

其中立言就是文字創作、著書立說，雖居三不朽之末，但也足以傳世。宇宙無窮無盡，普通人和賢才混雜，要能出類拔萃，只有靠發揮一己的智慧和才能方可做到。歲月時間飛速流逝，性靈不能永久存在，要使功業名聲留傳下去，靠的只有寫作。而人的形貌像天地，性情由五行所決定，耳目像日月，聲氣如風雷，超出萬物，算是最有靈智的了。但是人的形體如草木一般脆弱，只有聲名可以勝過金石的堅硬，是以君子處世，應該樹立德行建立言說！⓰

⓭ 蓋《文心》之作也，本乎道，師乎聖，體乎經，酌乎緯，變乎騷，文之樞紐，亦云極矣。《文心雕龍・序志第五十》

⓮ 文所以載道也。輪轅飾而人弗庸，徒飾也，況虛車乎。——宋・周敦頤《通書・文辭》

⓯ 大上有立德，其次有立功，其次有立言。雖久不廢，此之謂不朽，若夫保姓受氏，以守宗祊，世不絕祀，無國無之，祿之大者，不可謂不朽。《左傳・襄公・二十四年》

⓰ 夫宇宙綿邈，黎獻紛雜，拔萃出類，智術而已。歲月飄忽，性靈不居，騰聲飛實，制作而已。夫人肖貌天地，稟性五才，擬耳目於日月，方聲氣乎風雷，其超出萬物，亦已靈矣。形同草木之脆，名踰金石之堅，是以君子處世，樹德建言，豈好辯哉？不得已也！《文心雕龍・序志第五十》

看到《文心雕龍》勉勵君子樹德建言，在此要就立言這項不朽多說一句話。立言者，先行其言，而後從之；所以立言者必已先立了德。大多數立言者，以文字語言建立事功，也都算立了功。立言者其實必須立德、立功、立言三位一體，只是以立言突顯其主力罷了！

濫寫、寫爛，文以載道式微

文以載道，寫本有益人群的書，那是千秋大業；為一部經典古籍加註詮釋，弘揚道、神、聖、賢的教誨，可以算是萬世宏功！⑰但人寫下的，未必都是對人有益的內容。明朝呂坤把書分為九類：全書、要書、贅書、經世之書、益人之書、無用之書、病道之書、雜道之書、敗俗之書；並且感嘆：在他當世書籍泛濫，贅書、無用之書、病道之書、雜道之書、敗俗之書充斥於世。

呂坤如果活在今世，想必欲哭無淚。今世與古代相比，古代不識字、不會寫的人比例較高，當今多數地區教育普及，人人識字、人人能寫。今世文字創作的數量雖較古代有百千萬倍之成長，但都

⑰ 著得一部新書，便是千秋大業；注得一部古書，允為萬世宏功。《幽夢影》

落在對世人甚無益處的贅書、無用之書、病道之書、雜道之書和敗俗之書之類。而劣幣驅逐良幣，對世人有益的創作，如全書、要書、經世之書和益人之書等，反倒愈來愈少問世了。

古代受到傳播方式和載具的限制，要把文字創作付梓印行已是不易，遑論廣為傳播；今世傳播方式和載具泛濫，任何人有了一個想法，即使是即興的、片段的、不完整的、甚至支離破碎的思緒，都能以文字記錄下來在彈指之間即時傳播出去。也因為記錄和傳播思想的便利性，寫作不再具有門檻，道、神、聖、賢強調的「文心」與「雕龍」，古代文人「一字千金」、「拈斷數莖鬚」、「僧敲月下門」、「春風又綠江南岸」等寫作功夫都不再是文字創作的準繩；隨手拈來、即興之作、立刻反應才是考慮的因素。

文字創作的內容也有顯著改變：古代文以載道，各朝各代的經典沒有不在闡述「道」的；今世每天推出的文字創作多如恆河沙數，論道的卻鮮如鳳毛。今世最多的是以商業著眼、抓住人性物質欲望、誘發消費需求的撰述，其次是八卦和奇巧怪異事件的報導，再次是片段、淺顯、立即的訊息和新聞，再再次是雖然無害卻也言不及義、只是一人一時貪、瞋、痴、愛、喜、怒、哀、樂的發洩和片面觀點的紀錄，符合古人標準、花下真功夫、具有傳世價值、堪稱「立言」之作的太少了！

重拾「文之爲德也大矣」！

劉勰對自己用心撰著《文心雕龍》的期許可以總結如下：那些悠遠古代聖賢的作品，曾經加深了自己的學識；面對遙遠的來世，或許自己的著作也可以提供讀者小小的參考！[18]

成章始達，各行各業、術有專精的人固然應該以文字創作精進驗證自己的專業成果；而一旦動筆，更應該效法劉勰那繼往開來、承先啟後的心志。

做，就要做最好的！寫，就要寫可以留給渺渺來世讀者學習參考的內容，也就是有益人類、可以提升人類福祉的真知灼見！

所有會寫、能寫、從事文字創作的人，應該彼此共勉，擴大眼界，立下大志，由寫一人一己一時之事，試著去寫那天下眾生千秋萬世之事，讓文字經由如此的創作，再重拾「文之為德也大矣，與天地並生者何哉」的神聖！

[18] 茫茫往代，既沉予聞；眇眇來世，倘塵彼觀也。《文心雕龍・序志第五十》

第二十八篇

秉公權謀

心要秉公，秉公就明智。慮要權謀，量權加慮難。

人生處世，可以權謀為之嗎？

權是「量權」，權衡相關人、事、物的狀況，

謀是「慮難」，考慮如何解決所遇到的困難。

個人處世、治國平天下都要講權謀，

只要是至公無私，權謀行事反而是必要的。

世人不知權謀眞諦

什麼是「權謀」？《道德經》有下面這一段話，講到「慈故能勇」，看似與權謀無涉，其實卻是不能沒有權謀！

我有三件寶貝，持守不渝：一是慈愛，二是儉樸，三是不敢在這世上爭強好勝、為人之先。慈愛才能勇敢，儉樸才能擴增，不與人爭強好勝，才能為人師長。當今之人，失了慈愛只剩下勇敢，失了儉樸只追求擴增，失了謙卑只顧著搶先，就離死亡不遠了！慈愛，用它來征戰，就能得到勝利，用它來退守，必能堅守自己所有的。上天對所要拯救的，一定會以慈愛來保衛守護！❶

「慈故能勇」——慈愛才能勇敢，乍聽之下，像在說反話，頗有《道德經》一貫「正言若反」的味道，但究竟是什麼意思呢？且看《韓非子・解老》對「慈故能勇」所做進一步的闡述說明。

喜愛兒女，對兒女一定慈愛；看重生命，對生命一定慈愛；著重事功，處世一定慈愛。慈母對稚幼的兒女，都盡力為他們謀求幸福；要盡力為稚兒幼女謀求幸福，就要消除他們的禍害；要消除稚兒幼女的禍害，就要細緻成熟地思慮；細緻成熟地思慮，就能看清

【典籍出處】

❶ 我有三寶，持而保之。一曰慈，二曰儉，三曰不敢為天下先。夫慈故能勇，儉故能廣，不敢為天下先，故能成器長。今捨其慈且勇，捨其儉且廣，捨其後且先，死矣。夫慈，以戰則勝，以守則固。天將救之，以慈衛之。《道德經・第六十七章》

事理；看清事理，做事必定成功；做事必定成功，則行動就不猶疑；行動不猶疑就稱為「勇敢」。聖人對所有事都像慈母為稚兒幼女謀慮一樣，所以能看到必走的道路；能看到必走的道路，行動就不會猶疑；行動不猶疑就稱為「勇敢」。不猶疑而勇敢，是由慈愛而來的，所以說：「慈故能勇。」❷

由慈母的慈於弱子，到務致其福，到事除其禍，到思慮熟，到得事理，到必成功，到行之不疑，最後因為不疑而勇。這一連串的因果衍生之中，「思慮熟」是不可或缺的一環，缺了它，由慈到勇的連接生成鏈就斷了！慈就生不出勇了！而那「思慮熟」不就是「權謀」嗎？權謀正是「慈故能勇」不可或缺的一環！

今世有許多人對權謀嗤之以鼻，一旦被貼上「權謀」標籤的人，就猶如罪大惡極，千夫所指，難以翻身。讀完本篇，會發現對權謀一概抱持負面看法的，都是沒讀經典或沒讀通經典的人！

權是「量權」

什麼是「權」？《鬼谷子》這本全書都在教人如何說服別人的

❷愛子者慈於子，重生者慈於身，貴功者慈於事。慈母之於弱子也，務致其福；務致其福，則事除其禍；事除其禍，則思慮熟；思慮熟，則得事理；得事理，則必成功；必成功，則其行之也不疑；不疑之謂勇。聖人之於萬事也，盡如慈母之為弱子慮也，故見必行之道；見必行之道，則其從事亦不疑；不疑之謂勇。不疑生於慈，故曰：「慈故能勇。」《韓非子・解老》

寶典，第九篇就以「權」為篇名，根據第七篇〈揣〉對「權」的解說，闡述說服別人時如何「權」，隨著不同的情況選擇適當的說服方式，而其意涵內容在說服以外的其他事情上可以一體適用。

「權」就是「量權」，權衡相關人、事、物的狀況。古代善於統治天下的人，必先衡量天下各種的力量，並揣摩諸侯的實際情況。對權勢分析不周全，就不能了解諸侯力量的強、弱、虛、實；揣測諸侯的實際情況不夠周全，就不能掌握天下事物在暗中變化的徵兆。❸

什麼是量權的範疇？下列這些可以比較、甚至量化的項目，都能做為量權的標的：測量尺寸的大小，謀劃數量的眾寡，稱驗財貨的有無，估量人口的多少、貧富，什麼有餘、什麼不足，又各到了什麼程度？分辨地形的險易，哪兒有利、何處有害？判斷各方的謀慮，誰強、誰弱？分析君臣的親疏關係，誰賢、誰不肖？考核謀士的智慧，誰多、誰少？觀察天時的禍福，何時吉、何時凶？比較與諸侯的聯繫，哪個能利用、哪個不能利用？測驗民心離叛親附的變化，哪裡安定、哪裡危險？愛好什麼、憎惡什麼？預測反叛的可能性，哪裡容易發生，哪裡的人知道內情？❹

❸ 古之善用天下者，必量天下之權，而揣諸侯之情。量權不審，不知強弱輕重之稱；揣情不審，不知隱匿變化之動靜。《鬼谷子・揣篇第七》

❹ 何謂量權？曰：度於大小，謀於眾寡。稱貨財有無之數，料人民多少、饒乏，有餘不足幾何？辨地形之險易孰利、孰害？謀慮孰長、孰短？君臣之親疏孰賢、孰不肖？與賓客之知睿孰少、孰多？觀天時之禍福孰吉、孰凶？諸侯之親孰用、孰不用？百姓之心去就變化，孰安、孰危？孰好、孰憎？反側孰便、孰知？如此者，是謂量權。《鬼谷子・揣篇第七》

「權」是樁難功夫，這一點孔老夫子知道得很清楚。所以，他曾說：「可以一起學習切磋知識的人，未必能一起學習向道；可以一起學習向道的人，未必能本著道做人；可以本著道做人，未必能權衡變通、合乎中庸時宜。」❺

「權」之難，勝過學習知識、勝過向道、也勝過抱道而行！能做到「權」，大不容易！

謀是「慮難」

「謀」則是做任何事必要的前置步驟。❻

「謀」也是考慮如何解決當下或未來會遇到的困難。❼做任何事，事前都該「謀」，而兵者，詭道也，打仗用謀最多，兵法教謀最多。的確，用兵打仗沒有不用計謀的，使用計謀是為了得到最好的結果。任何事都有一個行動的最好時機，任何時間都有一個當時最好的局面；隨著事情變化、依循著時間而走，思考計謀就是要構思到最好的結果才打住！❽

古人用謀獻策要提出上、中、下三策，上策一般來說是最好

❺子曰：「可與共學，未可與適道；可與適道，未可與立；可與立，未可與權。」《論語・子罕篇》

❻君子以作事謀始。《易經・訟卦》

❼慮難曰謀。《說文解字・言部》

❽兵無謀不戰，謀當底於善。事各具一善機，時各載一善局。隨事因時，謀及其善而止。《兵經百言・智部・謀》

的。但也有使用中策而得到最好結果，有使用下策而得到最好結果，有兼用兩策而得到最好結果，甚至有處於敗局而能得到最好結果的。❾

處理事情的極致，就是要得到最好的結果，能得到最好結果的計謀，就是計謀的極致！事情做得深入、計謀用得深入，執行起來就不覺得困難，而覺得容易；做事不深入、計謀不深入，執行起來雖沒犯錯，也會失敗！❿

處之以權謀的要領

什麼是「謀」？《鬼谷子》第十篇，篇名一個「謀」字，講的雖然是如何謀劃說服人，但也可以推衍出在任何狀況下「謀」的要領。

一、一定的步驟

處之以權謀有一定的步驟：必先搞清楚事件的緣由，研究相關的實際情況，再據此訂定三儀，也就是上、中、下三策。三者交互

❾ 古畫三策，上為善。有用其中而善者，有用其下而善者，有兩從之而善者，並有處敗而得善者。《兵經百言・智部・謀》

❿ 善為事極，謀附於善為謀極。深事深謀，無難而易；淺事淺謀，無過而失也。《兵經百言・智部・謀》

運用，就能生出奇計，而奇計所向披靡，從古到今都是如此。⓫

二、慮謀看對象

慮之以權謀要認清對象的人格特質。舉例來說，所謂仁人、勇士、智者三才，各有不同的人格特質：仁人君子輕視財貨，所以不能用金錢誘惑，反而可以讓他們捐出資財；壯士勇敢輕視危難，所以不能用禍患恐嚇，反而可以讓他們鎮守危地；有智慧的人通達禮教，明於事理，不可假裝誠信欺騙，反而可以對他們講明道理，讓他們建功立業。⓬

認清對手的人格特質，就能針對對手的個性弱點對症下藥，擬出有效的策略：愚蠢的人容易蒙蔽，不肖之徒容易恐嚇，貪圖便宜的人容易引誘，這些都要根據具體情況作出判斷。⓭

三、因應與設局

慮之以謀，必須隨時掌握外在環境的最新狀況，據以改變計策手段。

以遊說為例，要根據對方的疑問所在改變自己遊說的內容，根

⓫凡謀有道，必得其所因，以求其情。審得其情，乃立三儀，三儀者，曰上、曰中、曰下。參以立焉，以生奇，奇不知其所壅，始於古之所從。《鬼谷子‧謀篇第十》

⓬夫仁人輕貨，不可誘以利，可使出費；勇士輕難，不可懼以患，可使據危；智者達於數、明於理，不可欺以誠，可示以道理，可使立功；是三才也。《鬼谷子‧謀篇第十》

⓭故愚者易蔽也，不肖者易懼也，貪者易誘也，是因事而裁之。《鬼谷子‧謀篇第十》

據對方的表現判斷自己的遊說是否中的，根據對方的言辭歸納出遊說的要點，根據情勢的變化適時迎合對方，根據對方可能造成的危害權衡利弊，根據對方可能造成的禍患設法防範。[14]

慮之以謀得出的策略手段，不該是平鋪直敘地把坦克車開出去那麼簡單，而必須記著「迂迴至要」，寫出轉了幾個彎、設了幾個局的劇本。揣摩對方的處境後加以威脅，抬高對方後加以策動，削弱對方後加以扶正，符驗正確之後加以回應，壅堵之後加以阻塞，攪亂之後加以迷惑，這才叫做計謀。[15]

而計謀的執行，若有因應、有設局，像是照表操課，必定萬無一失！

四、奇而且不露

對計謀運用的原則，鬼谷子是這樣闡述的：公開不如保密，保密不如結黨，而結成的黨羽是沒有裂痕的。正規策略不如奇策，奇策實行起來可以無往不利。所以向國君進行遊說時，必須與他談奇策；向人臣進行遊說時，必須和他論私情。[16]

所以聖人運用謀略都隱而不露，只有愚蠢的人才會在運用謀略

[14] 故因其疑以變之，因其見以然之，因其說以要之，因其勢以成之，因其惡以權之，因其患以斥之。《鬼谷子・謀篇第十》

[15] 摩而恐之，高而動之，微而證之，符而應之，擁而塞之，亂而惑之，是謂計謀。《鬼谷子・謀篇第十》

[16] 計謀之用，公不如私，私不如結，結而無隙者也。正不如奇，奇流而不止者也。故說人主者，必與之言奇；說人臣者，必與之言私。《鬼谷子・謀篇第十》

時大肆張揚。有智慧的人成事容易，沒有智慧的人成事困難。智慧是用在眾人不知道的地方，用在眾人看不見的地方。古代先王推行的大道是屬於隱而不露的，古語有云：天地的造化重點在高與深，聖人的治道重點在隱與匿。講的就是這個道理！⓱

若不是隱而奇地運用計謀，又怎能做到《孫子兵法》所說的：「古代所謂善於打仗的人，都是戰勝那些容易被打敗的敵人。所以善於打仗的人打了勝仗，顯不出特別了不起的地方，沒有智名，也沒有勇功。」⓲

五、綿綿而不絕

立謀設計是用兵鬥智的重頭戲，計是從一開始就施展出來的，它不是一成不變、一招用到老的，是隨著時間有所改變的，一計接一計，目的不外是讓自己的攻勢有所轉圜，為自己找到活路，讓敵人感到疑惑、發生失誤，這些為的都是克敵致勝。若是不能占到上風，只有再回到最基本的招式。總之，預先布置，層層疊疊地運籌，做到周密嚴謹，將智慧在行動之間表現出來，而一切都要在極機密的狀況下完成。⓳

⓱故聖人之道陰，愚人之道陽。智者事易，而不智者事難。……智用於眾人之所不能知，用於眾人之所不能見。……故先王之道陰，言有之曰：「天地之化，在高與深；聖人之道，在隱與匿。」《鬼谷子・謀篇第十》

⓲古之所謂善戰者，勝於易勝者也。故善戰者之勝也，無奇勝，無智名，無勇功。《孫子兵法・軍形第四》

⓳至於立謀設計，則始而生，繼而變，再而累，自是為轉為活，為疑為誤，無非克敵之法，不得以左，乃用拙。總之，預布疊籌，以底乎周謹，而運知行間，乃能合之以秘也。《兵經百言・智部》

慮之以謀，則計之所生，該是綿綿不絕，一計接著一計，非達目的絕不停止！

聖王舉事，先諦權謀

翻開中外歷史察看，很少有哪個聖王明君行事不是權衡局勢、深思熟慮、擬訂謀略之後再行動的！

古代的聖王明君為求成事，都要好好下一番大功夫：始於事先的詳細策劃，考慮清楚，再用卜筮加以驗證。為求集思廣益，擴大共識的基礎，會讓沒有任官的士人也參與謀劃，割草砍柴的雜役也做出貢獻。因此，才可以做了那麼多的事，卻都沒有發生過任何誤籌失策的狀況。[20]

人都知道平治或混亂時代下各有機會，卻不知道要周全生存所需具備的條件，所以聖人行事著眼於整個世局，先權衡事情，再設定謀略。聖人能夠暗地進行也能夠公開行事，能柔軟也能剛直，能居弱勢也能處強勢，隨時機或動或靜，運用資源建立事功，見到事物就能知道它的另一面，雖只看到一件事卻能察覺各種變化，有變

[20] 聖王之舉事，必先諦之於謀慮，而後考之於蓍龜。白屋之士，皆關其謀；芻蕘之役，咸盡其心。故萬舉而無遺籌失策。《說苑・權謀第十三》

化就有跡象，有動作就有回應，所以終其一生所作所為，都不為事所困。㉑

說話、行事，都要先「謀」。有些事可說但不可做，有些事可做但不可說，有的事容易做但難以成功，有的事難以成功而容易失敗。所謂可做但不可說的事，不說，是取捨；可說但不可做的事，說，就是欺騙；容易做但難以成功的事，做，是為了成事；難成功卻容易失敗的事，做，是為了立名。這四件事，是聖人所留心注意的，是頭腦清明的人所獨見的。㉒

道、神、聖、賢說任何話、做任何事，沒有不事先深思熟慮、計劃周全的，這就是權謀！

道逆時反生權謀

權謀是因情境使然，被外界環境逼出來的。天下無道，然後才有仁義產生；國家混亂，然後才有孝子出現；人們爭執不已，然後才有慈愛和恩惠發生；背離正道、違反常規，然後權謀才產生！㉓

禍亂發生，才會有制止禍亂的想法；面臨問題，才會尋求解決

㉑老子曰：「人皆知治亂之機，而莫知全生之具，故聖人論世而為之事，權事而為之謀。聖人能陰能陽，能柔能剛，能弱能強，隨時動靜，因資而立功，睹物往而知其反，事一而察其變，化則為之象，運則為之應，是以終身行之無所困。……」《文子．微明》

㉒老子曰：「……故事或可言而不可行者，或可行而不可言者，或易為而難成者，或難成而易敗者。所謂可行而不可言者，取捨也；可言而不可行者，詐偽也；易為而難成者，事也；難成而易敗者，名也。此四者，聖人之所留心也，明者之所獨見也。」《文子．微明》

㉓天下失道，而後仁義生焉；國家不治，而後孝子生焉；民爭不分，而後慈惠生焉；道逆時反，而後權謀生焉。《說苑．雜言第十七》

的方法。在道逆時反的時代，為了撥亂反正，有益社會，運用權謀是不得已的選擇，卻也是必要的手段！

計謀也是有高下層次之分的，《說苑》把它分為兩種：上等的計謀能知天命，次等的計謀能知人事。知命的人，可以預先看到存亡禍福的根源，早早就知道盛、衰、廢、興的開始，能在事情未發生時就防備，在災禍還沒成形時就避開。像這樣的人，處於亂世不會使自己受到傷害，在太平之世則必定得到天下的權柄。知事的人也很高明，看到事情之後便能夠分出得失成敗，而推究出最後的結果，因此不會做出失敗的事和花費無用的功夫。㉔

至於那既不知天命、又不知人事的計謀，天天有人做，處處有人做，都是等而下之，不是道、神、聖、賢認同的！

個人處世權謀不可少，治國平天下茲事體大，關係萬千人民的福祉，更不能不講權謀。自古以來，權謀便是神聖國君必須借重、賴以治國平天下的重要方法手段。㉕

而運用權謀的本領更是治國人才必須具備的基本條件。周文王曾請教姜太公：「有些治理國家主宰人民的國君，為什麼會失去他的國家呢？」太公認為這是因為國君不能以「六守」選任適當的人

㉔謀有二端：上謀知命，其次知事。知命者，預見存亡禍福之原，早知盛衰廢興之始；防事之未萌，避難於無形。若此人者，居亂世則不害於其身，在乎太平之世則必得天下之權。彼知事者亦尚矣，見事而知得失成敗之分，而究其所終極，故無敗業廢功。《說苑・權謀第十三》

㉕夫權者，神聖之所資也。《管子・霸言第二十三》

才和以「三寶」建立適當的事業。所謂的「六守」，指的是仁、義、忠、信、勇和謀；而謀，太公進一步說明，指的是心懷智略，遇到事情的任何變化，都能夠不窮盡地因應。[26]

的確，環顧古今中外，我們會發現：沒有任何一位輔佐國家領導人，具有治國之才的國之重臣無謀——沒有權謀。不只治國需要權謀，想把任何事做好，都需要有點權謀！

臨事而懼，好謀而成

今世社會許多人做事不深思熟慮，手段拙劣，一廂情願地想一步到位，這是極為可議、非常不正確的心態！

任何一件事，出了手，開了口，表了態，只有兩種可能的結果：好的結果是別人接受你的看法和立場，讓你遂心如意，達到目的；壞的結果是別人不接受你的看法和立場，讓你碰軟釘子或吃閉門羹。

一心認為別人會順你的意，讓你達到目的，是錯估了對手的定見和外在環境的影響。在可能會事不如意、碰軟釘子或吃閉門羹的

[26] 文王問太公曰：「君國主民者，其所以失者何也？」太公曰：「不慎所與也。人君有六守、三寶。」文王曰：「六守何也？」太公曰：「一曰仁，二曰義，三曰忠，四曰信，五曰勇，六曰謀，是謂六守。……事之而不窮者，謀也。」《六韜．文韜．六守》

狀況下，卻任其發生而不用腦筋，不慮之以權謀去防患於未然，是對所為之事太過輕忽。不論是錯估狀況或太過輕忽，都不是想把事情做好的正確心態！

不講權謀，馬虎了事，這種不負責任的態度是孔老夫子所不認同的。孔老夫子在回答子路所問：「夫子外出作戰，要和誰一塊去？」就表示不會選擇那些單憑勇氣、赤手空拳和老虎搏鬥的人，也不會選擇那些沒有渡船、徒步涉水過河、任意逞強到死也不悔悟的人；要選就選那遇到事情有戒慎恐懼之心、喜歡事先周詳計劃、一步步邁向成功的人！㉗

《說苑》中有一段對話，把孔老夫子對權謀的看法闡述得更清楚。當道吾請教孔老夫子，知識多和沒有知識的人究竟哪一種好，他所得到的答案是：「無知的人和死人一樣，雖然還沒有死亡，必定拖累別人甚多。知識多的人好用心機，為利人而用心機就是好，為害人而用心機就不好。」㉘

不用權謀的人，也和死人一樣，做事必敗；不可被他領導，不可與他共事，也不可用他為自己做事！碰到那不用權謀、像死人一樣的人，得要離他遠遠的，免受其害！

㉗子曰：「暴虎馮河，死而無悔者，吾不與也。必也臨事而懼，好謀而成者也。」《論語・述而篇》

㉘對曰：「無知者，死人屬也；雖不死，累人者必眾甚矣。然多所知者，好其用心也；多所知者出於利人即善矣，出於害人即不善也。」《說苑・雜言第十七》

至公無私，權謀可也

以權謀取私利，當然應該譴責。所以，遇事該不該權謀處理，答案很簡單：先問自己的權謀是為私還是為公？如果有私心、不公正，就不該權謀，否則必定會先受其害。但如果心地公正，沒有私心，為了把有利於大眾的事情做好，權謀行事反而是必要的。

什麼是至公？至公就是不偏私、不結黨，像王者所行正道一樣地坦蕩蕩！㉙

或問：一個人至公，又有什麼好？

秉公就明智，偏私就昏闇，公正誠實就能四通八達，狡詐虛偽則寸步難行，精誠信心帶來神奇，浮誇虛妄帶來迷惑。這六種狀況是君子要審慎因應的，也是大禹和夏桀的分別。《詩經》說：「暴虐的上帝，祂的命令有很多偏邪的！」說的就是不公正。㉚

一個人至公，沒有私心，就能做出正確的決定，就能增加他所作所為成功的機率——這就是心存至公的好處。而至公加上權謀，以歷史的驗證來看，如虎添翼，做事沒有不成功的！

㉙《書》曰：「不偏不黨，王道蕩蕩。」言至公也。《說苑・至公第十四》

㉚夫公生明，偏生暗，端愨生達，詐偽生塞，誠信生神，誇誕生惑，此六者，君子之所慎也，而禹桀之所以分也。《詩》云：「疾威上帝，其命多僻。」言不公也。《說苑・至公第十四》

知命知事方不自傷

前面說過，經典推崇的權謀，上者知天命，次者知人事；這是因為一個人若是不知天命、不知人事，哪能懂得使用權謀？31

知天命、知人事而又能知權達變的人，一定會察明真誠偽詐的前因後果來處世安身，這也是應變的方法。有智慧的人做事，圓滿時就想到溢出來的可能，平安時就想到危險的可能，安全時就想到危險，曲折時就想到平直。注重事先準備，惟恐有不周全的地方，能像這樣，就是做一百件事也都不會有任何失誤！32

這些要正確發揮權謀效果的附帶因素，像是明察秋毫的能力、處世安身的醒悟、思慮周延的風格、謹慎有備的態度，都是知天命、知人事者的人格特質，所以唯有知天命、知人事的人才能正確地使用權謀。

《孫子兵法》在用間一事上的論述，也呼應了《說苑》所說「不知天命、不知人事，哪能懂得使用權謀」的立論。

孫子認為：三軍之中，與主事者最親近的是間諜，最該厚賞的是間諜，最要保守機密的也是間諜。這些道理不難理解，但孫子又

31 夫非知命知事者，孰能行權謀之術？《說苑・權謀第十三》

32 知命知事而能於權謀者，必察誠詐之原，而以處身焉，則是亦權謀之術也。夫知者舉事也，滿則慮溢，平則慮險，安則慮危，曲則慮直。由重其豫，惟恐不及，是以百舉而不陷也。《說苑・權謀第十三》

說了：「若不是聖賢明智的人，不能使用間諜；不是大仁大義的人，也不能指揮間諜；不是心思細微能窺奧妙的人，不能探得間諜的實情。」先讀了《說苑》有關權謀的說法，知道權謀的使用必由知天命、知人事的人才能發揮功效，就可以清楚了解這段話！而唯有大仁大義知天命的人、心思細微知人事的人，才能非常微妙地無事、無時、無地不使用間諜！[33]

《孫子兵法》對指揮、驅策、使用間諜的闡述，正是：權謀而不自傷者，非知天命、知人事的人，絕做不到！

是必要條件，不是充分條件

要小心的是，慮之以權謀，雖是任何人——國家領導人、企業負責人、專業人士、各行各業的人——成就事功的必要條件，卻不是充分條件。

道、神、聖、賢的行事，必先慮之以權謀，以追求成就事功，再由獨善其身擴大到兼善天下。但是他們都明白：聖人能夠抓住時機而採取行動，但不能違逆時機。智者雖然善於使用計謀，還不如

[33] 故三軍之事，莫親於間，賞莫厚於間，事莫密於間。非聖智不能用間，非仁義不能使間，非微妙不能得間之實。微哉！微哉！無所不用間也。《孫子兵法．用間第十三》

抓住時機。善用時機，費時少而功效大；有計謀而沒有主見便會困頓，做事沒有事先準備就會失敗。[34]

不只要抓著時機，一個人要成就事功，還必須善於觀察：做到第十九篇〈見形測微〉，能聽：做到第二十篇〈聽之以神〉，能說：做到第二十一篇〈能語善默〉、第二十二篇〈說難知心〉、第二十三篇〈諷諫少辯〉，能讀：做到第二十四篇〈智愚之分〉、第二十五篇〈何來苦讀〉，會思考：做到第二十六篇〈思慮之政〉，能寫：做到第二十七篇〈成章始達〉，同時還懂得本書首部曲第八篇〈不豫則廢〉的道理，有第十八篇〈抱道待時〉的智慧，有第五篇〈奇正相生〉、第六篇之三〈避實擊虛〉、第七篇〈以寡擊眾〉的戰鬥能力，有第九篇〈待敵可勝〉的耐心，當時機來到時做到第十篇〈當機立斷〉的果決斷然。

善權謀者切記！單有權謀固不足恃，秉公權謀也不保證成功！秉公權謀是成就事功的必要條件，但不是充分條件，學到秉公權謀，還要有道、神、聖、賢的其他心性智慧，更要有天時的眷顧，才能有所成！

[34] 聖人能輔時，不能違時。知者善謀，不如當時。精時者，日少而功多。夫謀無主則困，事無備則廢。《管子・霸言第二十三》

第二十九篇

用人之智

要有智慧任用賢人，要借用賢人的智慧。

好的領導者必須具有任用賢人的智慧，
對的人，是組織最重要的資產。
任賢用賢的好處，大家都知道，
但要領何在？用什麼人？用人的什麼？
尊賢下士，盡人之智，方為上君！

領導首重任用賢人

道、神、聖、賢經典中占最多篇幅的議題，當屬「君道」：教國君怎麼做一位卓越的領導人，而這些闡述「君道」的論述中，一半以上又都在強調「用賢」。

以漢朝劉向所著的《說苑》一書為例，開宗明義第一卷就以「君道」為名，闡述做為成功國家領導人的方法。針對晉平公所問「人君之道如何？」盲人樂師師曠是這樣回應的：「做國君應該心地潔淨，不受外界紛擾，也不紛擾別人，一定要對人民有廣泛的憐愛同情之心，一定要選用才德超群的人才；建立各種消息管道，以了解全國各地的情況；不被世俗觀念所束縛，不被身邊的人所拘束；要有寬闊的胸懷，遠大的眼光，獨立而超越眾人的見識；經常考核官員的政績，維持上對下的威嚴明智。」❶

《說苑》第八卷則以「尊賢」為名，闡述國家領導人要成就王、霸之業，治理好天下，並在世上留下美好的名聲，一定要尊重賢人，禮遇士人。《易經》有云：「由在上位的人禮遇在下位的人，統治之道建全而完美！」又說：「讓地位高的人尊重地位低的人，

【典籍出處】

❶晉平公問於師曠曰：「人君之道，如何？」對曰：「人君之道清淨無為，務在博愛，趨在任賢；廣開耳目，以察萬方；不固溺於流俗，不拘繫於左右；廓然遠見，踔然獨立；屢省考績，以臨臣下。此人君之操也。」《說苑・君道第一》

特別能得到人民的擁護！」聖明的國君布施恩德禮遇下人，將使遠方的人民感戴，近處的人民歸服。朝廷裡如果沒有賢人，就好像大雁沒有翅膀，雖然有遠飛千里的願望，還是不能到達心中想去的地方。❷

任用賢人成就王業

所以橫渡江河的人，要借助於船隻；行走遠路的人，要借助於車輛；想要稱王、稱霸的人，則必須借重賢人。伊尹、姜太公、管仲、百里奚，都是稱王稱霸者的船隻和車輛。國君丟下父兄和子孫，並不是故意要疏遠他們；任用廚子、釣徒、屠夫，和仇人、僕役、俘虜打交道，並不是向他們獻媚；國君之所以丟下父兄子孫，和不是親屬的外人往來打交道，純粹是出於掌管國家、建立功名的需要，不得不為。就像高明的工匠修建宮室，測量了房子的大小，就知道要用多少木料，計算了工程的規模，就知道需要用多少人力。所以當姜太公一被周文王舉用，天下人就知道商紂將要滅亡，而周將要稱王！管仲、百里奚一受重用，天下人就知道齊國和秦國

❷人君之欲平治天下而垂榮名者，必尊賢而下士。《易》曰：「自上下下，其道大光。」又曰：「以貴下賤，大得民也。」夫明王之施德而下下也，將懷遠而致近也。夫朝無賢人，猶鴻鵠之無羽翼也，雖有千里之望，猶不能致其意之所欲至矣。《說苑・尊賢第八》

必定要稱霸了！這些賢人的作用豈只是做為國君渡河行遠的船隻和車輛！❸

《說苑》沒有明講的是：賢人一被舉用，國家興亡之勢就定，國君任賢、用賢與否對國家興亡有非常顯著的象徵性指標意義！《說苑》之外，更多的經典章節篇幅，包括《六韜・文韜・上賢》、《六韜・文韜・舉賢》、《呂氏春秋・察賢》、《呂氏春秋・期賢》、《荀子・君道第十二》、《韓非子・主道》、《韓非子・用人》、《反經・任長第二》、《反經・品目第三》、《反經・量才第四》、《反經・知人第五》、《反經・察相第六》、《反經・論士第七》、《潛夫論・思賢第八》等等，都與國君任賢、用賢有關。

國君之任賢、用賢，若被稱為道、神、聖、賢經典論述的重頭戲，也是當之無愧！

要特別在此說明的是：所有本篇所載道、神、聖、賢經典有關古代國君任賢、用賢的道理，不僅對後世的國家領導人一體適用，可以完全移植採用，更可被今世各政府、學校、機關、團體、企業所有掌握用人權力的領導主管學習利用，幫助他們成就功業！

❸是故絕江海者託於船，致遠道者託於乘，欲霸王者託於賢。伊尹、呂尚、管夷吾、百里奚，此霸王之船乘也。釋父兄與子孫，非疏之也；任庖人、釣屠與仇讎、僕虜，非阿之也；持社稷、立功名之道，不得不然也。猶大匠之為宮室也，量小大而知材木矣，比功校而知人數矣。是故呂尚聘，而天下知商將亡而周之王也；管夷吾、百里奚任，而天下知齊秦之必霸也，豈特船乘哉！《說苑・尊賢第八》

任賢用賢好處多多

道、神、聖、賢那麼鼓吹國君的任賢用賢，當然是因為任賢用賢能為國家整體和國君個人帶來好處，在此就由經典中整理出幾項與讀者分享。

一、國君治國的利器

人民，是國家的基礎；國君，是人民的統領；臣子，是治理國家的材料。工欲善其事，必先利其器。所以要實現天下太平理想的人，必先協調好陰陽；要協調好陰陽的人，必先順從天心；要順從天心的人，必先安頓他的人民；要安頓人民的人，就必先審慎選擇官吏。❹

所以國家存亡的根本、治亂的關鍵，在於國君嚴明地選擇、任用人才。聖人知道這個道理，所以把選任推薦做為提升罷黜官員的首要工作。《尚書》說：「你要安頓百姓，為什麼還選擇任用不適當的人呢？」擇用適當的人才就是先王能做到天下太平、讚頌之聲四起的原因！❺

❹ 夫天者，國之基也；君者，民之統也；臣者，治之材也。工欲善其事，必先利其器。是故將致太平者，必先調陰陽；調陰陽者，必先順天心；順天心者，必先安其人；安其人者，必先審擇其人。《潛夫論・本政第九》

❺ 是故國家存亡之本，治亂之機，在於明選而已矣。聖人知之，故以為黜陟之首。《書》曰：「爾安百姓，何擇非人？」此先王致太平而發頌聲也。《潛夫論・本政第九》

要使人民心悅誠服，該怎麼做？孔老夫子這麼回答魯哀公的這個問題：「國君舉用正直的人，罷黜不正直的人，人民受惠，自然心悅誠服；國君舉用不正直的人，罷黜正直的人，人民受害，自然不心悅誠服。」❻

治國的內涵看似千頭萬緒，不知從何下手，但其實真正的線頭只有一端，要領只有一項，那就是國君的任賢、用賢！

二、朝中有賢臣，戰場得勝利

把對的人——有才德的人，放在對的位子——有權的高位，其他的問題自然迎刃而解，它的效果是全面的：朝中有賢人坐鎮，連對外戰爭都一定勝利！

魏武侯曾向吳起請教佈陣安穩而不亂、防守堅固而不動、進攻一定勝利的方法。吳起對答：「臣要講的方法可是立刻就能見到效果的，豈只是說說而已？大王如果能讓有才德的人居於高位，才德較差的人居於低位，那麼治理國家的陣仗就已經定下；人民都能安居於自己的田宅，親近自己的長官，則全國的防禦就已經鞏固；人民以為大王的所作所為都是對的，而鄰國的所作所為都是錯的，那

❻哀公問曰：「何為則民服？」孔子對曰：「舉直錯諸枉，則民服；舉枉錯諸直，則民不服。」《論語・為政篇》

麼，戰爭還沒開始，大王就已經得到勝利了！」❼

見微知著：朝中有賢人坐鎮，代表國君任賢、用賢，腦袋清楚；國君腦袋清楚，國家大小事情必定處理得合宜得當；國事處理得合宜得當，軍民必定齊一；軍民齊一，則守必固、攻必勝，還沒有和敵人開戰打仗，勝算已經掌握在手中了！

三、爲昏君建立下檔支撐

國君能夠任賢、用賢，往上，能為賢明的國君增加成就偉大功業、青史留名的機率，建立上檔空間；往下，則為昏庸的國君降低國家覆亡、遺臭萬年的機率，建立下檔支撐。

春秋時代的衛靈公就是以任賢、用賢做為治國下檔支撐的例子。靈公雖然昏亂無道，卻沒有失去國君的寶座、自取滅亡。孔老夫子認為靠的就是用了一批賢人來幫他治理國家，用仲叔圉接待賓客，祝鮀管理祭祀，王孫賈統率軍隊，用對賢人可真幫了靈公的大忙！❽

聖君任賢、用賢，可以平治天下；昏君在位，別的事都搞得荒腔走板，但只要用對幾個賢人，還是可以穩住江山！任賢、用賢真

❼武侯問曰：「願聞陳必定、守必固、戰必勝之道。」起對曰：「立見且可，豈直聞乎？君能使賢者居上，不肖者處下，則陳已定矣；民安其田宅，親其有司，則守已固矣；百姓皆是吾君而非鄰國，則戰已勝矣。」《吳子・圖國第一》

❽子言衛靈公之無道也。康子曰：「夫如是，奚而不喪？」孔子曰：「仲叔圉治賓客，祝鮀治宗廟，王孫賈治軍旅。夫如是，奚其喪？」《論語・憲問篇》

是治理國家的第一要務，也是領導任何機構、企業、團體的第一要務！

任賢用賢有要領

可憐！歷史上的國君、當今企業的老闆，不會任賢用賢者，超過半數！

表面上看，國君即使不肖，但還是想任用賢才，還是想傾聽善言。實際上，國君的禍患在於他們認為的賢才，其實是不肖之人；他們認為的善言，其實是邪僻之言；他們認為合理的事，其實是悖逆之事。這就是刑名失當、名稱和實際不相符！像這樣把不肖視為賢才、把邪僻視為善良、把悖逆視為合理，要想國家不亂，自身不危，又怎麼可能呢？[9]

戰國時代的齊湣王就是個例子，他只知道國君應當喜好士，也認為自己喜好士，卻不知道什麼樣的人才是「士」？因此當尹文問他什麼樣的人稱得上「士」，湣王就回答不出來了。這是公玉丹所以被寵信，卓齒所以被重用的原因！湣王重用卓齒和寵信公玉丹這

[9] 人主雖不肖，猶若用賢，猶若聽善，猶若為可者。其患在乎所謂賢、從不肖也，所為善、而從邪辟，所謂可、從悖逆也，是刑名異充而聲實異謂也。夫賢不肖、善邪辟、可悖逆，國不亂、身不危奚待也？《呂氏春秋．正名》

樣的邪惡小人，豈不是為自己樹立敵人嗎？⑩

國君、老闆嘴巴上都強調任賢、用賢，而要真正地得到任賢、用賢的好效果，一定要注意到下列的要領。

一、用非其有，如己有之

國君要能任賢、用賢，首先必須對「君道」有正確的認識：知道「知人」是君道、是國君的事，「知事」是臣道、是臣子的事；無形的東西，才是有形之物的主宰；掌握君道真諦的人，不隨意跳下去做文武百官該負責的事，才可以成為國家真正的統治者。國君持守君道，臣子知道各自該做的事，自古以來就是這樣的。⑪

通曉這個道理的國君，知道國家大事的處理雖然來自臣下的努力，國家平治的名聲美譽最後卻絕對歸他所獨有，所以他能非常放心地使用那不是他自己的東西——賢人的才德智慧——就像使用自己的東西一樣。這樣敞開心胸的國君，放心把處理國家大事的權責賦予臣子，讓他們各盡其才，人民得以安居樂業、國家平治，自己得到聖主的讚譽、留名青史！⑫

不明白這個道理的國君，怕賢人奪去國家平治的名聲美譽，不

⑩齊湣王是以知說士，而不知所謂士也。故尹文問其故，而王無以應。此公玉丹之所以見信而卓齒之所以見任也。任卓齒而信公玉丹，豈非以自讎邪？《呂氏春秋・正名》

⑪故曰：知人者，王道也；知事者，臣道也。無形者，物之君也；無端者，事之本也。……有道者，不為五官之事，而為理事之主。君守其道，官知其事，有自來矣。《反經・大體第一》

⑫先王知其如此也，故用非其有如己有之，通乎君道者也。《反經・大體第一》

敢把處理國家大事的權責賦予臣子，也就不把賢人的才德智慧當做是自己的，吝於使用，反而敝帚自珍，認為自己的才德智慧高人一等，事事以己見為是，自然就斷送了任何任賢、用賢的機會，最終把國家搞得一團亂！

在歷史上，最常被拿出來做為「懂君道，悠哉優游統治天下」典範的國君當非帝堯莫屬！

帝堯當政時，任命舜擔任司徒，契擔任司馬，禹擔任司空，后稷主管農業，夔主管音樂，倕主管工程，伯夷主管禮儀，皋陶主管刑法，益主管驅禽。堯的體力或技巧都不足以承擔以上的任何一件工作，但帝堯為君，而九人為臣！這是因為帝堯深諳君道，敢於放手讓賢人處理國家的大事，所以他只要了解這九種職務的性質和功能，任命這九人各司其職就是，自己不必越俎代庖。而九位賢臣也都能勝任各自的職務，在每方面都得到成功的結果，讓帝堯也因此能總其成，做到垂衣拱手而王天下！⑬

後世把帝堯的成功歸功於他對國君角色的清楚認知：懂得用人是國君要有的本領，懂得辦事是臣子要有的本領。國君會用人，臣子會辦事，不打亂原來的制度，天下就太平無事了！⑭

⑬ 當堯之時，舜為司徒，契為司馬，禹為司空，后稷為田疇，夔為樂正，倕為工師，伯夷為秩宗，皋陶為大理，益掌毆禽。堯體力便巧，不能為一焉。堯為君而九子為臣，其何故也？堯知九職之事，使九子者各受其事，皆勝其任，以成九功，堯遂成厥功，以王天下。《說苑・君道第一》

⑭ 是故知人者王道也，知事者臣道也。王道知人，臣道知事，毋亂舊法，而天下治矣。《說苑・君道第一》

歷史上，另一位能夠和帝堯一樣，做到「用非其有，如己有之」的國君，當屬漢朝的開國之君漢高祖劉邦，他自認運籌用謀不如張良、後勤供輸不如蕭何、臨陣用兵不如韓信，三人都是人中之傑，卻都為他所用，讓他想到就得意不已！劉邦的成功，仔細分析，不過就是掌握了「君道知人，臣道知事」的要領罷了！⑮

而「用非其有，如己有之」是國君接受「君道知人，臣道知事」分工，進而任賢、用賢的必要心理建設。不具備這正確的心態，無法任賢、用賢。

二、小心世俗之所譽

周文王向姜太公請教：「國君盡力於舉用人才，卻不能獲得賢才輔佐的功效，世局變得更加混亂，國家陷於危亡之禍，不知是什麼原因？」太公回答：「選賢才而不能加以任用，是空有舉用賢才之名，而沒有舉用賢才之實。」⑯

文王請其說明，太公又答：「原因在於國君喜歡任用世俗所稱譽的人，沒有得到真正的賢才。」⑰

文王再追問，太公再答：「國君常以為世俗稱譽的人就是賢

⑮高祖曰：「……夫運籌策帷幄之中，決勝於千里之外，吾不如子房；鎮國家，撫百姓，給餽饟，不絕糧道，吾不如蕭何；連百萬之軍，戰必勝，攻必取，吾不如韓信。此三者，皆人傑也，吾能用之，此吾所以取天下也。……」《史記・高祖本紀》

⑯太公曰：「舉賢而不用，是有舉賢之名，而無用賢之實也。」《六韜・文韜・舉賢》

⑰太公曰：「其失在君好用世俗之所譽，而不得真賢也。」《六韜・文韜・舉賢》

才，世俗詆譭的人就是不肖。因此，那些廣結朋黨、互相標榜、造成聲譽的人就得以晉用，而少結朋黨、沒有世俗稱譽的人就被退黜。如此，則一群奸邪的人結黨營私而障蔽了賢才，忠臣被讒言所害無罪而死，奸臣以虛譽取得爵位。所以世局就愈來愈亂，而國家也不能免於危亡了！」[18]

讀了太公以上所說的話，當世懷才不遇的賢人該知道自己為什麼沒有人舉用，有權舉用賢才的人該知道為什麼舉用不到真正的賢人，而被人當做賢人舉用的人更該捫心自問自己是不是真正的賢人了！

三、別讓左右蔽賢進黨

國君不能任賢、用賢的另一個原因在於：已經占住國君身邊位子的人私心作祟，遮蔽了真正人才被拔擢的管道，一心晉用朋黨，使賢人永無出頭之日。[19]

國君小心！任用了真正有才德的賢人，他們大公無私，同而不黨，會歡迎國君拔擢晉用更多的賢人。用錯了人，讓他們位居要津高位，這些人必會成為國君任賢用賢的障礙！

[18] 太公曰：「君以世俗之所譽者為賢，以世俗之所毀者為不肖，則多黨者進，少黨者退。若是則群邪比周而蔽賢，忠臣死於無罪，奸臣以虛譽取爵位。是以世亂愈甚，則國不免於危亡。」《六韜・文韜・舉賢》

[19] 夫在位者之好蔽賢而務進黨也，自古而然。《潛夫論・潛歎第十》

而當世占住領導、老闆身邊位子的人，也要反省一下：領導、老闆舉用不到真正的賢人，是不是因自己的私心只晉用朋黨，遮蔽了真正賢才被舉用的管道！

四、求賢當往僻遠處

由歷史看，賢者能否被國君任用，和世道是否混亂有直接的關係。國君賢明，世道太平，賢者就在上位；國君不肖，世道混亂，賢者就在下位。[20]

戰國時代，周王室滅亡，天子已經不在。想那世上的混亂，沒有大過沒有天子的了；而在沒有天子的情況下，強欺壓弱，眾欺負寡，兵戎相見，互相殘殺，不得休息，戰國時代的世道就是這樣。所以在戰國時代，要找尋有道之士，就必須尋訪四海之內、山谷之中和僻遠幽閒的處所，只有這樣才能有幸找到他們。而有道之士能夠幫助國君治理天下，使世道太平，國君一旦找到、得到他們，還有什麼希望不能實現？還有什麼作為不能成功？[21]

亂世之下，有道之士、才德之人，不可能身居廟堂，想要任賢、用賢的國君，若真是求賢若渴，就必須上窮碧落下黃泉，往四

[20] 主賢世治則賢者在上，主不肖世亂則賢者在下。《呂氏春秋・謹聽》

[21] 今周室既滅，而天子已絕。亂莫大於無天子，無天子則彊者勝弱，眾者暴寡，以兵相殘，不得休息，今之世當之矣。故當今之世，求有道之士，則於四海之內、山谷之中、僻遠幽閒之所，若此則幸於得之矣。得之則何欲而不得？何為而不成？《呂氏春秋・謹聽》

海、山谷、僻遠處多方訪求，才能找到真正的賢者！

辨才判賢的標準

除了姜太公所稱的不能以世俗的毀譽為求賢的標準，還有什麼是識別賢才應該注意的要領呢？

一、慎防六賊七害

周文王向姜太公請教：「國君用人，哪種人該居上位，哪種人該居下位？哪種人該晉用，哪種人該罷黜？哪種事該禁絕，哪種事該停止呢？」太公回答：「國君用人，該使賢者居上位，使不肖者居下位；該晉用誠信的人，罷黜詐偽的人；該禁絕暴亂的行為，停止奢侈的事。所以國君用人的時候，要注意稱為六賊的六項作為和稱為七害的七種人。」❷❷

六賊指的是六項會賊害國君、功臣或人民的事：第一，有臣子大蓋宮室、亭池、臺榭，從事遊觀娼優之樂，這是傷害國君的德性。第二，有人民不從事務農養桑的生產事業，放任血氣之勇遊俠

❷❷文王問太公曰：「王人者，何上何下？何取何去？何禁何止？」太公曰：「王人者，上賢，下不肖。取誠信，去詐偽。禁暴亂，止奢侈。故王人者有六賊、七害。」《六韜・文韜・上賢》

各地，犯法違禁，不聽從官吏的教導，這是傷害國君的教化。第三，有臣子結交朋黨，遮蔽賢能才智之士，阻障了國君英明，這是傷害國君的權柄。第四，有士人以不肯屈從的大志、高尚的氣節為氣勢，對外結交諸侯，不尊重自己的國君，這是傷害國君的威望。第五，有臣子輕視爵位，不看重官守的職責，而以為國君冒險犯難為羞恥，這是傷害功臣的勞苦。第六，有強大的宗族侵凌豪奪，欺侮貧窮弱小，這是傷害人民的產業福祉。㉓

　　七害指的是七種被舉用之後必會對國家社會造成傷害的人：第一，沒有智略權謀的人，卻授予重賞尊爵，造成強勇輕戰的人紛紛奢求僥倖以立功，國君要謹慎不能以此種人為將。第二，徒負虛名的人，沒有實際才能，出入講話前後不同，掩蓋他人之善，宣揚他人之惡，應對進退投機取巧，國君要謹慎不能和他籌謀事情。第三，外表樸素，衣服粗陋，講無為卻實以求名聲，說無欲卻實以求利，這是虛偽的人，國君要謹慎不能和他親近。第四，戴著奇怪的帽子衣帶，穿著壯偉的衣服，以廣博的見聞、善辯的辭令虛論高議，自以為得意，窮居靜處時則誹謗時俗，這是奸詐的人，國君要謹慎不能寵信他。第五，諂媚逢迎貪圖苟得，以求官爵，果敢輕率

㉓太公曰：「夫六賊者，一曰臣有大作宮室池榭，游觀倡樂者，傷王之德。二曰民有不事農桑，任氣遊俠，犯陵法禁，不從吏教者，傷王之化。三曰臣有結朋黨，蔽賢智，障主明者，傷王之權。四曰士有抗志高節，以為氣勢，外交諸侯，不重其主者，傷王之威。五曰臣有輕爵位，賤有司，羞為上犯難者，傷功臣之勞。六曰強宗侵奪，凌侮貧弱者，傷庶人之業。……」《六韜・文韜・上賢》

冒死，以貪祿秩，不圖大事全局，得利而動，以高談虛論取悅國君，這是只圖官祿的人，國君要謹慎不能任用他。第六，為了雕文刻鏤、技巧華飾的營建工程，而傷害到農耕，這是傷害農事的人，國君務必禁止他的作為。第七，以虛偽的丹方、詭異的技巧，巫蠱左道，不祥之言，幻惑善良的人民，這是欺騙良民的人，國君務必禁止他的作為。㉔

《六韜》所指國君絕對不能舉用的六賊、七害，歷三千年而彌新，仍然是今世用人時避之唯恐不及的賊害徵兆，不可不察！

二、賢愚在心，信欺在性

一般人用人，常考慮被任用者身分的貴賤，以為出身高貴的比較賢良，常考慮被任用者與自己的親疏關係，以為和自己關係親密的比較不會欺騙自己；老祖宗可不是這麼說的。

賢良和愚昧的分別在心思，不在身分的貴賤；誠信和詐欺的分別在個性，不在關係的親疏。和秦二世一同造成秦朝滅亡的，是高貴親近的丞相御史；和漢高祖一起打下天下的，是布販、狗屠，驪山的囚徒、鉅野的強盜，都成為開國的名將。㉕

㉔太公曰：「……七害者，一曰無智略權謀，而以重賞尊爵之，故強勇輕戰，僥倖於外，王者慎勿使為將。二曰有名無實，出入異言，掩善揚惡，進退為巧，王者慎勿與謀。三曰樸其身躬，惡其衣服，語無為以求名，言無欲以求利，此偽人也，王者慎勿近。四曰奇其冠帶，偉其衣服，博聞辯辭，虛論高議，以為容美，窮居靜處，而誹時俗，此奸人也，王者慎勿寵。五曰讒佞苟得，以求官爵，果敢輕死，以貪祿秩，不圖大事，得利而動，以高談虛論悅於人主，王者慎勿使。六曰為雕文刻鏤，技巧華飾，而傷農事，王者必禁之。七曰偽方異技，巫蠱左道，不祥之言，幻惑良民，王者必止之。」《六韜・文韜・上賢》

㉕是故賢愚在心，不在貴賤；信欺在性，不在親疏。二世所以共亡天下者，丞相、御史也。高祖所以共取天下者，繒肆、狗屠也；驪山之徒，鉅野之盜，皆為名將。《潛夫論・本政第九》

有用人之權的人，常感嘆無人可用，用人效果不彰，其實是自己設立了錯誤的用人標準。如果以心取代貴賤、性取代親疏做為用人取捨的標準，用人效果必定大幅提升。

三、多讀讀《人物志》

三國時代是人才鼎盛的時代，魏之曹操、蜀之劉備、吳之孫權都自有一套用人手法，曹操以權術相馭，劉備以性情相契，孫氏兄弟以意氣相投，讓《三國演義》的千萬看倌在閱讀它時，都被魏、蜀、吳三方上場下場、川流不息的文臣武將搞得眼花撩亂！[26]

也許是這樣的時代背景使然，催生了中國歷史上唯一留傳下來，可以在人力資源（human resources, HR）領域和任何西方著作媲美——甚至超越——的巨作，就是魏朝劉劭所著、十三多萬字的《人物志》，巨細靡遺地闡述了人才的類別、識別人才的方法、人才的任用等議題；本書會在其他相關篇幅中借重《人物志》中識人辨才的智慧，與讀者分享。

此處要強調的是，閱讀《人物志》對提升一個人辨別、認出才德賢人的能力大有幫助，負有任賢、舉賢責任者不能不讀、不能不

[26] 人才莫盛於三國，亦惟三國之主各能用人，故得眾力相扶，以成鼎足之勢。而其用人亦各有不同者，大概曹操以權術相馭，劉備以性情相契，孫氏兄弟以意氣相投。《廿二史箚記・卷七》

學！

用人之智，任人者逸

要怎樣才能做到像孔老夫子所講的那種最好的施政，以德服人，讓人心自然歸附，就像北極星在自己的位置上靜止不動，而其他的星辰都環繞拱衛著它？㉗

這種施政絕對不是領導人事必躬親，任何大小事情都自己跳下去做的，必定是有方法的，是任用了賢臣，以他們的智慧貢獻思慮，以他們的能力做事，國君才能享有垂衣拱手而治的美名。

一人之力敵不過眾人，一個人的智慧不能盡知萬物。國君與其只用自己一個人的智慧和力量治理國家，不如善用全國的智慧和力量。所以用國君一人的力量對付眾人和萬物，那是一定會失敗的；即使預計規劃正確，國君已經耗費精力；預計規劃不正確，國君還要承擔過錯。下等的國君用盡自己的才能，中等的國君用盡臣民的力量，上等的國君用盡臣民的智慧！㉘

孔老夫子的學生宓子賤，被魯國國君派去治理單父這個地方，

㉗子曰：「為政以德，譬如北辰，居其所而眾星共之。」《論語・為政篇》

㉘力不敵眾，智不盡物，與其用一人，不如用一國。故智力敵，而群物勝。揣中則私勞，不中則在過。下君盡己之能，中君盡人之力，上君盡人之智。《韓非子・八經》

每天悠閒地彈琴，甚至連身子都沒下過堂，就把單父治理得很好。而後來接替他的巫馬期則天天披星戴月，早出晚歸，晝夜不得休息，政務都親自處理，才把單父治理得同樣好。巫馬期向宓子賤請教其中緣故。宓子賤是這樣回答的：「我使用人才，你使用力氣。使用力氣的人辛勞，使用人才的人安逸。」㉙

宓子賤可以算是一位君子了，四肢安逸，耳目清閒，心氣平和，而百官各盡其職，所有政務都處理得很好，這是符合事理的，他不過是使用正確的策略罷了。巫馬期則不一樣，他損傷生命，耗費精氣，勞苦手足，繁瑣教令，雖然也把單父治理得不錯，卻還沒有達到最高境界！㉚

請問：若能選擇，在宓子賤和巫馬期之間，你要當誰？

不賢而爲賢者師，不智而爲智者正

道，是萬物的本體，是非的準則。所以聖明的國君守著萬物的本體，就知道萬物的來源；研究是非的準則，就知道善惡的端緒。所以他用虛靜的態度對待萬物，使名義自然形成，事務自然建立。

㉙ 宓子賤治單父，彈鳴琴，身不下堂而單父治。巫馬期以星出，以星入，日夜不居，以身親之，而單父亦治。巫馬期問其故於宓子。宓子曰：「我之謂任人，子之謂任力。任力者故勞，任人者故逸。」《呂氏春秋・察賢》

㉚ 宓子則君子矣，逸四肢，全耳目，平心氣，而百官以治義矣，任其數而已矣。巫馬期則不然，弊生事精，勞手足，煩教詔，雖治猶未至也。《呂氏春秋・察賢》

他的內心虛沖，就可以知道言談的真偽；本身清靜，就可以知道行動的善惡。讓有話要說的人自加解說，有事要做的人自行表現，再拿形名作比較，那國君自己不必特別做什麼事，一切就都回歸到真實的情形。㉛

所以說：國君不應該暴露自己的欲望喜好，國君暴露了自己的欲望喜好，臣子就會粉飾言談舉止，迎合國君的欲望喜好。國君不應該暴露自己的意圖，國君暴露了自己的意圖，臣子就會賣弄不同才能，迎合國君的意圖。所以說：國君摒除好惡，臣子才會現出本來面目；國君摒除智巧，臣子才會自己戒慎。所以國君雖有智慧也不謀慮，以使萬物知道他們的職分；雖有才能也不施展，以觀察臣子治事的原則；雖有勇氣也不激奮，以使群臣發揮他們的勇武。所以國君不用智慧卻更聖明，不用才能卻更得功效，不用勇氣卻更強勁。而群臣盡忠職守，百官依循常軌，依他們的才能而任使，這叫做「習常」——依襲常道。㉜

所以說：聖明的國君要寂靜得像不在君位，要空虛得讓臣民不知道他在哪裡。聖明的國君在上，好像沒有什麼作為，群臣在下，卻無不警懼。聖明國君的治國之術，是使有智慧的臣子盡量提供謀

㉛道者，萬物之始，是非之紀也。是以明君守始，以知萬物之源；治紀，以知善敗之端。故虛靜以待令，令名自命也，令事自定也。虛則知實之情，靜則知動者正。有言者自為名，有事者自為形，形名參同，君乃無事焉，歸之其情。《韓非子・主道》

㉜故曰：君無見其所欲；君見其所欲，臣自將雕琢。君無見其意；君見其意，臣將自表異。故曰：去好去惡，臣乃見素；去舊去智，臣乃自備。故有智而不以慮，使萬物知其處；有行而不以賢，觀臣下之所因；有勇而不以怒，使群臣盡其武。是故去智而有明，去賢而有功，去勇而有強。群臣守職，百官有常，因能而使之，是謂習常。《韓非子・主道》

慮，而國君根據他們的謀慮做出決斷，所以國君的智慧不會窮盡；使有才能的臣子盡量發揮才能，而國君根據他們的才能加以任用，所以國君的才能不會窮盡；有成就則賢名歸於國君；有過錯則臣子承擔罪責，所以國君的聲譽不會窮盡！[33]

就是因為這樣，不賢的國君卻可以做賢能臣子的老師，沒有智慧的國君卻可以做有智慧臣子的領袖。臣子辛勞地工作，國君享受成就，這就是聖明國君的治國常道。[34]

對的人，才是最重要的資產

西方暢銷書《從A到A+》（*Good to Great*，中譯本遠流出版）試著解答「為什麼有些企業能享有跳躍式的成長，而其他的則沒法做到這點？」作者的研究團隊發現享有跳躍式成長的企業都有該書所稱的「把企業由好帶到偉大的領導者」（good-to-great leaders），也就是「第五級高階經理人」（level-5 executives）。

先找到對的人，再做對的事，是作者為讀者提供的解答。把巴士比擬為企業，作者原本以為「把企業由好帶到偉大的領導者」或

[33] 故曰：寂乎其無位而處，漻乎莫得其所。明君無為於上，群臣竦懼乎下。明君之道，使智者盡其慮，而君因以斷事，故君不窮於智；賢者敕其材，君因而任之，故君不窮於能；有功則君有其賢，有過則臣任其罪，故君不窮於名。《韓非子・主道》

[34] 是故不賢而為賢者師，不智而為智者正。臣有其勞，君有其成功，此之謂賢主之經也。《韓非子・主道》

是「第五級高階經理人」會為企業先設定新的願景和策略，結果卻發現他們是先把對的人、適當的人請上巴士，把不對的人、不適當的人請下巴士，讓對的人、適當的人坐在適當的位子上，然後，巴士上的人自己會想出來要把巴士開到哪裡去！[35]

作者認為西方傳世的格言：「人是你最重要的資產」說錯了！人其實不是最重要的資產，應該修改成：「對的人是你最重要的資產」！[36]

不只用那對的人、適當的人的開車技術來駕駛巴士，更借重他們的智慧來決定把巴士開往何處——這不就是貫穿本篇，道、神、聖、賢的用人智慧：要有智慧任用賢人，更要借用賢人的智慧！

如何舉用賢人？

對周文王詢問舉用賢才的做法，姜太公是這樣回答的：「使將帥和宰相分別進行舉薦，各以所需的職務來推舉人選，按職務考核其適任的才能。選取人才考核能力時，適任的才能要和職務相當，職務和才能相當，就符合舉用賢才的做法了。」[37]

35 First Who...Then What. The good-to-great leaders began the transformation by first getting the right people on the bus (and the wrong people off the bus) and then figured out where to drive it. —— *Good to Great*

36 The old adage "People are your most important asset" is wrong. People are not your most important asset. The right people are. —— *Good to Great*

37 文王曰：「舉賢奈何？」太公曰：「將相分職，而各以官名舉人。按名督實，選才考能，令實當其能，名當其實，則得舉賢之道也。」《六韜・文韜・舉賢》

而如何與有才德的賢人相處，使他們願意被舉用，經典中著墨很多，在此謹挑出一些，說明如下。

一、以禮待言

以禮貌的態度對待他們，傾聽他們說話，這是與有才德賢人的相處之道。

大禹有「一沐三捉髮，一食三起」的故事。講的是大禹洗頭髮時，三次握住頭髮停下來，吃一餐飯三次放下碗筷站起來，為的都是要以禮接待前來進言的有道之士，以彌補自己的不足。心想著要彌補自己的不足，就能虛心接受所說的人與事，而不與之相爭。談話開始時，能以平易虛靜的態度對待進言的人，使他稱意自如，暢所欲言；專注傾聽，還不時加以點頭認同，使他盡所欲言。[38]

亡國之君則正好相反：他們自以為高明而輕視別人，輕視別人則進言的臣子為了保住爵位、取容於國君而不能盡言，聽言的人自以為高明，也不可能從別人的話中獲益，這樣國君雖然擁有天下，對他又有什麼好處呢？[39]

國君不以禮待言，結果必然是昏暗取代光明，混亂取代安定，

[38] 昔者禹一沐而三捉髮，一食而三起，以禮有道之士，通乎己之不足也。通乎己之不足，則不與物爭矣。愉易平靜以待之，使夫自得之；因然而然之，使夫自言之。《呂氏春秋・謹聽》

[39] 亡國之主反此，乃自賢而少人，少人則說者持容而不極，聽者自多而不得，雖有天下何益焉？《呂氏春秋・謹聽》

毀滅取代成功，危殆取代安寧，殷、周就是這樣滅亡的，比干就是這樣被處死的，像這樣悖亂的事不勝枚舉。所以國君常發生的狀況是這樣的，不是在有疑惑的地方發生過錯，而是在沒有疑惑的地方發生過錯；不是在自己不知道的地方發生過錯，而是在自己知道的地方發生過錯。所以對那些沒有疑惑的事、自己知道的事，還是要用法令加以考察，用度量加以測定，用術數加以驗證。如果做到這樣，那是非判斷就不會有錯誤，舉止措施就不會有過失了。[40]

認知到自己知道的事就是最容易發生過錯的事，那還有什麼不能以禮待賢，傾聽他們所建的善言呢？

二、**必禮必知**

姜太公在滋泉釣魚，正是遭到紂王暴虐的亂世，周文王因為得到了太公，進而得到天下。文王是千乘兵車的諸侯，紂王是萬乘兵車的天子，天子失去了太公，而千乘兵車的諸侯卻得到了他，其理何在？那完全是知遇和不知遇造成的差別啊！[41]

普通人民和有道之士不同。對於眾多的人民，不以知遇對待他們，就可以役使他們；不以禮對待他們，就能對他們發號施令。至

[40] 是乃冥之昭，亂之定，毀之成，危之寧，故殷、周以亡，比干以死，誖而不足以舉。故人主之性，莫過乎所疑，而過於其所不疑；不過乎所不知，而過於其所以知。故雖不疑，雖已知，必察之以法，揆之以量，驗之以數。若此則是非無所失，而舉措無所過矣。《呂氏春秋・謹聽》

[41] 太公釣於滋泉，遭紂之世也，故文王得之而王。文王，千乘也，紂，天子也，天子失之而千乘得之，知之與不知也。《呂氏春秋・謹聽》

於有道之士，就必須以禮待之，必須先成為他們的知己，然後才能讓他們貢獻出所有的才能智慧。歷史上闡述這個道理的故事很多：齊人王滿生見周公，周公不必聽他說話，只看他寫「社稷且危」，就懂了意思，第二天便誅殺了管叔、蔡叔，周公可謂能聽；齊桓公一天三次求見小臣稷，魏文侯立倦而不敢息求見田子方，都可謂禮賢下士的例子。[42]

一個人的知，最上等的是有自知之明，其次是能夠知道自己的無知。不知就要問，不會就要學。《周箴》有云：「只要自己能知道這點，學習和進德都時猶未晚。」向賢人學習，向智者請教，這就是夏、商、周三代所以能昌盛的原因。不知卻自以為知，則是一切禍患的根源。國君的名聲不可能無緣無故地樹立，功業不可能自行成就，國家不可能憑空存在發展，都必須靠賢者輔佐達成。賢者的道術，幽遠而難知，奧妙而難見；所以國君如果見到賢者而不能恭恭敬敬，那就不能動心，不能動心則了解就不深切。不能深切了解賢者所進之言，危害沒有比這更大的了！[43]

能恭敬，才能動心，能禮敬，才能知道賢者究竟在說些什麼。這一點與賢人的相處之道，不能不知！

[42] 諸眾齊民，不待知而使，不待禮而令。若夫有道之士，必禮必知，然後其智能可盡。解在乎勝書之說周公，可謂能聽矣；齊桓公之見小臣稷、魏文侯之見田子方也，皆可謂能禮士矣。《呂氏春秋・謹聽》

[43] 太上知之，其次知其不知。不知則問，不能則學。《周箴》曰：「夫自念斯，學德未暮。」學賢問，三代之所以昌也。不知而自以為知，百禍之宗也。名不徒立，功不自成，國不虛存，必有賢者。賢者之道，牟而難知，妙而難見。故見賢者而不聳則不惕於心，不惕於心則知之不深。不深知賢者之所言，不祥莫大焉。《呂氏春秋・謹聽》

三、禮賢下士

周公輔佐周成王是歷史上膾炙人口的故事。周公在攝政輔佐成王的七年期間，曾帶著禮物以師禮去拜見的民間人士有十二人，會見的貧寒之士有四十九人，即時任用的優秀人才有上百人，培養的士人有上千人，在朝中做官的有上萬人。在那個時候，如果周公既驕傲又吝嗇，那天下賢士來投奔的就會很少；即使有人來投奔，也一定是貪婪而不能辦事的人。而只拿俸祿不辦事的人，是不能鞏固國君地位的。[44]

《說苑》對周公任用賢人具體作為的量化描述，讓我們對周公的禮賢下士感到栩栩如生、躍然紙上，佩服他做得如此落實。唯有像周公這樣落實地尊賢，才能打動有才德賢人的心，讓他們願意貢獻所長！

所就三，所去三

有才德的賢人，在什麼狀況下願意被國君舉用呢？接受了舉用，又在什麼狀況下該辭官而去呢？孟老夫子在弟子陳子請問上述

[44] 周公攝天子位七年，布衣之士執贄所師見者十二人，窮巷白屋所見者四十九人，時進善者百人，教士者千人，官朝者萬人。當此之時，誠使周公驕而且吝，則天下賢士至者寡矣；苟有至者，則必貪而尸祿者也。尸祿之臣，不能存君矣。《說苑・尊賢第八》

問題時，給了「所就三」和「所去三」的原則。

第一就：受到國君的禮敬，國君迎接他非常恭敬而有禮貌，接納他所建議的善言，這樣他就可以接受國君的舉用。第一去：等到國君禮貌依舊，卻不再實行他所建議的善言主張時，那就該辭職而去。[45]

第二就：雖然國君沒有要實行他的建言主張，但國君迎接他非常恭敬而有禮貌，這樣也可以接受國君的舉用。第二去：等到國君對他的禮貌減退，就該辭職而去。[46]

第三就：他早晚都沒飯吃，餓到不能走出家門，國君聽了說：「我在大的方面不能實行他的主張，又不能聽從他的建言，要是真讓他在我的國內挨餓，會讓我感到羞恥！」因此周濟他，這樣他也可以接受官職，免於餓死。第三去：孟老夫子沒有明說，且顯然當衣食稍寬，就該去了罷！[47]

讀了孟老夫子的「所就三」和「所去三」，所有在職場工作的讀者，如果自認也算得上是個有為有守的員工——類似古代的君子或有才德的賢人，則不妨自我檢視一下：自己接受工作職務，依「所就三」，是第幾就？依「所去三」，該去了嗎？

[45] 所就三，所去三。迎之致敬以有禮，言將行其言也，則就之。禮貌未衰，言弗行也，則去之。《孟子‧告子下》

[46] 其次，雖未行其言也，迎之致敬以有禮，則就之。禮貌衰，則去之。《孟子‧告子下》

[47] 其下，朝不食，夕不食，饑餓不能出門戶。君聞之曰：「吾大者不能行其道，又不能從其言也，使饑餓於我土地，吾恥之。」周之，亦可受也，免死而已矣。《孟子‧告子下》

而所有手握用人權力的領導和老闆，也可以自我檢視一下：自己給了別人「所就三」中的哪一就？又給了別人「所去三」中的哪一去？

孔老夫子的弟子仲弓擔任魯國權臣季氏的家臣，孔老夫子在回答他所問「為政」的問題時，告訴他：「率先帶著部屬做，寬容部屬的小過失，舉用有才德的賢人。」48

仲弓再問：「要怎麼知道誰是有才德的賢人而舉用他呢？」孔老夫子的答案是：「只要舉用你所知道有才德的賢人，你所不知道的，自然有人會向你推薦，難道他們會被捨棄嗎？」49

別擔心！只要你舉用了你所知道有賢德、有才能的人，彰顯你是奉行道、神、聖、賢經典的任賢用賢之道，自然有人會向你推薦其他有才德的賢人，包括那些你所不知道、沒聽說過、住在四海、山谷、僻遠處的賢人。

一切結果，領導人負責

國家治理不好，不論原因為何，國君都要概括承受，負起全盤

48 仲弓為季氏宰，問政。子曰：「先有司，赦小過，舉賢才。」《論語・子路篇》

49 曰：「焉知賢才而舉之？」曰：「舉爾所知；爾所不知，人其舍諸？」《論語・子路篇》

責任！

在歷史上名列三王之一的商朝開國之君商湯，曾向上天禱告：「我一個人有罪，請不要對天下的人民報復；天下的人民有罪，請讓我一個人承擔！」50

周文王曾請教姜太公，天下有盛有衰，有治有亂，之所以如此，是因為國君有賢與不賢的分別，還是因為天時氣運不同？太公回答：「國君不賢，則國家危殆而人民紛亂；國君賢聖，則國家安寧而人民有序。國家的禍福在於國君的賢與不賢，而不在於天時和氣運的變化！」51

江山代有人才出！動亂國家的朝廷中，也並不是沒有賢人，而是國君不能加以任用，所以國家才會滅亡！52

任不到賢、用不到賢，有識的國君應該為此擔憂！

魏武侯有次與群臣商議國家大事，相形之下，群臣才智都不如他。退朝之後，武侯面露喜色，吳起對他說：「過去的楚莊王也曾和群臣共謀國家大事，群臣才智都不如他，退朝之後，莊王面有憂色。申公巫臣問莊王：『大王面有憂色，是什麼原因？』莊王說：『寡人聽人說，不會有一個世代沒有聖人，不會有一個國家缺少賢

50 湯曰：「朕身有罪，無及萬方；萬方有罪，朕身受之。」《反經・大私第三十》

51 太公曰：「君不肖，則國危而民亂；君賢聖，則國安而民治。禍福在君，不在天時。」《六韜・文韜・盈虛》

52 亂國之官，非無賢人也，其君弗之能任，故遂於亡也。《潛夫論・思賢第八》

人。能夠得到老師的，可以成就王業；能夠得到朋友的，可以成就霸業。如今，寡人的能力不足，而群臣的能力卻還不及寡人，楚國的前途真是危險了！』令莊王引以為憂的事，大王卻引以為喜，臣為大王和魏國的前途不勝憂懼了！」武侯聽了，面有慚色。53

現今「官大學問大」的風氣流行，普遍都理所當然地認為老闆比夥計能幹、長官比部屬能幹、付薪水的比拿薪水的能幹；而身為老闆、長官、付薪水的人也都沾沾自喜，自以為能幹！

殊不知，成就王、霸之業的聖主明君，奉行道、神、聖、賢的教誨，他們的用人之道是：知道自己的不足，敢用、願用、能用比自己能幹的人，才能成就偉大的功業！今世的老闆、長官、付薪水的人，如果自認或真的是組織裡最能幹的人，那這個組織恐怕也就快要完蛋了！

53 武侯嘗謀事，群臣莫能及。罷朝而有喜色。起進曰：「昔楚莊王嘗謀事，群臣莫能及。罷朝而有憂色。申公問曰：『君有憂色，何也？』曰：『寡人聞之，世不絕聖，國不乏賢。能得其師者王，能得其友者霸。今寡人不才而群臣莫及者，楚國其殆矣。』此楚莊王之所憂而君說之，臣竊懼矣。」於是武侯有慚色。《吳子・圖國第一》

第三十篇

收攬人心

士為知己者死，女為悅己者容！

不論據地稱王或經營企業，
帶人就要帶心，必須拉攏人心歸向自己，
同甘共苦、視如己出、對症下藥，
才能攬其心、凝其心。
未得人心則諸事難成，遑論讓人臣服，齊心賣命！

爭天下，先爭人

爭奪天下的人，必須首先爭取人心。明白爭奪天下大略的人，就能得到人心，只精於小算計的人，便會失去人心。得到天下多數人擁護的，能成就王業，得到天下半數人擁護的，能成就霸業。因而聖明的國君總是謙卑有禮，放下身段，禮待天下賢士，而後藉他們的輔佐成就王業，均分地利，招引天下之眾臣服歸附。❶

要成就任何事，若天時、地利、人和三者兼具，成功必然唾手可得；若三者不能兼具，則有天時不如有地利，有地利不如有人和。❷

所謂人和，就是得到他人的向心力。中外歷史上，一次又一次，將士的齊心合力、人民的向心力，決定了戰役的成敗、政權的更替、天下的得失；同理，現代市場經濟下，公司同仁是不是認同公司的願景、宗旨、策略？公司是不是掌握了消費者的好惡？這些因素決定了公司產品的市占率、公司的營收獲利和貨殖舞台的成王敗寇！

率眾領導的方法，首在延攬得到英雄的心，對有功的行賞加

【典籍出處】

❶ 夫爭天下者，必先爭人。明大數者得人，審小計者失人。得天下之眾者王，得其半者霸，是故聖王卑禮以下天下之賢而王之，均分以釣天下之眾而臣之。《管子・霸言第二十三》

❷ 孟子曰：「天時不如地利，地利不如人和。」《孟子・公孫丑下》

祿，使上下的心志相通。上下一心，則沒有事做不到；上下離異，則沒有不敗亡傾倒。治國安家，靠的是得到人心；亡國破家，肇因於失掉人心。凡是有氣息的人，都願意施展能力達成自己的理想和抱負，延攬英雄，就是要掌握他的這種心願！❸

不論地位尊卑，不論人品高下，人都有自尊。戲辱了君子，就沒法得到他的真心；蔑視了小人，也就沒法使他為自己竭盡全力。所以帶兵打仗最重要的事，就是要收攬到各路英雄、眾家好漢的心——這是諸葛亮引用《尚書》，對所有為將者的告誡。❹

君子和小人在一件事情上是一致的，那就是：不得其心，難得其力。所以，凡是要聚眾成事的人，不論是帶兵打仗、據地稱王或是經營企業，帶人就要帶心，就要收攬人心！

一切始於贏得對方的心

不論是上對下，還是下對上，在沒有贏得對方的心之前，諸事難成，搞不好還會引起對方的誤會，造成與原先所希望正好相反的結果。

❸ 夫主將之法，務攬英雄之心，賞祿有功，通志於眾。故與眾同好，靡不成；與眾同惡，靡不傾。治國安家，得人也；亡國破家，失人也。含氣之類，咸願得其志。《三略・上略》

❹ 《書》曰：「狎侮君子，罔以盡人心；狎侮小人，罔以盡人力。」故行兵之要，務攬英雄之心。《將苑・將誡第十六》

舉例而言：在上位的國君要先取得人民的信任，然後再勞動他們，還沒有取得人民的信任就勞動他們，人民會當成是勞役他們的苛政。在下位的臣子要先取得國君的信任，然後再勸諫，還沒有取得國君的信任就勸諫，國君會認為臣子在毀謗他。❺

戰地收附的投降新卒，在還沒有取得他們的信任之前就懲罰他們，他們不會心悅誠服，不心悅誠服則難以指揮他們作戰；已取得他們的信任之後，如果不執行軍紀，他們就會恃寵而驕，也沒有辦法指揮他們作戰。所以，用仁義教導他們，用法律訓斥他們，這樣就可以得到他們的信任。恩威並濟，推行政令，則兵民必樂於聽從；否則，他們是難於樂從的。所謂政令推行順利，就是與眾相得，上下一心。❻

❺ 子夏曰：「君子信而後勞其民；未信，則以為厲己也。信而後諫；未信，則以為謗己也。」《論語．子張篇》

❻ 卒未親附而罰之，則不服，不服則難用也；卒已親附而罰不行，則不可用也。故令之以文，齊之以武，是謂必取。令素行以教其民，則民服；令不素行以教其民，則民不服。令素行者，與眾相得也。《孫子兵法．行軍第九》

你怎麼待人，人就怎麼待你

你怎麼待人，人就怎麼待你；英文稱為 reciprocate；這個道理，道、神、聖、賢知道得很清楚。

孟老夫子曾對齊宣王說：「國君把臣子看成手足，盡心愛護，臣子就會把國君當成心腹，全力捍衛；國君把臣子看做犬馬，毫不尊重，臣子就會把國君看做路人，漠不關心；國君把臣子看做泥土亂草，任意踐踏，臣子就會把國君看成強盜仇敵，切齒痛恨。」❼

針對宣王追問：「根據《禮經》，臣子對去世的國君要穿三個月的喪服，國君要怎樣對待臣子，臣子才肯替他這樣地服喪呢？」

孟老夫子的回答是這樣的：「國君採納臣子的勸諫，聽從臣子的建議，能把恩澤下加到人民身上；當臣子要離開國家，國君就派人護送他出境，又先令人到他要去的國家，稱讚他的賢能，使他能夠得到任用；若臣子離開三年還不回來，才收回他的田祿里居；這就叫做對臣子致敬三次。國君能做到這樣，臣子就應該為他服喪了。」❽

「現在呢？臣子的勸諫不受採納，建議不被聽從，不能使恩澤下加到人民身上；當臣子要離開國家，國君就派人搜捕，搜捕不到，又派人到他要去的國家，破壞他的名譽，讓他走投無路；臣子一走，就立刻收回他的田祿里居；這樣對待臣子，就是所謂的強盜仇敵了。對強盜仇敵，臣子還會為他服什麼喪呢？」❾

你怎麼待人，人就怎麼待你；孟老夫子說得再清楚不過了！

❼孟子告齊宣王曰：「君之視臣如手足，則臣視君如腹心；君之視臣如犬馬，則臣視君如國人；君之視臣如土芥，則臣視君如寇讎。」《孟子・離婁下》

❽曰：「諫行言聽，膏澤下於民，有故而去，則君使人導之出疆，又先於其所往；去三年不反，然後收其田里，此之謂三有禮焉。如此，則為之服矣。……」《孟子・離婁下》

❾「……今也為臣，諫則不行，言則不聽，膏澤不下於民；有故而去，則君搏執之，又極之於其所往；去之日，遂收其田里，此之謂寇讎。寇讎何服之有？」《孟子・離婁下》

臣服更要得心

凡是兼併他人的方法有三種：有用德行兼併人的，有用力量兼併人的，還有用財富兼併人的。⑩

第一種狀況：被兼併的人看重我的名聲，讚美我的德行，想做我的人民，開門治道來迎接我進入他們的國家和城池。因為有人民的愛悅，得到他們居處的土地，我來治理而百姓都安樂。立法施令，他們沒有不順從親附的。所以得到土地愈多而權力更重，兼併的人民愈多而兵力愈強，這是用德行兼併人的狀況。⑪

第二種狀況：被兼併的人不是因為看重我的名聲，也不是因為讚美我的德行，而是畏懼我的威力，迫於我的權勢，所以人民雖然有離開我的貳心，卻不敢有背叛的計劃。這樣我的軍隊就要愈養愈多，所花的費用也愈來愈多。所以得到的土地愈多而權力愈輕，兼併的人愈多而兵力愈弱，這是用力量兼併人的狀況。⑫

第三種狀況：被兼併的人不是因為看重我的名聲，也不是因為讚美我的德行，是因為他們貧困想求富，因為飢餓想求飽，所以才空著肚子張著嘴，歸順到我這兒來就食。如此，則我必定要打開糧

⑩ 凡兼人者有三術：有以德兼人者，有以力兼人者，有以富兼人者。《荀子・議兵第十五》

⑪ 彼貴我名聲，美我德行，欲為我民，故辟門除涂，以迎吾入。因其民，襲其處，而百姓皆安。立法施令，莫不順比。是故得地而權彌重，兼人而兵俞強，是以德兼人者也。《荀子・議兵第十五》

⑫ 非貴我名聲也，非美我德行也，彼畏我威，劫我埶，故民雖有離心，不敢有畔慮，若是則戎甲俞眾，奉養必費。是故得地而權彌輕，兼人而兵俞弱，是以力兼人者也。《荀子・議兵第十五》

倉給他們吃，施予財貨使他們富，立賢良的官員接待他們，要這樣過了三年，那些人民才可以被信任。所以，得到的土地愈多而權力愈輕，兼併的人民愈多而國力愈貧，這是用財富兼併人的狀況。⓭

所以說，用德行兼併人可以成就王業，用力量兼併人變得衰弱，用財富兼併人變得貧困，這狀況從古到今都一樣！⓮

兼併別人容易做到，但要堅固地凝聚起來就難了！齊國能吞併宋國，而不能使它凝聚安定，所以宋國又被魏國奪走。燕國能吞併齊國，而不能使它凝聚安定，所以七十餘城又被田單光復。韓國的上黨方圓數百里，城池完全、府庫富足，而歸順於趙國，但趙國不能使它凝聚安定，所以又被秦國奪走了。⓯

所以，能兼併而不能使它凝聚安定，就一定會被人所奪；不能兼併又不能使它凝聚安定，就一定會敗亡。而反過來，能使它凝聚安定，就一定能兼併它。若他得到什麼就能使它凝聚安定，那天下就沒有誰是強到不能被他兼併的！古代的商湯以亳，武王以鎬為根據地，都只有百里之地，卻能一統天下，讓諸侯稱臣，沒有別的原因，就是因為他們能凝聚人心！⓰

凝聚士人以禮，凝聚人民以政；禮法修明則士人信服，政治安

⓭ 非貴我名聲也，非美我德行也，用貧求富，用飢求飽，虛腹張口，來歸我食。若是，則必發夫掌窌之粟以食之，委之財貨以富之，立良有司以接之，已朞三年，然後民可信也。是故得地而權彌輕，兼人而國俞貧，是以富兼人者也。《荀子‧議兵第十五》

⓮ 故曰：以德兼人者王，以力兼人者弱，以富兼人者貧，古今一也。《荀子‧議兵第十五》

⓯ 兼并易能也，唯堅凝之難焉。齊能并宋，而不能凝也，故魏奪之。燕能并齊，而不能凝也，故田單奪之。韓之上地，方數百里，完全富足而趨趙，趙不能凝也，故秦奪之。《荀子‧議兵第十五》

⓰ 故能并之，而不能凝，則必奪；不能并之，又不能凝其有，則必亡。能凝之，則必能并之矣。得之則凝，兼并無強。古者湯以薄，武王以滈，皆百里之地也，天下為一，諸侯為臣，無它故焉，能凝之也。《荀子‧議兵第十五》

定則人民安樂；士服民安，就叫做「大凝」。用大凝來防守，則堅固到沒有敵人能攻下；用大凝來征伐，則強大到沒有敵人能抵禦。命令去做的，一定可以做到；禁止做的，沒人敢做。那成就王業所需做的事，也就都做到了！⓱

⓱ 故凝士以禮，凝民以政；禮脩而士服，政平而民安；士服民安，夫是之謂大凝。以守則固，以征則強，令行禁止，王者之事畢矣。《荀子・議兵第十五》

女爲悅己者容

戰國時代的晉國人豫讓，曾經侍奉過晉國六家大夫中的范氏和中行氏兩家，沒什麼名聲。之後，他又去侍奉智伯，得到智伯特別的尊重和寵幸。之後智伯攻打趙襄子，趙襄子和韓、魏兩家合謀滅了智伯，三家分了智氏的國土。趙襄子最恨智伯，還把智伯的頭蓋骨漆成飲具。豫讓矢志為智伯報仇，多次行刺趙襄子不成，每次失敗之後，又改頭換面再找機會行刺，是歷史上廣為傳頌的刺客。

智伯死後，豫讓潛逃到山中，對自己說：「唉呀！好男兒可以為了解自己的人去死，好女子應該為愛慕自己的人梳妝打扮。現在智伯是我的知己，我一定要獻出生命替他報仇，用以報答智伯！那麼，我就是死了，魂魄也沒有什麼可慚愧的了！」⓲

⓲ 豫讓遁逃山中，曰：「嗟乎！士為知己者死，女為說己者容。今智伯知我，我必為報讎而死，以報智伯，則吾魂魄不愧矣。」《史記・刺客列傳》

當豫讓最終被問到，為什麼同樣侍奉過范氏、中行氏和智氏，他不替范氏、中行氏向智伯報仇，卻執意為智伯屢次刺殺趙襄子。豫讓的回答是這樣的：「我侍奉范氏、中行氏，他們都把我當一般人看待，所以我像一般人那樣報答他們。智伯把我當國士看待，所以我就像國士那樣報答他！」[19]

好一個「士為知己者死，女為悅己者容」！好一個「眾人遇我，我故眾人報之」！「國士遇我，我故國士報之」！

種什麼，得什麼。欲收攬人心者，不可不知！由歷史所載看，智伯稱不上高明，做錯了不少決定，但是禮遇了豫讓，換得豫讓以國士生命回報，至少是曾經做對了一件事，沒有白白禮遇豫讓！

如何攬英雄之心

收攬英雄之心有方法可循，且看道、神、聖、賢經典怎麼說。

一、同甘共苦

周武王請教姜太公：「我想號令三軍之眾，讓他們攻城時爭先

[19] 豫讓曰：「臣事范、中行氏，范、中行氏皆眾人遇我，我故眾人報之。至於智伯，國士遇我，我故國士報之。」《史記・刺客列傳》

登城，野戰時奮勇衝鋒，聽到退兵的鳴金之聲就生氣，聽到進攻的擊鼓之聲就高興。要怎樣才能做到呢？」太公以「將有三項致勝的方法」應答。

第一項致勝的方法：為將者在冬天不穿皮裘，夏天不揮扇子，雨天不張傘蓋，和士卒同寒、暑、乾、濕，這稱為「禮將」——守禮之將。為將者如果不自身守禮，就不能知道士卒所受的寒、暑、乾、濕。[20]

第二項致勝的方法：軍隊行經地勢險要的隘口山塞、走過泥濘沼澤地，為將者一定率先走過，這稱為「力將」——服力之將。為將者如果不自身服力，就不能知道士卒經歷的勞苦。[21]

第三項致勝的方法：軍隊停下來紮營，士卒都安頓了，為將者才入帳休息；士卒的炊食都好了，為將者才就食用餐；士卒沒有生火取暖，為將者也不生火取暖，這稱為「止欲將」——克制安適欲望之將。為將者如果不克制自己追求安適的欲望，就不能知道士卒有沒有吃飽、安不安適。[22]

為將者能夠和士卒共寒暑、勞苦、饑飽，因此三軍之眾聽到進攻的戰鼓聲就很高興，高興為將軍效命立功的機會來了；聽到收兵

[20] 將冬不服裘，夏不操扇，雨不張蓋，名曰禮將。將不身服禮，無以知士卒之寒暑。《六韜・龍韜・勵軍》

[21] 出隘塞，犯泥塗，將必先下步，名曰力將。將不身服力，無以知士卒之勞苦。《六韜・龍韜・勵軍》

[22] 軍皆定次，將乃就舍；炊者皆熟，將乃就食；軍不舉火，將亦不舉，名曰止欲將。將不身服止欲，無以知士卒之饑飽。《六韜・龍韜・勵軍》

的鳴金聲就很生氣，生氣為將軍效命立功的機會又被打斷了。進攻高大的城牆、強闖很深的護城河，儘管箭石如雨下，三軍依然爭先登城；才一與敵人交鋒，士卒就奮勇爭先。這不是士卒喜歡戰死或受傷，而是感恩為將者關心他們的寒暑、勞苦、饑飽啊！[23]

諸葛亮也強調同樣的道理：善於帶兵的將領與士卒同甘共苦，放棄特別的待遇。軍隊紮營還沒有掘好軍井，為將的不會喊渴；伙頭軍還沒煮好飯，為將的不會叫餓；火還沒生好，為將的不會喊冷；住宿的軍帳沒搭好，為將的不會叫睏；炎熱的夏天不用扇子，下雨天不打傘——一切一切，就是要與眾士卒同甘共苦！這就是諸葛亮所謂的「為將之道」。[24]

同甘共苦不止可以收攬人心，由務實的觀點看，為將者與士卒同甘共苦，就能第一手掌握士卒的狀況，判斷出他們當下所能發揮的戰力！

二、視如己出

自古以來，善於帶兵的將領都視士卒如己出，像自己的兒子一般對待。有危難的事，為將者身先士卒，自己先跳下去做；遇到頒

[23] 將與士卒共寒暑、勞苦、饑飽，故三軍之眾，聞鼓聲則喜，聞金聲則怒。高城深池，矢石繁下，士爭先登；白刃始合，士爭先赴。士非好死而樂傷也，為其將知寒暑饑飽之審，而見勞苦之明也。《六韜・龍韜・勵軍》

[24] 夫為將之道，軍井未汲，將不言渴；軍食未熟，將不言飢；軍火未燃，將不言寒；軍幕未施，將不言困；夏不操扇，雨不張蓋，與眾同也。《將苑・將情第四十五》

賜功勞，為將者排在後頭，讓士卒先領頭功。遇有士卒受傷，哭泣安撫；士卒戰死，哀傷埋葬。士卒餓肚子，把自己的食物給他吃；士卒受凍，脫下自己的衣服給他穿——會怎麼對待自己的兒子，就怎麼對待統領的士卒。㉕

對有智慧的僚屬，禮遇他、任他官職；對勇敢的僚屬，賞賜他、勸勉他克制。㉖

與敵人作戰，士卒寧願前進戰死而不肯退後求生，都是因為平時為將者的恩惠造成的。士卒知道在上的人疼愛他們就如同疼愛最鍾愛的兒子，則士卒也敬愛在上的人如同敬愛自己的父親。所以當軍隊身陷危亡的情境，士卒沒有不願意犧牲自己的生命來回報的。因此兵法說：把士卒當成心愛的兒子，所以他們願意和你一塊兒戰死！㉗

做將領能做到這樣，作戰哪有不勝利的！

三、**對症下藥**

不同的方法帶來不同的結果，想得到部屬不同的表現，領導者可以使用不同的方法，對症下藥。

㉕古之善將者，養人如養己子。有難，則以身先之；有功，則以身後之。傷者，泣而撫之；死者，哀而葬之。飢者，捨食而食之；寒者，解衣而衣之。《將苑．哀死第二十九》

㉖智者，禮而祿之；勇者，賞而勸之。《將苑．哀死第二十九》

㉗凡與敵戰，士卒寧進死，而不肯退生者，皆將恩惠使然也。三軍知在上之人愛我如子之至，則我之愛上也如父之極。故陷危亡之地，而無不願死以報上之德。法曰：「視卒如愛子，故可與之俱死。」《百戰奇略．愛戰第十三》

帶兵統御的方法不外乎：對有才能的部屬，委以爵位高官，表示尊崇，再賞賜他錢財，那各方的人沒有不來投效的；對部屬以禮相待，以誠信督導，那部屬沒有不抱著必死決心上陣殺敵的；持續對部屬施以恩惠，執法一視同仁，那部屬沒有不信服的；進攻時身先士卒，撤退時掩護殿後，那部屬沒有不勇敢向前的；部屬的一點兒小進步都給予獎勵，一點兒小功勞都給予賞賜，那部屬沒有不被激勵的！㉘

對症下藥，以不同藥方收攬人心，必收到所要的不同效果！

收攬人心的高明例子

歷史上不乏收攬人心的例子，此處謹舉出三則以為說明。

一、吳起吸膿，兩代賣命

戰國時代的名將吳起，戰功赫赫，他的軍事論述《吳子》一書，名列《武經七書》之一，而他收攬人心的做法細膩感性，令人歎為觀止！

㉘夫用兵之道：尊之以爵，贍之以財，則士無不至矣；接之以禮，厲之以信，則士無不死矣；蓄恩不倦，法若畫一，則士無不服矣；先之以身，後之以人，則士無不勇矣；小善必祿，小功必賞，則士無不勸矣。《將苑・厲士第四十》

吳起出任魏國的大將攻打中山國，士兵中有人得了疽病，吳起不計身分，跪在地上幫這名士兵吸膿。士兵的母親聽到了這事，嚎啕大哭起來。有人問她：「將軍對你兒子這麼好，為什麼還哭呢？」母親回答：「過去將軍吸吮過孩子爹的傷口，孩子的爹因此感恩圖報而戰死沙場，今天將軍為我孩子吸膿，我孩子也要死了，所以我才哭啊！」㉙

吸膿之舉，親人都未必能做到，吳起卻為士兵做了，買心之舉豈有勝於此者？

二、馮驩去債，孟嘗得義

馮驩是齊國孟嘗君的食客，在主動爭取到食有魚、出有車的待遇後，幾年了都沒啥表現，被人向孟嘗君推薦派到孟嘗君封地的薛城去收債。

馮驩到了薛城，向孟嘗君借貸的人前來繳錢的很多，共收了利息錢十萬。馮驩用這筆錢買了牛肉、美酒，貼出告示邀請那些欠利息的人，無論能否償還，第二天都來核對借據。因為有酒可飲、有肉可吃，大家都趕來了，馮驩讓大家大吃大喝，自己在旁觀察，看

㉙吳起為魏將而攻中山，軍人有病疽者，吳起跪而自吮其膿，傷者之母立泣。人問曰：「將軍於若子如是，尚何為而泣？」對曰：「吳起吮其父之創而父死，今是子又將死也，吾是以泣。」《韓非子・外儲說左上》

看他們是不是真的貧窮。吃完後，逐一與大家核對借據，知道生活還過得去的，便約定寫明償還日期；那真正貧窮的人，連利息都付不出的，馮驩把他們的借據統統用火燒掉，並且告訴他們：「孟嘗君借錢給你們，是因為你們沒有本錢謀生；向你們收取利息，是因為他有很多食客要養。你們還得起錢的，請一定要在約定的日期來還；實在還不起的，借據燒掉也就算了。各位多用點飲食，對孟嘗君這樣的人，各位可千萬別辜負他！」聽到馮驩這樣說，原本坐著的都站了起來，向馮驩作揖拜謝。30

馮驩回到齊都後，孟嘗君責怪他自作主張，請欠錢的人大吃大喝，平白燒掉一大堆借據，註銷大筆貸款。馮驩的回答是這樣的：「我若不多準備牛肉、美酒給他們吃，欠債的人根本不會來。那些有能力還的，已訂下還錢日期；那些還不起的，積欠的本息愈來愈多，逼急了，他們只有逃亡躲債一途。再急，債也收不回來，這樣一來，在上位的您背負了喜好利益而不愛人民的名聲，在下位逃亡躲債的薛城人背負了叛主躲債的名聲，這哪裡是教導人民、彰顯您名聲的做法呢？燒掉一大堆還不出錢的借據，以把不可能得到的東西拋出去為計，是要讓薛城人民愛戴，彰顯您的名聲，您還有什麼

30……至薛，召取孟嘗君錢者皆會，得息錢十萬。乃多釀酒，買肥牛，召諸取錢者，能與息者皆來，不能與息者亦來，皆持取錢之券書合之。齊為會，日殺牛置酒。酒酣，乃持券如前合之，能與息者，與為期；貧不能與息者，取其券而燒之。曰：「孟嘗君所以貸錢者，為民之無者以為本業也；所以求息者，為無以奉客也。今富給者以要期，貧窮者燔券書以捐之。諸君彊飲食。有君如此，豈可負哉！」坐者皆起，再拜。《史記‧孟嘗君列傳》

疑惑呢？」[31]

孟嘗君也算是個明理的人，反正木已成舟，就接受了馮驩的說法。而馮驩為孟嘗君在薛城買到的義，在之後孟嘗君被齊王罷黜出奔時，發揮了大作用，適時解除孟嘗君的困厄，當是孟嘗君早先責問馮驩時所始料未及的吧！

三、三顧茅廬，臨終託孤

魏、蜀、吳三分天下的三國時代，劉備比不上曹操占有中原、挾天子以令諸侯的優勢天時，也沒有孫權自父親孫堅、兄長孫策以來兩代經營東吳的紮實地利，卻仍然能與曹操、孫權分庭抗禮鼎足而立，最大的因素就是有諸葛亮的輔佐，在人的因素上取得超前。而劉備深諳「爭天下，先爭人」的道理，對他視為手中王牌的諸葛亮更是曲意拉攏。

劉備能夠得到諸葛亮的輔佐，在於他能禮賢下士，展現求才若渴、以禮待之、言聽計從的誠意，幾次趨前拜訪諸葛亮，打動了諸葛亮的心，在歷史上留下「三顧茅廬」的典故佳話。[32]

而劉備伐吳兵敗後一病不起，在永安駕崩之前，把諸葛亮自成

[31] 馮驩曰：「然。不多具牛酒即不能畢會，無以知其有餘不足。有餘者，為要期。不足者，雖守而責之十年，息愈多，急，即以逃亡自捐之。若急，終無以償，上則為君好利不愛士民，下則有離上抵負之名，非所以厲士民彰君聲也。焚無用虛債之券，捐不可得之虛計，令薛民親君而彰君之善聲也，君有何疑焉！」《史記・孟嘗君列傳》

[32] 先帝不以臣卑鄙，猥自枉屈，三顧臣於草廬之中，諮臣以當世之事，由是感激，遂許先帝以驅馳。〈出師表〉

都召來，在病榻前交代後事，劉備對諸葛亮說：「先生的才能是曹丕的十倍，一定可以使蜀國安定，並進而完成統一天下的大事。如果太子劉禪可以輔佐，就輔佐他；如果他不成才沒法輔佐，那先生就取而代之吧！」諸葛亮聽了，誠惶誠恐，哭著向劉備表示一定盡其所能輔佐劉禪，對他效忠，不惜一死！[33]

劉備對諸葛亮人際關係的經營始於三顧茅廬，換得諸葛亮幾十年赤膽忠心竭智盡慮的運籌輔佐；臨終託孤更以一句「如其不才，君可自取」，表示對諸葛亮的器重甚於親生骨肉劉禪，不只用國家大計，更用知遇之恩的私情，把諸葛亮綁得死死的，換得諸葛亮對劉禪的不二忠誠、屢出祁山對振興漢室的鞠躬盡瘁，死而後已！[34]

劉備收攬了諸葛亮的心，造就了自己和蜀漢的大業，他的智慧值得學習。

出之以誠，養兵千日

今世社會那些現實而又相信速效，認為要什麼東西只在需要時付大錢就可以立即買到的人，要覺醒了！要警惕了！若有一樣東西

[33] 章武三年春，先主於永安病篤，召亮於成都，屬以後事，謂亮曰：「君才十倍曹丕，必能安國，終定大事。若嗣子可輔，輔之；如其不才，君可自取。」亮涕泣曰：「臣敢竭股肱之力，效忠貞之節，繼之以死！」《三國志・蜀書・諸葛亮傳》

[34] 臣鞠躬盡瘁，死而後已。至於成敗利鈍，非臣之明所能逆睹也。〈後出師表〉

難買，臨時絕對買不到，那就是人心！若有事不是靠事到臨頭才做的，不像肚子餓了，以熱水沖包泡麵一樣，那就是收攬人心！

收攬人心，不是銀貨兩訖的買賣，想收攬人心，必出之以誠，動之以誠！

將帥有如人的心臟，群下有如四肢關節。心動出於誠，則四肢關節就動得有力；心動出於疑，則四肢關節就必想背叛。將帥不用誠心制服群下，士卒就像不動的四肢關節，戰爭即使一時僥倖勝利，也不是紮實攻打得來的。35

沒有誠做基礎，人心難攬！

其次，收攬人心是「養兵千日，用在一時」的功夫，不論是要得到別人的感恩之心、敬畏之心、尊敬之心、信任之心、還是知遇之心，都得細水長流、早下功夫，讓它們慢慢成就！

想收攬英雄之心以成就功業者，首要工作就要從誠開始，而且要持續長久地做！

最後還要說一句，天下鮮有收攬不到的人心。領導者和老闆本就占有以上對下的優勢，只要拿出年輕時追求異性的心思和手段，收攬人心沒有不成功的！

35 將帥者心也，群下者支節也。其心動以誠，則支節必力；其心動以疑，則支節必背。夫將不心制，卒不節動，雖勝幸勝也，非攻權也。《尉繚子・攻權第五》

第三十一篇

欲取先與

要取，必須先與！不曾與人，就沒有東西可取。

要由人那兒拿東西，一定要先給人東西，
正如給他熊掌，誘他放掉手中的魚。
靠的是魚與熊掌兩者不可兼得，
想有所成就，一定要先有付出，才能看到結果顯現，
同理，「先被與之，即被取之」，
千萬要小心從天上掉下來的禮物！

有捨才有得

人的生活、人與人的互動，許多都圍繞著「取」「與」兩件事打轉。一般人之常情是：心中都想有所取，都有想要得到的東西；而要與人東西時，則往往有所不捨，能不給就不給。心性智慧高的人，則對取與有和一般人不同的想法。

中國人有「捨得，捨得，有捨才有得」的說法。西方宗教也有「施比受有福」的說法，《新約聖經・使徒行傳》有云：「It is more blessed to give than to receive.」（*Acts* 20: 35）都是在鼓勵人們面對選擇取與時，要多「與」一點，少「取」一點！

在中國，成就功業、兼善天下的人，也有一套高明奧妙的取與之道。古代的聖明國君，必須先對各國諸侯普施恩德，才能享用天下的大權，所以他們總是有所取，有所與，有所屈，也有所伸。❶

聖明的國君知道，要國家強盛，必先將府庫糧倉所藏的糧食，拿出來與大臣、戰士和人民分享。先富裕了人民就可以成就王道的國家，先富裕了戰士就可以成就霸業的國家，只富裕了大臣大夫的是那謹慎倖存之國，只富裕了府庫糧倉的是將要滅亡的國家。這就

【典籍出處】

❶夫欲用天下之權者，必先布德諸侯。是故先王有所取，有所與，有所詘，有所信，然後能用天下之權。《管子・霸言第二十三》

是所謂的：國君的府庫糧倉裝得滿滿的，但人民貧困成為很大的漏洞，成為無可救藥的禍患！❷

同樣的道理也可見於《大學》：國君聚財斂貨，民心就會離散；國君散財於民，民心就會凝聚。❸

一般人只知道拿取東西是獲得，聖明的國君和那些學得道、神、聖、賢心性智慧的人，卻知道給與人東西也是獲得，與就是取，給就是拿！這是學習取與之道最重要的核心觀念。❹

將欲取之，必固與之

而一說到取與之道，就不能不了解欲取先與——「將欲取之，必固與之」的道理。

「將欲取之，必固與之」出自《道德經》第三十六章首句，一連四小段發人深省的話：要關閉什麼，一定要先把它打開；要削弱什麼，一定要先使它強大；要廢掉什麼，一定要先使它興盛；要由人那兒拿東西，一定要先給人東西。❺

這些論點，乍聽之下覺得奇怪，其實蘊藏非常深奧的真理，可

❷王國富民，伯國富士，謹存之國富大夫，亡國富食府。所謂上滿下漏，患無所救。《尉繚子・戰威第四》

❸是故財聚則民散，財散則民聚。《大學・傳十章》

❹人皆知取之為取也，不知與之為取之。《說苑・談叢第十六》

❺將欲歙之，必固張之；將欲弱之，必固強之；將欲廢之，必固興之；將欲取之，必固與之。《道德經・第三十六章》

以分幾方面來說。

首先，這是中國人所相信的盛極而衰的道理。宇宙大自然一切的事物，都是由萌芽、成長、極盛、衰老、最後死亡，再有新生者萌芽、成長、極盛、衰老、最後死亡，週而復始。太陽的朝起夕落、月亮的夕起朝落、春夏秋冬的更迭、稻禾植物的成長、人和其他所有鳥獸蟲魚的生命歷程，莫不如此。既然盛極必衰的路徑軌跡是確定的，只要推一把，讓它加速盛極，它也就離衰敗不遠了！

一、**物極必反，器滿則傾**

為什麼想要由人那兒拿東西，一定要先給人東西？這是要讓他盈、銳、貪、驕，加速他衰老、退化、毀滅！

《道德經》說「物極必反」，認為反向而行是道運動之所在，柔弱是道力量之所在。天下萬物都生於有，而有又出自於無。❻

的確，天地間的一切都是新陳代謝、循環不息的，強壯到極點自然就會衰老退化，之後又萌芽再生，人、事、物都跳不出這個天道的規律。

《道德經》也提出一個人凡事適量、不過頭，不盈、不銳、不

❻ 反者道之動，弱者道之用。天下萬物生於有，有生於無。《道德經・第四十章》

貪、不驕的長久保全之道。向容器注水滿溢出來，不如及早停止；千錘百煉的鋒芒，是不能長久的；金玉滿堂，也是不能永遠守住的；富貴驕恣，是自取災禍啊！大功成就了，名份有了，自己便該功成身退，這正是老天爺的道理。❼

藉著打開它、使它強大、使它興盛、給他東西，我們希望造成他驕矜自滿、居功貪位，一旦不能保全持守，也就離毀滅不遠了！給他東西之後，再等到他衰老、退化和毀滅，我們就可以拿到我們想由他身上拿到的東西了！

二、「相互排除」以擇其一

相互排除（mutually exclusive）指的是那些根據其特性、本質、定義，不可能同時並存的事物。白晝與黑夜、生與死、勤勞與懶惰、左轉與右轉，都是彼此排除的兩者。

孟老夫子以魚與熊掌不可得兼，人會選擇比魚更珍貴、人更想要的熊掌為例，說明生命和義理都是他所想要的，但若不能同時擁有兩者，必須做出選擇，那就像一般人捨棄魚而去抓取熊掌一樣，他會捨棄生命而擁抱那價值更高、他更看重的義理！❽

❼持而盈之，不如其已。揣而銳之，不可常保。金玉滿堂，莫之能守。富貴而驕，自遺其咎。功成名遂身退，天之道。《道德經・第九章》

❽孟子曰：「魚，我所欲也；熊掌，亦我所欲也。二者不可得兼，舍魚而取熊掌者也。生，亦我所欲也；義，亦我所欲也。二者不可得兼，舍生而取義者也。」《孟子・告子上》

而在孟老夫子所舉的例子中，魚與熊掌、生命與義理的不能兼得，似乎就有相互排除的關係。所以，「欲取先與」的做法在誘使或強迫讓人拿了魚，就不可能同時也拿熊掌了，反之亦然；誘使或強迫讓人選擇了生命，他就得放棄義理，反之亦然。端看你要什麼，讓對方先拿另一項就是了！

先給人東西，又要先給些什麼東西呢？既然是不能兼得下的選項，選擇的人當然會挑在所有可能的選項下，他認為最值得、最喜歡的東西。要先給人東西，也一定要給對方最想要、絕不會拒絕、一定會拿的東西，對方才會照著你寫的劇本演出，毫不猶豫地鬆手放掉現在拿著的東西。

所以，要人手中的魚，就要拋出熊掌！要士人犧牲生命，就要祭出義理！

三、善用遊戲規則

一般而言，受到外在環境的拘束、個人條件能力的限制、遊戲規則的規定、甚至於是接受了《道德經》「不能持盈滿溢」的觀念，任何人、事、物都有一個合理的胃納容量，不能只吃不吐，時候到了，就得吐東西出來。

橋牌是流行全球的技藝，「投入」（throw in）這個常用的橋牌終局技巧就有「欲取先與」的味道。打橋牌的規則是：哪一家吃進上一磴牌，下一磴就由誰先出牌。所以當牌局到最後三磴牌時，若你手上拿著紅心K、J、10，下家拿著紅心A、Q、9，當下家打出一張紅心小牌投入，你用紅心10吃進一磴後，最後兩磴牌，出K被A吃，出J被Q吃，都是對方的了！下家要是不打紅心小牌，「強迫」你一定吃下這張牌，他出紅心A，你先讓過，則最後兩磴牌都是你的：他出紅心Q，你紅心K吃下，最後再以紅心J吃下紅心10；他出紅心10，你紅心J吃下，再以紅心K吃下紅心Q！

麻將是中國國粹，其中也有「欲取先與」的情境。某家手上握著會放炮的閒張，沒進好牌，沒事，要是被餵了一張好牌、或是摸上一張好牌，聽牌成型，打出閒張，哎呀！放炮！所以餵人一張好牌，逼他打出炮張，仗的是他牌張已滿，要聽牌，就得衝炮張！

和小貝比玩要過的人都有這樣的經驗：要收走小貝比手中正在把玩的玩具，比登天還難！你愈搶，他抓得愈緊；最方便的辦法，是拿另一個玩具放在小貝比眼前，為了要拿那個新出現的玩具，小貝比會自動放下手中原來把玩著的玩具！這也是「欲取先與」，賭的是小貝比注意力有限，顧得了新玩具，就得捨了舊玩具！

四、一取一與和自付自收

前面所闡述的三項「欲取先與」，大都發生在兩造競爭的情境下，其中一方有心中想要的事物、結果，而以欲取先與為手段，以達到其目的。欲取先與的發生與進行往往只有兩造中的一方知道，另一方卻蒙在鼓裡。

然而，環顧四周，我們可以發現更多的欲取先與，有時還是同時的與和取，天天在上演。

最常見的是商業行為中，買方向賣方購買產品或服務，或是任何談判中條件的交換，都是擺在檯面上，雙方都知道正在進行中的與和取。西方管理學中講究一與一取（give and take），在商業行為上，要取必與——要從對方那得到一件東西，必須拿另一件東西交換。由人類商業行為所衍生出來的英美契約法（Contract Law），還因此把這個被交換的東西稱為契約的約因（consideration）。

最後一類的欲取先與，通常不涉及其他人，而是比較單純的自我「付出」和「收成」，例如一個人勤習熟讀了道、神、聖、賢經典，就能增進心性智慧，是先付出，先與，再有收成，再取。下功夫做任何一件事情，流血流汗，是與；事情成了，得到成功滿足，就是取。

這類的欲取先與，也包括在群體生活中的先盡義務再享權利。把自己該盡的職責好好地做到了，才是享受群體生活權利的時候。想成就任何事功，一定要先有所付出，才能看到結果的顯現。

古今中外，屢試不爽

情境不分古今中外，欲取先與的效果總是屢試不爽，且以下列五則例子分享。

例一：韓、趙、魏滅智

《韓非子》裡有這麼一則故事，正印證了《道德經》所闡述的「將欲取之，必固與之」。春秋時代的晉國被韓、趙、魏、智氏、范氏和中行氏六家所分，其中范氏和中行氏之後又為其他四家所滅，剩下的四家中以智氏最為強大。

智伯仗著自己強大，向魏家的魏宣子索取土地，魏宣子不肯給。他的家臣任章問：「為什麼不給智伯土地呢？」魏宣子說：「智伯無緣無故地強索土地，所以不給。」任章說：「智伯無緣無故地強索土地，鄰國一定覺得恐慌，智伯欲望大而且貪得無厭，天下之人一定感到害怕。如果主公割地給他，智伯定會驕傲而生輕敵之心，鄰國一定因為害怕而團結。以相親團結的軍隊對付輕敵的國家，智伯的壽命不就不長了！」❾

任章還引用《周書》所載、與《道德經》相似的話：「將欲敗之，必姑輔之；將欲取之，必姑予之。」勸諫魏宣子不如答應智伯的強索，割地給他，藉此助長智伯的驕傲輕敵之心。也勸魏宣子何必放棄結合天下以對付智氏的大好機會，而強出頭地單獨與智氏為敵？❿

魏宣子算是英明，聽了任章的話，割一萬戶的土地給智伯，讓智伯非常高興！食髓知味的智伯，又向趙襄子索地，趙襄子不給，他就興兵包圍趙的都城晉陽，並且要韓、魏兩家也出兵協助攻趙。後續過程略去不表，結局是：韓、趙、魏三家裡應外合，水淹智伯

❾ 智伯索地於魏宣子，魏宣子弗予。任章曰：「何故不予？」宣子曰：「無故請地，故弗予。」任章曰：「無故索地，鄰國必恐。彼重欲無厭，天下必懼。君予之地，智伯必驕而輕敵，鄰邦必懼而相親。以相親之兵，待輕敵之國，則智伯之命不長矣。」《韓非子・說林上》

❿ 「……《周書》曰：『將欲敗之，必姑輔之；將欲取之，必姑予之。』君不如予之，以驕智伯。且君何釋以天下圖智氏，而獨以吾國為智氏質乎？」《韓非子・說林上》

大軍，消滅了智氏。[11]

魏宣子的「先與」——割地給智伯——成就了對智伯的養驕，智伯之後的被「取」——智伯的滅亡——就已經注定了！究竟是誰滅了智伯，是韓、趙、魏三家？是智伯自己？還是老天爺？已經不重要了！

例二：木馬屠城記

西方歷史上也有欲取先與的故事，其中最膾炙人口的就是荷馬（Homer）史詩《伊里亞德》（*Iliad*）所述特洛伊戰爭（Trojan War）中的木馬屠城記。

在特洛伊王子派瑞斯（Paris）拐跑了斯巴達王后海倫（Helen）所掀起的特洛伊戰爭中，希臘聯軍歷經十年作戰，還是沒法攻破特洛伊高大堅固的城牆。最後，在依色佳國王奧德賽（Odysseus）足智多謀的巧計下，希臘聯軍佯裝退兵，登上戰船駛離特洛伊海岸，卻在海岸邊留下一具大木馬。雖然有人懷疑這木馬是不是真如一些留下的希臘散兵所稱是獻給海神波賽登（Poseidon）的禮物，特洛伊人在經過一番爭論之後，還是把木馬拖進了城。

[11] 君曰：「善。」乃與之萬戶之邑，智伯大悅。因索地於趙，弗與；因圍晉陽，韓、魏反之外，趙氏應之內，智氏自亡。《韓非子・說林上》

徹夜狂歡之後，特洛伊人醉的醉、睡的睡，藏在木馬肚子裡的希臘士兵溜了下來，打開城門，讓由海上調頭回來的希臘大軍一擁而入，特洛伊的一夜血洗於焉開始。

希臘人送了特洛伊人一匹木馬，十年攻不下的特洛伊城就被攻下了！

到今天，仍有這麼一句西諺：小心帶禮物來的希臘人。（Beware of Greeks bearing gifts.）

欲取先與在木馬屠城記中沒有魏宣子對智伯割地養驕那麼曲折，因果非常直接！

例三：巴黎敗金女

欲取先與的運用在電影中也可以看到。二〇〇六年上映的法國愛情喜劇電影 *Hors de prix*，英文片名 *Priceless*（台灣譯為《巴黎敗金女》），講的是專門釣凱子、以陪伴多金男子換取饋贈禮品的敗金女 Irène，和在旅館中工作窮小子 Jean 陰錯陽差的戀愛故事，其中就有欲取先與的橋段。

敗金女 Irène 走投無路，決定還是釣個多金男子有依靠，在酒會上遇到電影開頭時交往過的多金老頭 Jacques，想重回 Jacques 身旁，卻苦於這晚他身邊已另有一名敗金女 Agnès 了，只有回頭請窮小子 Jean 幫忙。敗金女 Irène 遙指 Jean，告訴 Agnès 那位年輕人可是歐洲某王室的王子，新近喪偶，是歐洲最有錢的鰥夫，讓 Agnès 立刻尾隨 Jean 而去，拋下了多金老頭 Jacques，Irène 乘虛而入，回到 Jacques 身邊。

電影的結局並不敗金，敗金女 Irène 還是選擇了窮小子 Jean，享受那只要兩情相悅，又豈在乎身無分文的羅曼蒂克感覺。而上述的橋段中，給了敗金女 Agnès 一個看似更有錢的目標，她就立刻把多金老頭 Jacques 給拋下了！又是一個欲取先與！

熟悉經典的讀者更驚訝地發現：原來看電影，也可以學《道德經》，太棒了！

例四：管仲的予之爲取

道、神、聖、賢經典，講的多是治國平天下，這也是儒家追求兼善天下的終極目標。對治國平天下，輔佐齊桓公成為春秋五霸之首的管仲，所歸納的結論很簡單：政令之所以能夠推行，在於它們

順應民心；政令之所以廢弛，在於它們違逆民心。⓬

人民厭惡憂愁勞苦，我就給他們安逸快樂；人民厭惡貧苦下賤，我就給他們富貴；人民害怕危亡動盪，我就給他們生存安定；人民厭惡斷絕後嗣，我就給他們生育繁息。順應人民的四種願望，給了他們所要的東西，疏遠的人自然也會親近；做了人民憎惡的四種事，親近的人自然也會叛離。由此可知「給予人民的，就是取之於民，這是施政的法寶」！⓭

「予之為取」——把給予當做取，給別人他們想要的東西，當做是從別人那兒得到自己想要的東西，和「欲取先與」其實是一致的；管仲能有這樣的觀念，先給人民所渴望的東西，難怪能輔佐齊桓公成就霸業了！

例五：給上司一份新工作

在一本討論分析思考、創意思考和務實思考的西方書籍中，作者講了如下一則故事。

某位高階專業經理人有一個令他頭痛的問題：他熱愛現在的工作，待遇也很好，唯一的缺點是他與他的直屬上司不對盤。終於，

⓬政之所行，在順民心；政之所廢，在逆民心。《管子・牧民第一》

⓭民惡憂勞，我佚樂之；民惡貧賤，我富貴之；民惡危墜，我存安之；民惡滅絕，我生育之。……故從其四欲，則遠者自親；行其四惡，則近者叛之。故知予之為取者，政之寶也。《管子・牧民第一》

他再也受不了這直屬上司了，決定找個新的工作，於是去拜訪獵人頭公司，看看他們能不能為他媒合一份合適的新工作，對方向他保證應該輕而易舉。⓮

與其他找工作的故事不一樣的轉折是，第二次再見獵人頭公司時，他還給了直屬上司的名字。想是他直屬上司的專業條件也不錯，獵人頭公司很快就為他的上司找到一份新工作，而直屬上司雖然完全不知道來龍去脈，想必是新工作待遇優厚，也就欣然辭去現職。你猜對了！直屬上司的職務出缺，我們的男主角內升接任。⓯

作者強調的是：給所遭遇的問題一個新定義，帶給我們看問題的新視野、新角度，也讓我們找到新的解決方法。和直屬上司處不好的人，原來問題不是自己如何離開直屬上司，而是直屬上司如何離開自己。雖然痛恨直屬上司，為了自己要取得的神情清爽，還是先給他一個更好的新工作吧！又是「欲取先與」！

天上掉下來的禮物，小心！

知道了與和取的關係，特別是「將欲取之，必固與之」的道理

⓮ He loved his job and the money he made, but he hated the person he worked for. He decided to find himself a new job as he was unable to stand his boss any longer. He went to a headhunter, who assured him that a job could easily be arranged. —— *Teaching for Successful Intelligence*

⓯ He returned to the headhunter and gave the headhunter his boss's name. The headhunter found a new job for his boss, which the boss – having no idea of what was going on – accepted, The executive then got his boss's job. The executive decided for creativity – in this case, by redefining a problem. —— *Teaching for Successful Intelligence*

和那些「先被與之，即被取之」的例證之後，當一個人無緣無故地得到想要的東西時，就應該戒慎恐懼，更要特別小心——小心有人正在打他的主意！

兵法上有「餌兵勿食」的觀念：所謂的餌，指的並不是敵軍在食物中下毒，而是任何敵軍以利益誘使我軍上當的東西，都是餌兵。像是在兩軍交鋒時，敵人丟棄牛馬或留下財物或捨棄輜重，一旦拿取，往往會落入敵人的圈套，招致失敗！戰場上沒有平白得到的禮物，敵人留下的牛馬、財物和輜重，不要隨便亂拿！⑯

兵法上還有「受降如受敵」的觀念：凡在作戰時，若有敵軍前來投降，一定要先確認是真降還是詐降。黎明時要派斥候偵查，日夜都要對他們戒備，不可掉以輕心。要部隊做好萬全準備，這樣就可以得到勝利，不然就會失敗，所以兵法說：接納敵軍的降卒，就要像迎擊敵軍的攻擊一樣。⑰

認清世界上沒有天上掉下來的禮物，只有有心人設下的餌兵，極可能有詐降的敵軍！天下沒有白吃的午餐，要取，必須先與！不曾與人，就算有東西可取，其中必定有詐！

⑯凡戰，所謂餌者，非謂兵者置毒於飲食。但以利誘之，皆為餌兵也。如交鋒之際，或棄牛馬，或遺財物，或舍輜重，切不可取，取之必敗。法曰：「餌兵勿食。」《百戰奇略・餌戰第九十》

⑰凡戰，若敵人來降，必要察其真偽。遠明斥候，日夜設備，不可怠忽。嚴令偏裨，整兵以待之，則勝，不然則敗。法曰：「受降如受敵。」《百戰奇略・降戰第八十四》

第三十二篇

教之化之

以教導化育影響改變別人，是有權勢者的責任。

要改變世人、建立安和樂利的社會，必須由教養化育著手。

教化如薰染，產生正面影響，比嚴刑峻法有效，教化是王道的起點，政治最神聖的表現，其身正，不令而行，自然有歸附追隨者！

教難化亦難

如何有效地影響別人，是傳播思想、傳承文化、開拓文明的關鍵問題。

為了讓社會進化的巨輪繼續向前滾動推進，人類傳承心性智慧、道德規範、知識技能，靠的是年長的教年幼的、老師教學生、先進教後學、長官教部屬、懂的教不懂的人、會的教不會的人、已經聞道的教那還沒有聞道的人，一代接一代把棒子傳下去。

這傳承教人的功夫極為重要，《呻吟語‧應務》曾用十六字來涵蓋其全貌：「教人十六字：誘掖，獎勸，提撕，警覺，涵育，薰陶，鼓舞，興作。」細看這十六字，可全都是軟功夫，貫穿在這八事十六字內的，是一個「化」字——以委婉、有技巧的方式改變年幼者、學生、後學、部屬、不懂的人、不會的人、尚未聞道的人。

《管子》對「教化」的定義是：「漸、順、靡、久、服、習」，對那個人逐漸接近、適當隨順、熱情對待、耐心等待、使他適應、最後促其習慣所傳承教導他的內容。❶

由這個定義看，教化的確是樁辛苦、耗時又需要技巧的工作。

【典籍出處】

❶漸也、順也、靡也、久也、服也、習也，謂之「化」。《管子‧七法第六》

正因如此，在講求速效功利的今世，為達到特定結果，以利誘人者多，以威逼人者多，以刑罰制裁人者更多，卻鮮少有人再提到教化、以施行教化來薰染影響別人！

然而，要讓人心悅誠服，從根本改變，進而移風易俗，端正人心，非靠教化的潛移默化、慢工出細活，經歷「誘掖、獎勸、提撕、警覺、涵育、薰陶、鼓舞、興作」或「漸、順、靡、久、服、習」，紮紮實實地成全別人，是絕對做不到的！❷

教化難為，也難怪今世政府不作教化、有權有勢者不作教化、掌握社會公器者也不作教化，讓我們身處的社會成了一個教化幾乎已經絕跡、奇巧怪異橫行、價值觀顛倒錯亂的社會！

教化就像染布

人一定會受外界環境影響。孟老夫子就認為：豐年時子弟大都懶惰，荒年時子弟大都殘暴，並不是天生本質上有多大差異，而是人心受到環境迷害、受到環境影響導致的。❸

「近朱者赤，近墨者黑」這句話，人們朗朗上口，說的是：接

❷……變俗易教，不知化不可……。《管子・七法第六》

❸孟子曰：「富歲子弟多賴；凶歲子弟多暴。非天之降才爾殊也，其所以陷溺其心者然也。」《孟子・告子上》

近什麼，就受什麼影響，慢慢地就會變得和它一樣。

這種接近什麼就變成什麼的現象，墨子把它拿來和薰染布匹絲綢相比。把布匹絲綢用黑色顏料薰染，就成黑色，用黃色顏料薰染，就成黃色，用什麼顏色的顏料薰染，就成什麼顏色；所以用顏料替布匹絲綢染色，不可不慎。❹

不只染絲，國君治國也是一樣。國君受到賢臣得當的薰染，就能一統天下，立為天子，功名流傳天地之間；國君受到不肖之臣不得當的薰染，就會落得國破身亡、貽羞天下的下場。❺

反過來看，有心者要影響他人，最有效的方法也是由薰染著手。《呂氏春秋》便說：儒家、墨家之學能夠盛行於戰國時代，在百家學說之中獨領風騷，就是得力於兩家學說的長於薰染人心。❻

教化就是要像以顏色染布一樣，對被教化者發生近朱者赤、近墨者黑的效果，而且是往正面的影響！

比嚴刑峻罰更有效

人總有良心，平常不見良心，但在夜氣清明之時，靈明本性浮

❹ 墨子見染素絲者而歎曰：「染於蒼則蒼，染於黃則黃，所以入者變，其色亦變，五入而以為五色矣。」故染不可不慎也。《呂氏春秋．當染》

❺ 非獨染絲然也，國亦有染。……所染當，故王天下，立為天子，功名蔽天地；……所染不當，故國殘身死，為天下僇……。《呂氏春秋．當染》

❻ 孔、墨之後學顯榮於天下者眾矣，不可勝數，皆所染者得當也。《呂氏春秋．當染》

現，人的良心總會出現。人總有真情，平常裝模作樣虛情假義，但在簞食豆羹之間，卸下面具，真情總會流露。既然人有良心有真情，那麼要勸人改過去惡，最有效的方法還是向他的良心、真情喊話，讓它們發生作用。所以，與其責備他人，指摘他的錯誤，硬要逼他改這改那，不如讓他自我反省。❼

有不同的說法，講的是同樣的道理：施以五刑處罰，不如激發一顆羞恥心；以百場爭戰加以逼迫，不如一次待之以禮；勸導人向善萬次，不如讓人自生悔意。切記：要人向善做好，不能用強，要用軟工夫，激發他的羞恥心、待之以禮、讓他生出悔意！❽

孟老夫子也讚許「善教」，認為善教比善政更高一籌，人民敬畏善政，但敬愛善教。仁慈的言論，不如仁慈的名聲深入人心；良好的施政，不如良好的教化使人心悅誠服。良好的施政讓人民畏服，良好的教化讓人民愛戴。良好的施政下人民繳納賦稅，得到人民的財力，良好的教化則可以得到人民的心。❾

以下這段話，清楚完整地說明了為什麼教化比處罰禁止有效。

智慧成長於精神，精神生自於喜悅，喜悅出之於歡愛。所以責備他人時，與其怒氣沖沖地罵人，不如心平氣和地教導怎麼正確地

❼ 良心在夜氣清明之候，真情在簞食豆羹之間。故以我索人，不如使人自反；以我攻人，不如使人自露。《小窗幽記・集醒篇》

❽ 五刑不如一恥，百戰不如一禮，萬勸不如一悔。《呻吟語・治道》

❾ 孟子曰：「仁言，不如仁聲之入人深也；善政，不如善教之得民也。善政民畏之，善教民愛之；善政得民財，善教得民心。」《孟子・盡心上》

做；與其教導人，不如和顏悅色地養化人該怎麼正確地做。從容寬大，原諒他人不能的、包容他人不及的，寬恕他人不知的、體察他人不欲的，藉著正發生的事講說道理，隨時都在教誨他人。則對方會因為你的誠心接引而心生快樂，對你的喜好心生歡喜，會因為感受到你督責的寬宏大量，對自己的不成材感到慚愧，人不是木石，面對這樣的教化，沒有不因此而長進的！⑩

《呻吟語》引用《書經・堯典》帝舜對契所說：「恭敬地宣講五常教義：君臣、父子、夫婦、長幼、朋友之道時，一定要遵循寬厚的原則。」引用《書經・君陳》所說：「不要對冥頑的人生氣，而討厭他們。」引用《詩經・泮水》所說：「沒有任何怒顏厲色，只是以道理說服人。」引用《論語・子罕篇》所說：「善於誘導人。」當今的人，要他人做事的指令還沒下，在準備階段就責怪他人了；他人話還沒出口，就已經在責怪他人的心意了；有不明白的地方，卻在明白的地方責怪他人；還沒有下指令，就先懷怒氣，梃棍詬語恣意加諸他人身上；對已經犯下的罪過，不去了解原因，這樣就造成了彼此相互仇視、彼此痛苦，這是有智慧的人會嘲笑、有肚量的人會羞愧的。這是居人上位督導下屬要特別警惕的！⑪

⑩ 智慧長於精神，精神生於喜悅，喜悅生於歡愛。故責人者，與其怒之也，不若教之；與其教之也，不若化之。從容寬大，諒其所不能，而容其所不及；恕其所不知，而體其所不欲。隨事講說，隨時開諭，彼樂接引之誠，而喜於所好，感督責之寬，而愧其不材，人非木石，無不長進。《呻吟語・治道》

⑪ 故曰：「敬敷五教在寬。」又曰：「無忿疾於頑。」又曰：「匪怒伊教。」又曰：「善誘人。」今也不令而責之豫，不言而責之意，不明而責之喻，未及令人，先懷怒意，梃詬恣加。既罪矣，而不詳其故，是兩相仇，是兩相苦也，智者之所笑，而有量者之所羞也。為人上者切宜戒之。《呻吟語・治道》

治理國家，養化最上策

治理國家，讓人民走上正途，遠離為非作歹，怎樣才能做到？最好的辦法是教養化育人民，其次才是以法律刑罰約束人民。⑫

要讓人民彼此相讓，自甘居於卑下的地位；遇到分取財貨時爭相要少的那份，遇到出力做事情時爭相多出力。讓人民每天都受到如此的教化，逐漸向善，卻不知道其改變的原因，這就是治理國家最根本的方法！⑬

若人民因為獎賞所以向善，因為怕受到刑罰所以不敢為非作歹，讓人民屈服在法律之下，則是治理國家末等的方法。⑭

古今之不同，就在於古代用上等的、治本的方式治理國家，今世以末等的、治標的方式治理國家。⑮

輔佐齊桓公列名春秋五霸之首的齊相管仲就認為，施行政事所能達到的理想境界，可以由教化、訓練、習俗、誠信、天道、事、政這七個方面觀察。其中第一項教化所期許達到的結果，就是要讓人民聽到徵召就來集合，被差遣就去執行，百姓能拋棄自我主張而以在上者的想法為想法。⑯

⑫治國，太上養化，其次正法。《文子・下德》

⑬民交讓爭處卑，財利爭受少，事力爭就勞，日化上而遷善，不知其所以然，治之本也。《文子・下德》

⑭利賞而勸善，畏刑而不敢為非，法令正於上，百姓服於下，治之末也。《文子・下德》

⑮上世養本，而下世事末。《文子・下德》

⑯期而致，使而往，百姓舍己以上為心者，教之所期也。《管子・立政第四》

讀了《管子》，才知道甚至在某些官老爺大人眼中看來盡是些刁民的人民，只要國家領導人治國有方，施行教養化育，絕大多數都可以成為以在上者想法為想法的良民！

教化：王道的起點

政治是管理眾人之事，然則，政治的極致是什麼？古人的答案是這樣的：國君治理國家，沒有比行道更重大的事，沒有比德性更隆盛的，沒有比教育更美好的，也沒有比感化更神妙的！⓱

孔老夫子主張以教化治國，為弟子闡明政令治國和教化治國的分別：以政令治國，強制人民遵守；以刑罰整飭，使人民的行為劃一，則人民就會鑽研如何躲避法律刑罰，而失去羞恥心。反之，以道德教化治國，感化人民從善；以禮教整飭，使人民的行為劃一，則人民就能辨惡知恥，改邪歸正。⓲

道、神、聖、賢把政治分為三種：王道的政治教化人民，霸道的政治威懾人民，強暴的政治脅迫人民。這三種政治各有施行的環境和效果，而以教化最好。當教化不能使人民改變，再加以威懾；

⓱人君之治，莫大於道，莫盛於德，莫美於教，莫神於化。《潛夫論・德化第三十三》

⓲子曰：「道之以政，齊之以刑，民免而無恥；道之以德，齊之以禮，有恥且格。」《論語・為政篇》

當威懾不能使人民改變，再加以脅迫；當脅迫不能使人民改變，再施以刑罰。而到了要對人民施以刑罰，就是原想實踐王道者不得已的時候了！⑲

所以聖明的國君以道德教化為先、施行刑罰為後，訂立榮譽和恥辱的標準，明確公布預防禁止的事項，崇尚禮義的節度以昭示天下，看輕錢財以改變民心；管好身邊的事，整頓內宮使之合禮，訂好后妃的職份不使混亂，則天下的人都敬慕義禮所帶來的光榮，厭惡貪婪亂紀所帶來的恥辱。這樣的結果，全是道德教化的緣故！⑳

教化是政治最神聖的表現，能以教化做為施政的根本，就是王道的起點！若國家領導人奢談王道卻不行教化，無異於緣木求魚！

君是盂，民是水

教化難，但還是得做。道、神、聖、賢對人民可以被順利教化充滿信心！

天下不是沒有瞎子，但是長相美麗的人仍然被讚美，認為可貴，那是因為眼睛明晰的人占大多數；天下不是沒有聾子，但是能

⑲政有三品：王者之政化之，霸者之政威之，強者之政脅之。夫此三者各有所施，而化之為貴矣。夫化之不變而後威之，威之不變而後脅之，脅之不變而後刑之。夫至於刑者，則非王者之所得已也。《說苑・政理第七》

⑳是以聖王先德教而後刑罰，立榮恥而明防禁，崇禮義之節以示之，賤貨利之弊以變之；修近理內，政橛機之禮，壹妃匹之際，則莫不慕義禮之榮，而惡貪亂之恥。其所由致之者，化使然也。《說苑・政理第七》

夠辯說事理的人仍然被讚美，認為可貴，那是因為耳朵靈敏的人占大多數；天下不是沒有作亂的人，但是帝堯、帝舜這等聖明的國君仍然被讚美，認為可貴，那是因為可以被教化的人占大多數！㉑

孔老夫子說：「國君好比裝盛湯漿的盂盆，人民好比水。盂盆若是方形，水就成方形，盂盆若是圓形，水就成圓形。」在上位的國君若有什麼喜好，在下的人民怎麼會不跟進呢？從前句踐喜好勇敢的人，越國人民就看輕死亡，楚靈王喜好細腰的女子，楚女就多餓肚子不吃飯。死亡與饑餓原是人所憎惡的，卻因為國君的喜好，人民自然就追隨了，對原本憎惡的事尚且如此，何況是仁義呢？㉒

夏桀、商紂據有天下時，四海之內無處不亂，但仍有關龍逢、王子比干等忠臣並沒有參與作亂，所以所謂的「亂」，其實是指為非作亂的人多。帝堯、帝舜統治天下時，四海之內各地都平治了，但是堯的兒子丹朱、舜的兒子商均仍是不肖的人，並沒有被平治。所以所謂的「治」，其實是指被聖明國君平治的人多而已。㉓

道、神、聖、賢的結論是這樣的：對任何事，國君如果能誠心誠意做到，人民自然會相從跟隨；卿大夫要是能做到，人民自然趨之若鶩；做官做長的要是能做到，人民自然像水一樣地奔流追隨。

㉑天下非無盲者也，美人之貴，明目者眾也；天下非無聾者也，辨士之貴，聰耳者眾也；天下非無亂人也，堯舜之貴，可教者眾也。《尸子・處道第十二》

㉒孔子曰：「君者，盂也；民者，水也。盂方則水方，盂圓則水圓。」上何好而民不從？昔者句踐好勇而民輕死，靈王好細腰而民多餓。夫死與餓，民之所惡也，君誠好之，百姓自然，而況仁義乎？《尸子・處道第十二》

㉓桀紂之有天下也，四海之內皆亂，而關龍逢、王子比干不與焉，而謂之皆亂，其亂者眾也。堯舜之有天下也，四海之內皆治，而丹朱、商均不與焉，而謂之皆治，其治者眾也。《尸子・處道第十二》

人民之中可以被教化的為數者眾，所以用「猶水」——像水一樣——來形容人民。24

風行草偃，兼容並化

孔老夫子在回答子張所問「要怎樣才可以從政」時，做了「尊五美，屏四惡，就可以從政了」的回應；所謂的「五美」是「君子惠而不費，勞而不怨，欲而不貪，泰而不驕，威而不猛」。子張又問「什麼是四惡呢？」四惡之一就是：不教而殺謂之虐——平時不以禮儀教化人民，等人民犯了罪，就殺掉他，這就稱為「虐」，是殘酷不仁的虐政。25

風行草偃，在上位者有端正社會風氣的責任。針對季康子所問：「如果殺掉一些無道的壞人，警惕人民，使人民歸向有道，這樣的做法如何？」孔老夫子是這麼回答的：「施行政事，何必用殺人的手段呢？只要你想向善，人民自然跟著向善了！在上位者的德行能感化人，像風；在下位者的德行能被人感化，像草；草遇到上面的風，一定會隨風傾倒！」26

24 故曰：君誠服之，百姓自然；卿大夫服之，百姓若逸；官長服之，百姓若流。夫民之可教者眾，故曰猶水也。《尸子・處道第十二》

25 子曰：「不教而殺謂之虐；不戒視成謂之暴；慢令致期謂之賊；猶之與人也，出納之吝，謂之有司。」《論語・堯曰篇》

26 季康子問政於孔子曰：「如殺無道，以就有道，何如？」孔子對曰：「子為政，焉用殺？子欲善，而民善矣！君子之德，風；小人之德，草；草上之風，必偃。」《論語・顏淵篇》

嚴以律己，寬以待人，兼容並化，度己以繩。君子以繩墨裁度自己，用舟楫接引他人。以繩墨裁度自己，所以足以為天下的法則；用舟楫接引他人，所以能夠寬厚容眾，因眾人而成就天下的大事。所以君子自己賢能而能寬容罷劣，自己明智而能寬容愚陋，自己淵博而能寬容淺薄，自己精粹而能寬容駁雜，這就稱為兼容之術。《詩經》有云：「徐方既然已被天子同化，這就是天子的功業。」講的就是這種兼容並化的道理。[27]

讓社會走上道、神、聖、賢教誨的方向，是有權、有勢、手中握有公器者的責任，可別怠惰了！

由身教，靠德行

教化既然是靠薰染影響改變別人，自己就要以身作則，做薰染的本源。自己不做而教別人做，是違逆的事；先端正自己再教化別人，是順勢的事。違逆的事難以讓人追隨，順勢的事容易做到。事難追隨就會亂，容易做到就能條理分明。[28]

必須用眼看才能察清楚，必須說出話才能命令別人，若要用這

[27] 故君子之度己則以繩，接人則用抴。度己以繩，故足以為天下法則矣；接人用抴，故能寬容，因求以成天下之大事矣。故君子賢而能容罷，知而能容愚，博而能容淺，粹而能容雜，夫是之謂兼術。《詩》曰：「徐方既同，天子之功。」此之謂也。《荀子・非相第五》

[28] 釋己而教人者逆，正己而化人者順。逆者難從，順者易行；難從則亂，易行則理。《黃石公素書・安禮章第六》

樣的方法去把國家治理好，會是很困難的。所以人民順從國君的教化，不是順從他所說的，而是順從他的所作所為！29

自己有德行，眼中就沒有貴賤、富貧、尊卑的差別，自然而然能上下格心，上下都向著同一個目標前進。帝舜在歷山耕種時只是一介平民，得到大家的稱頌，哪是靠什麼威靈氣焰？所以說：緘默就能成事，不說話就讓人信服，靠的都是德行啊！30

孔老夫子所講「其身正，不令而行」的政治，就是教化的政治。國君只要做得正，行得直，臣民看了，自然群起效法，有樣學樣，要他們做的事，不等發號施令，都已經做好了。相反的，國君做不正、行不直，臣民看了也會有樣學樣，那要他們做正直的事，即使三令五申，他們也不會聽從！31

這最神聖的政治表現，靠的不是口號，而是國君的身教：以自身的德行做到「其身正」，為所有臣子和人民的表率！

練就教化他人的功夫

教化他人的功夫和方法，除了本篇引述的，還散見在道、神、

29 待目而照見，待言而使令，其於為治，難矣！……故民之化也，不從其所言而從所行。《淮南子・主術》

30 德立行成了，論不得人之貴賤、家之富貧、分之尊卑，自然上下格心，大小象指。歷山耕夫，有甚威靈氣焰？故曰：「默而成之，不言而信，存乎德行。」《呻吟語・治道》

31 子曰：「其身正，不令而行；其身不正，雖令不從。」《論語・子路篇》

聖、賢經典之中，只要有心，都可以記下學習。

像是老子主張：國君無為，民心自然歸化；國君無事，人民自然富有；國君好靜，民心自然匡正；國君無慾，人民自然純樸。「民自化」說的是：國君順天理應人心、行不言之教、不以巧智治理人民，則人民不教而自化。32

孔老夫子則主張因材施教，對不同資質的弟子以不同方式和內容教化，他曾說：「具有中等資質以上的人，領悟力強，可以教導他們上等高深的道理；對只具有中等資質以下的人，領悟力弱，就不宜教導他們上等高深的道理。」33

子貢也說過：「夫子的文字章句，可以有機會聽聞得到；但是夫子有關性理心法和天道的闡述，就是因材施教，不是可以輕易聽聞的了。」34

有的則講得更生活化，例如：寬恕別人的惡行，就是以教化匡正別人的惡行；而沒有寬恕之心、激起別人惡行的人，他的罪惡比那從事惡行的人更深重巨大！35

養化的功夫散見於經典，須從經典中學習。養化人的功夫還沒練就，就表示自己學習、活用經典的功力尚未到家，還要努力！36

32 故聖人云：我無為而民自化，我無事而民自富，我好靜而民自正，我無慾而民自樸。《道德經・第五十七章》

33 子曰：「中人以上，可以語上也；中人以下，不可以語上也。」《論語・雍也篇》

34 子貢曰：「夫子之文章，可得而聞也；夫子之言性與天道，不可得而聞也。」《論語・公冶長篇》

35 寬人之惡者，化人之惡者也；激人之過者，甚人之過者也。《呻吟語・治道》

36 士君子不能陶熔人，畢竟學問中工力未透。《小窗幽記・集醒篇》

學習道、神、聖、賢經典的人，因此可以用是否練就了養化他人的功夫、是否養化了他人來檢驗自己是不是學通了道、神、聖、賢經典的精髓。還沒練就養化他人功夫、還不曾養化了他人的人，加油了！

無教化，自作孽，不可活！

教化，在中國歷史上，是政治所追求的神聖使命，是聖明國君念茲在茲的施政工作。

教化，以道德操守、做人本分為傳承的核心，行有餘力時，再去追求術藝技巧的學習。[37]

哀哉！這樣的教化，離我們遠去久矣！

在西風東漸，資本主義橫掃全球兩世紀之後，二十一世紀的政府一味地以維持經濟成長做為施政的首要和總體目標。雖有主管教育的部門，但範疇狹窄，傳授的內容偏重術藝技巧，時間只跨越在學的歲月，教育機構的經營運作由杏壇身教場所淪為知識販賣的商業市場，而教人者和受教者的關係也由神聖的師生落到販售者和消

[37] 子曰：「志於道，據於德，依於仁，游於藝。」《論語・述而篇》

費者的關係。今世所謂的教育，和教化差之遠矣！許多方面甚至是背道而馳！本篇前面所引述道、神、聖、賢經典所闡述的教化，已經從我們的生活中無影無蹤地消失好久了！

檢視今世人類面臨的艱鉅挑戰：地球暖化、氣候異常到天災頻生，許多國家債台高築、經濟衰退到全球金融海嘯一波未平一波又起，地區性軍事衝突、恐怖主義橫行到冤冤相報何時能解，沒有一項不是必須由人類回歸自然、樸實、簡約、善心才能化解解決的。

自然、樸實、簡約、善心原本就是道、神、聖、賢經典鼓吹的價值，因為教化不在，造成這些價值的消失，要再重建這些價值，不由教化，也絕無可能！

《孟子．離婁上》有一句耳熟能詳的話：「天作孽，猶可違；自作孽，不可活。」的確，當人類面臨毀滅的那一刻，當所有過去的作為和不作為齊上心頭的時候，人類會為時已晚地醒悟：拋棄了「教化」，是人類自作孽、造成自我滅亡的重要原因！

第三十三篇

信賞必罰

有功一定賞，有過一定罰。

賞罰是領導他人的胡蘿蔔和棍子，
既是領導統御的工具，取信於人很重要。
賞功罰罪的設計必須針對人性好惡，
賞賜如時雨，懲罰像雷霆，
賞要服人，罰要心甘，才能發揮最大的效果。

歷三千年依舊上手好用

盼望國君是聖主明君，好好治國、平天下，讓人民安居樂業，是中國古代社會普遍的期許，國君的領導統御也因此成為道、神、聖、賢經典不可不談、花了許多篇幅闡述討論的心性智慧亮點。這些領導統御的心性智慧，搬到當今社會，不只國家和各級政府領導人可以用在施政上，企業老闆可以用在經營事業上，任何有帶人職責者也都用得上。

領導統御心性智慧的諸多元素中，最突出、最明顯的就是賞、罰。三千年前道、神、聖、賢教導的內容，三千年後，沒有沾塵、不必修改、不必調整、可用如新！

一、只靠刑德二柄

西方有一本義大利人馬基維利（Niccolò Machiavelli）所著的《君王論》（*Il Principe*，英譯書名 *The Prince*，中譯或為《君主論》），闡述君王的領導統御之術，包括許多為了達到統治目的而不得不採取的非常手段，是西方政治人物必讀的書籍。❶

【典籍出處】

❶ He who neglects what is done for what ought to be done, sooner effects his ruin than his preservation. —— *The Prince*, Chapter XV

在中國則有一本《韓非子》，是戰國時代晚期韓國公子、荀子學生韓非的著作。韓非被後世視為法家的代表之一，與商鞅、申不害齊名，《韓非子》一書同樣闡述國君的領導統御方法，只是講得比《君王論》詳細太多了。

韓非認為英明的國君領導控制他的臣子，靠的只有兩項權柄，一項是刑，另一項是德。❷

什麼是刑、什麼是德？殺戮稱之為刑，獎賞稱之為德。為人臣子的都害怕刑罰而貪圖獎賞，所以國君親自施展刑罰和獎賞，群臣就害怕他的威勢而被他的利祿收伏了。❸

二、統御七術占其二

國君要能有效統御臣下，韓非列出七項手段，合稱七術：第一，參合眾人的說法加以觀察參考；第二，依法施法以顯法律的威嚴；第三，依法給賞使臣下使出所有的才能；第四，責成臣下陳述意見一一聽取；第五，當臣下疑慮自己的命令就運用詭詐差使；第六，知道的事情假裝不知道而向臣下詢問；第七，說相反的話做相反的事以試探臣下。這七術的第二項：必罰明威，是罰；第三項：

❷ 明主之所導制其臣者，二柄而已矣。二柄者，刑、德也。《韓非子・二柄》

❸ 何謂刑德？曰：殺戮之謂刑，慶賞之謂德。為人臣者，畏誅罰而利慶賞，故人主自用其刑德，則群臣畏其威而歸其利矣。《韓非子・二柄》

信賞盡能，是賞。賞罰在七術之中，七占其二，可見在法家領導統御手段中的重要性。❹

在國家安危的議題上，韓非主張：使國家安定的方法有七，使國家危亡的方法有六。七種安定國家的方法是：第一，按照是非賞罰；第二，根據善惡賜予禍福；第三，依據法度判定生死；第四，對臣下的親疏只看他是賢還是不肖，沒有個人喜好和憎惡；第五，任用臣下只看他是有智慧還是愚昧，不看世俗毀譽；第六，行事只依準則而不用私意揣度；第七，施政講求誠信，不虛偽詐騙。七項安術的第一項就是：賞罰隨是非。❺

《韓非子》是法家的代表之作，由其對賞罰的看重，當知賞罰在御下使眾上的重要功能。

三、賞祿不厚民不勸，刑罰不中衆不畏

名列《武經七書》之一的《尉繚子》，是鬼谷子的學生，孫臏、龐涓、蘇秦、張儀的同門尉繚所著的兵書，書中討論到古代國君專注軍事，有五方面是特別要注意的：糧食儲積得不夠多，將士就不願遠行打仗；獎賞俸祿不夠豐厚，人民就不接受勸勉從軍；不挑選

❹ 主之所用也七術，所察也六微。七術：一曰眾端參觀，二曰必罰明威，三曰信賞盡能，四曰一聽責下，五曰疑詔詭使，六曰挾知而問，七曰倒言反事。此七者，主之所用也。《韓非子・內儲說上》

❺ 安術有七，危道有六。安術：一曰賞罰隨是非，二曰禍福隨善惡，三曰死生隨法度，四曰有賢不肖而無愛惡，五曰有愚智而無非譽，六曰有尺寸而無意度，七曰有信而無詐。《韓非子・安危》

出勇武之士，眾人就不會逞強；兵器裝備不齊全便利，戰力就不會壯大；刑罰不契合過失，人民就不畏懼臣服。國君能夠特別注意這五件事的，被動靜態時能守得住，主動採取行動時就能達到想要的目的。❻

五個方面，賞居其一，罰居其一，賞罰合居其二；賞罰雖然不是統領軍事的全部，但沒有賞罰，肯定就無法統領軍事！

四、魏武侯賞罰明確，威震天下

魏武侯曾向吳起請教：「一方面，刑罰的條件嚴格認真，能做到不濫刑；另方面，賞賜明確得當，能做到不謬賞。治軍能做到這樣，就可以打勝仗了嗎？」

吳起是這樣回答的：「關於刑賞嚴明這檔事，臣不能盡知其詳，雖然不能說是與打勝仗完全無關，但是打勝仗也不能完全仰仗刑賞嚴明。在上位的人發號施令，人人都樂意聽從；動員人民出兵作戰，人人都樂意出戰；與敵人交戰時，人人都甘心效死。這三項才是國君可以有恃無恐，確保能打勝仗的前提。」❼

武侯再問：「那如何才能達到人民樂聞號令、樂於出戰、樂於

❻ 故先王專務於兵有五焉：委積不多則士不行，賞祿不厚則民不勸，武士不選則眾不強，器用不便則力不壯，刑罰不中則眾不畏。務此五者，靜能守其所固，動能成其所欲。《尉繚子・戰威第四》

❼ 起對曰：「嚴明之事，臣不能悉，雖然，非所恃也。夫發號布令而人樂聞，興師動眾而人樂戰，交兵接刃而人樂死。此三者，人主之所恃也。」《吳子・勵士第六》

效死的效果呢？」吳起再答：「國君可以察舉那曾經立下功績的人，對他們賜予饗宴，加以慰勞，並且讓那些未曾立下功績的人也來參加，使他們也受到激勵。」❽

於是武侯在宗廟大廳設宴，分為三排，宴請士大夫。有上等功勞的安排在前面第一排，使用最好的器皿、享用最好的菜餚；次等功勞的在中間一排，使用次等的器皿、享用次等的菜餚；沒有功勞的則在最後一排，菜餚普通，也只用普通的器皿裝盛。饗宴結束後，又在廟門外頒賜有功者的父母、妻子，同樣視功勞大小而有所不同。對有戰死者的家庭，每年都派使者帶慰勞品賞賜死者父母。這樣做了三年，當秦人興師出兵攻打魏國，逼近西河時，魏國的士卒聽到秦軍來犯，不待官吏下令就已穿好甲冑奮勇出擊的士卒數以萬計！❾

武侯賞罰明確，讓將士都知道：在戰場上立有功績可以得到賞賜，功績愈大賞賜愈大，即使自己戰死，父母家人也會得到賞賜，將士因此受到激勵，奮勇向前！武侯能夠威震天下，來自賞罰明確，有效地激勵了將士！

❽ 對曰：「君舉有功而進饗之，無功而勵之。」《吳子・勵士第六》

❾ 於是武侯設坐廟廷，為三行，饗士大夫。上功坐前行，餚席兼重器上牢；次功坐中行，餚席器差減；無功坐後行，餚席無重器。饗畢而出，又頒賜有功者父母妻子於廟門外，亦以功為差。有死事之家，歲使使者勞賜其父母，著不忘於心。行之三年，秦人興師，臨於西河，魏士聞之，不待吏令，介胄而奮擊之者，以萬數。《吳子・勵士第六》

不必賞罰是理想，施以賞罰是現實

世界上有些人把特定理念或目標的得以貫徹實現視為極大的滿足。對這種人而言，理念或目標的貫徹實現是最大的賞賜，不能貫徹實現是最大的懲罰。通常的賞罰，對他的行為模式不產生影響！理想的情境裡，如果在下的人認同在上者的理念或目標，自然會自動做在上者所推動或交付的工作，一般的賞罰也就沒有必要了！

《呂氏春秋》就提到了這種不需要賞罰的時代。在那種時代，治理天下和國家，最重要的不外施德和行義。只要國君施德行義，即使不給賞賜，人民也會勤勉為善，即使不予懲罰，人民也會停止邪辟的行為，這是神農、黃帝的政治。❿

若是需要藉助嚴厲的懲罰和豐厚的賞賜，才能讓人民向善，那就只能算是衰敗時代的政治罷了！⓫

國君使用民力，最上乘的做法是依靠道義，次一等的是使用賞罰。道義如果還不能讓人民自願效死，賞罰如果還不能讓人民去惡就善，這樣還能夠使用民力的，從古到今可還沒聽說過。民力不可能永遠為國君所用，也不可能永遠不為國君所用；只有懂得使用民

❿ 為天下及國，莫如以德，莫如行義。以德以義，不賞而民勸，不罰而邪止，此神農、黃帝之政也。《呂氏春秋・上德》

⓫ 嚴罰厚賞，此衰世之政也。《呂氏春秋・上德》

力方法的國君，才能使用民力！⓬

可惜的是，不需賞罰的時代早已不存在了。幾千年來，國君有試著用道義領導臣民的，卻終究離不開賞罰的手段。

針對人性好惡設計

法家的另一位代表人物，為秦孝公變法圖強的商鞅，有《商君書》傳世，認為國君禁止人民犯法和御使臣下的方法，不外賞和罰，而賞、罰可都是要有一番設計的。⓭

所謂的設計是：賞賜要依功勞的大小而賞，刑罰要視罪行的輕重而罰。因此論定功勞和考察罪行，就得非常慎重。賞功罰罪這件事，國君如果不了解它的原則，結果就如同沒有原則一樣。而那些知道賞功罰罪原則的國君，就掌握了勢和運用權勢的方法。⓮

賞功罰罪的設計必須針對人性的好惡。人一生下來就有喜好和厭惡的事，所以人民是可以藉著掌握他們的喜好而好好治理的，國君也因此不能不仔細審察人民的好惡。人民的好惡，就是賞罰的根本。人的常情是喜好爵祿，厭惡刑罰，國君因此設置了爵祿、刑罰

⓬ 凡用民，太上以義，其次以賞罰。其義則不足死，賞罰則不足去就，若是而能用其民者，古今無有。民無常用也，無常不用也，唯得其道為可。《呂氏春秋・用民》

⓭ 人主之所以禁使者，賞罰也。《商君書・禁使第二十四》

⓮ 賞隨功，罰隨罪。故論功察罪，不可不審也。夫賞高罰下，而上無必知其道也，與無道同也。凡知道者，勢、數也。《商君書・禁使第二十四》

來控制人民的心志，並且樹立人民所要的東西。當人民盡了力，爵位就隨之而來，立了功，賞賜就隨之而來。國君能讓人民相信他會這樣賞功罰罪，像相信日月的光明一樣，國家的兵力就無敵了！⑮

一、賞如時雨，罰似雷霆

所以群臣陳述自己的言論，說明自己的抱負和做法，國君依照他們的言論授予任務，按照任務責求功績。所建的功績合於他的任務，任務合於他的言論，就賜予獎賞；功績不合於他的任務，任務不合於他的言論，就給予懲罰。英明國君的道術，在於臣子建立功績時不能超越他任務的範疇，也不能發表不合他任務的言論。這樣，英明的國君頒行賞賜，就像及時雨一樣豐沛，所有人民都受到好處的潤澤；而施行懲罰時，人民都像畏懼雷霆一樣地害怕，連神明聖賢都不能解脫。⑯

二、無偷賞，無赦罰

所以英明的國君不會隨便獎賞，也不會任意赦免刑罰。隨便獎賞，功臣就懈怠工作，赦免刑罰，姦臣就輕易犯過。所以國君對真

⑮人生而有好惡，故民可治也，人君不可以不審好惡；好惡者，賞罰之本也。夫人情好爵祿而惡刑罰，人君設二者以御民之志，而立所欲焉。夫民力盡而爵隨之，功立而賞隨之。人君能使其民信於此明如日月，則兵無敵矣。《商君書・錯法第九》

⑯故群臣陳其言，君以其言授其事，以事責其功。功當其事，事當其言，則賞；功不當其事，事不當其言，則誅。明君之道，臣不得陳言而不當。是故明君之行賞也，曖乎如時雨，百姓利其澤；其行罰也，畏乎如雷霆，神聖不能解也。《韓非子・主道》

正立了功勞的，即使是疏遠、卑賤的人，也一定要獎賞；對確實犯了過錯的人，即使是親近、喜愛的人，也一定要懲罰。對疏遠、卑賤的人有功必賞，對親近、喜愛的人有過必罰，那疏遠、卑賤的人就不敢懈怠，而親近、喜愛的人也不敢驕傲了！⓱

用盡一切力量做好賞罰

賞賜和殺戮是用來區別賢和不肖、有功和無功的。所以殺戮和賞賜不能錯亂，一旦錯亂，善惡就分不清了。有功而不給賞賜，則做好事的人就得不到鼓勵；有罪惡而不殺戮，則罪惡的人就不會畏懼。做好事的人得不到鼓勵，有罪惡的人能躲過殺戮，國君還想要能感化天下，這是從來沒有聽說過的。《尚書》有句話：「用盡一切力量做好賞罰」，講的就是這個道理。⓲

戰國時代的法家主張：治理國家的法術，在於施行嚴厲的刑罰；他們的理由在《韓非子・姦劫弒臣》一篇中是如下這般說的。

嚴刑，是人民所畏懼的；重罰，是人民所憎惡的。所以聖人宣示人民畏懼的嚴刑以禁阻邪曲，設置人民憎惡的重罰以防範姦非，

⓱ 故明君無偷賞，無赦罰。偷賞，則功臣墮其業；赦罰，則姦臣易為非。是故誠有功，則雖疏賤必賞；誠有過，則雖近愛必誅。疏賤必賞，近愛必誅，則疏賤者不怠，而近愛者不驕也。《韓非子・主道》

⓲ 夫誅賞者，所以別賢不肖而列有功與無功也。故誅賞不可以繆，誅賞繆則善惡亂矣。夫有功而不賞，則善不勸，有過而不誅，則惡不懼，善不勸而能以行化乎天下者，未嘗聞也。《書》曰：「畢力賞罰」，此之謂也。《說苑・政理第七》

這樣就可以使國家安寧而暴亂不起。韓非因此知道單有仁義愛惠是不夠用的，而嚴刑重罰卻可以把國家治理好。以駕駛馬車來說，沒有鞭策的威脅，沒有馬嚼子的裝備，即使是善馭馬車的造父也不能穩當駕御拉車的馬匹。以製作器物來說，沒有規矩的依循、繩墨的使用，即使是古代的巧匠王爾也不能製作方圓。同樣的，對國君而言，沒有威嚴之勢、賞罰之法，即使是帝堯、帝舜那樣聖明的國君也不能治理好國家。人民畏懼的嚴刑和人民憎惡的重罰，正是國君治國所不能短少的工具！⑲

韓非認為當時戰國時代的若干國君都輕易放棄了嚴厲的刑罰，任意施行愛惠，卻還想建立王霸的功業，那是不可能做到的！所以善於做國君的，明白訂定賞賜以勸勉人民立功，使人民因為自己的功勞受賞，而不是因為國君的仁義而獲得頒賜；施行嚴刑重罰以禁止人民作惡，使人民因為自己的罪惡受罰，而不是因為國君的愛惠而免於刑罰。能夠做到這樣，沒有功勞的人就不會奢望賞賜，而有罪的人也不會祈求倖免！⑳

穿越山陵險阻、橫渡江河阻隔，和建立王霸功業一樣是艱鉅的工作，要怎樣才能做到呢？乘坐在良駒所拖拉的犀車之上，可以穿

⑲ 夫嚴刑者，民之所畏也；重罰者，民之所惡也。故聖人陳其所畏，以禁其邪；設其所惡，以防其姦。是以國安而暴亂不起。吾是以明仁義愛惠之不足用，而嚴刑重罰之可以治國也。無捶策之威，銜橛之備，雖造父不能以服馬。無規矩之法，繩墨之端，雖王爾不能以成方圓。無威嚴之勢，賞罰之法，雖堯、舜不能以為治。《韓非子・姦劫弒臣》

⑳ 今世主皆輕釋重罰、嚴誅，行愛惠，而欲霸王之功，亦不可幾也。故善為主者，明賞設利以勸之，使民以功賞，而不以仁義賜；嚴刑重罰以禁之，使民以罪誅，而不以愛惠免。是以無功者不望，而有罪者不幸矣。《韓非子・姦劫弒臣》

越山陵險阻；搭乘著安全的舟楫，可以橫渡江河的阻隔；而運用法術的效果，施行重罰嚴誅，也就可以建立王霸的功業。治理國家藉重法術賞罰，就有如行走於陸地上有犀車良馬可乘，涉水時有輕舟便楫可用。憑借著這個工具，國君就能建立王霸的功業；運用這種方法，就能成就事功！[21]

伊尹用了重罰嚴誅這個方法，商湯就成為天子；管仲用了重罰嚴誅這個方法，齊桓公就當上霸主；商鞅用了重罰嚴誅這個方法，秦國就為之富強！[22]

賞罰之道知多少

今世手中握有賞罰權柄的人，包括國家各級領導人、企業老闆、單位主管、師長、父兄，不計其數，其中有多少人是有系統地學到賞罰之道後才接下具有賞罰權柄職務的？所幸，許多經典都闡述了施行賞罰的重要原則，每一項都能讓賞罰發揮更大的效果，本篇匯整摘錄如下，以供有志者學習。

[21] 託於犀車良馬之上，則可以陸犯阪阻之患；乘舟之安，持楫之利，則可以水絕江河之難；操法術之數，行重罰嚴誅，則可以致霸王之功。治國之有法術賞罰，猶若陸行之有犀車良馬也，水行之有輕舟便楫也，乘之者遂得其成。《韓非子・姦劫弒臣》

[22] 伊尹得之湯以王，管仲得之齊以霸，商君得之秦以強。《韓非子・姦劫弒臣》

一、至賞不費，至刑不濫

老子說：賞、罰，都要本輕利厚，做到成本少、效果大！

善於獎賞者，賞的東西雖然少，激勵的效果卻很大；善用懲罰者，刑罰用的雖然不苛，卻能夠禁絕姦邪。善於施與者，給的雖然不多，但眾人都感受到他的仁德；善於收取者，收的雖然很多，大家卻都沒有抱怨。所以聖人以人民喜歡的事做為獎賞，用它來鼓勵好的行為；以人民憎惡的事做為懲罰，用它來禁絕姦邪。只獎賞了一個人，天下人就群起效法；只懲罰了一個人，天下人就同感畏懼。所以最有效的獎賞，所費不多；最有效的刑罰，不必牽連太多——聖人做得不多成效卻很大，指的就是如此。[23]

二、賞罰之數，必先明之

《管子》說：賞、罰的規則要公開透明，而且事先公告周知！

凡是要進行大事，賞罰律令必須先行發出。也就是說，要做任何大事，有關做好了怎麼賞、做砸了如何罰，必定要先說清楚，讓大家事先知道。[24]

[23] 老子曰：善賞者，費少而勸多；善罰者，刑省而禁姦。善與者，用約而為德；善取者，入多而無怨。故聖人因民之所喜以勸善，因民之所憎以禁姦。賞一人而天下趨之，罰一人而天下畏之，是以至賞不費，至刑不濫。聖人守約而治廣，此之謂也。《文子・上義》

[24] 凡將舉事，令必先出。曰事將為，其賞罰之數，必先明之。《管子・立政第四》

三、非以爲己，必爲公也

《文子》說：賞、罰都是為公！

過去英明國君施行賞罰的目的，不是為了自己的利益，而是為了國家。對那些順從自己但是對國家沒有功勞的人，不因為他的順從而賞；對不順從自己但是對國家有功勞的人，也不因為他的不順從而罰。任何手中握有賞罰權柄的人，都應該以此為準，以公眾的利益為賞罰的考量。㉕

四、賞要服人，罰要心甘

《黃石公素書》說：賞、罰都要讓眾人心服口服！

小功不賞賜，則大功就不能建立。賞賜不能使眾人心服，懲罰不能讓受罰的人甘心，就會眾叛親離。賞賜及於沒有功勞的人，懲罰及於沒有罪過的人，是太過殘酷。㉖

五、賞不逾時，罰不遷列

《司馬法》說：賞、罰別拖延！

賞賜要及時，要讓人民很快地得到為善的好處；施行懲罰要在

㉕ 明主之賞罰，非以為己，以為國也。適於己而無功於國者，不施賞焉；逆於己而便於國者，不加罰焉。《文子・微明》

㉖ 小功不賞，則大功不立。……賞不服人，罰不甘心者叛。賞及無功，罰及無過者酷。《黃石公素書・遵義章第五》

當下，要讓人民很快地看到為惡的害處。賞罰一拖延，賞罰和造成賞罰的原因之間的關係就模糊了，賞罰的功效——鼓勵人民為善或禁止人民為惡的功能——就大大地降低了！[27]

六、大捷不賞，大敗不誅

《司馬法》又接著說：大勝的時候不要賞賜，因為沒有任何賞賜，所以上上下下的人都不會誇功。居上位的人不誇功，就不會驕縱放肆；居下位的人不誇功，就不會破壞團結。上上下下的人不誇功到這樣子，就是謙讓的極致了。[28]

大敗的時候不要殺戮以為懲罰，因為沒有任何殺戮，所以上上下下的人都認為自己有罪過。居上位的人認為自己有罪過，必定悔改向善；居下位的人認為自己有罪過，必定遠離罪惡。上上下下的人分擔大敗的責任到這樣子，就是謙讓的極致了。[29]

不賞不誅為的是：大捷之後再能大捷，大敗之後不再大敗！

七、吝則賞不行

《將苑》說：該賞的時候，千萬別小氣！

[27] 賞不踰時，欲民速得為善之利也；罰不遷列，欲民速睹為不善之害也。《司馬法・天子之義第二》

[28] 大捷不賞，上下皆不伐善。上苟不伐善，則不驕矣；下苟不伐善，必亡等矣。上下不伐善若此，讓之至也。《司馬法・天子之義第二》

[29] 大敗不誅，上下皆以不善在己。上苟以不善在己，必悔其過；下苟以不善在己，必遠其罪。上下分惡若此，讓之至也。《司馬法・天子之義第二》

將帥不可以吝嗇。一旦吝嗇，賞賜就不能達到預期的效果；賞賜不能達到預期的效果，士卒就不會拚命作戰；士卒不拚命作戰，軍隊就不能達成軍事作戰的目標；軍隊不能達成軍事作戰的目標，國力就空虛；國力空虛，敵寇就壯大了。30

有道是：財聚則民散，財散則民聚；這句話不只適用在一般人民身上，帶兵打仗更是如此，為將帥者不可不知！31

八、賞罰不涉喜怒

《管子》說：不要一時高興就行賞，也不要一時憤怒就殺人。一時高興而行賞，一時憤怒而殺人，怨恨就會產生，政令就會廢弛。幾次下令都不能實施，民心就會背離！32

《文子》對同一概念做了詳細的闡述。要做到國家有被誅殺的人而國君未曾發怒，朝廷上有被賞賜的臣子而國君未曾恣意主導。被誅殺的人不埋怨國君，他們知道獲罪是自己造成的；受到賞賜的臣子不會特別感激國君的恩德，他們知道賞賜是自己的功績造成的。人民知道誅殺和賞賜的來臨都是自己造成的，所以致力於建立功績修正志業，不奢望貪圖別人的賞賜。因此沒有人往來朝廷奉承

30 將不可吝，吝則賞不行，賞不行則士不致命，士不致命則軍無功，無功則國虛，國虛則寇實矣。《將苑．將驕吝第十》

31 是故財聚則民散，財散則民聚。《大學．傳十章》

32 喜無以賞，怒無以殺。喜以賞，怒以殺，怨乃起，令乃廢。驟令不行，民心乃外。《管子．版法第七》

國君，朝廷鮮有人跡，大家都在田野耕作，沒有雜亂污穢，所以最好的國家平治之道是讓人民知道誅殺和賞賜是因自己而來。國君就是要做到：隨著時機而進退，循著道理而做事，不因人的美醜而產生好惡喜憎，不因喜怒而賞罰。[33]

賞罰是公事公辦，受到賞罰的人要有認知：賞罰都是自己造成的。而給予賞罰的人，也不要讓喜怒介入賞罰，要把賞罰當做是自然而成的。

九、賞罰如加自身

《六韜》說：對人施行賞罰要如同加於自身，感同身受。

善於治理國家的國君，役使人民時要像父母愛護子女、兄長愛護子弟一樣，見他饑寒就為他擔憂，見他勞苦就為他悲傷。對人民施行賞罰時要如同加諸於自身，對人民收取稅賦時要如同取之於自身，這樣的心態才符合愛護人民的道理。[34]

賞罰固然是御下的手段，但在上位者施予賞罰時，不但應該以接受者的福祉利害為念，更應該對賞罰感同身受。

[33] 故國有誅者而主無怒也，朝有賞者而君無與也。誅者不怨君，罪之當也；賞者不德上，功之致也。民知誅賞之來，皆生於身，故務功脩業，不受賜於人。是以朝廷蕪而無跡，田野辟而無穢，故太上下知而有之。……進退應時，動靜循理，美醜不好憎，賞罰不喜怒。《文子・自然》

[34] 故善為國者，馭民如父母之愛子，如兄之愛弟。見其饑寒則為之憂，見其勞苦則為之悲。賞罰如加於身，賦斂如取於己。此愛民之道也。《六韜・文韜・國務》

十、必耳目所聞見

《六韜》還說：賞罰一定要讓大家看到聽到。

針對周文王所問：「賞賜存有勸善的含義，懲罰則彰顯罰惡的意義。我想以賞賜一人就勸導一百人行善，以罰一人就讓一百人戒惡，不知道要怎樣才能做到？」太公的回答是這樣的：「凡賜予獎賞貴乎確實，施加懲罰貴乎必行。賞信罰必施行在大家聽得到看得到的場合，則那些在聽不到看不到賞罰地方的人民也會暗中受到感化而行善戒惡。」太公認為，誠可以暢通於天地，上達於神明，國君只要誠心施行賞信罰必，由那些聽得到看得到的人及於那些聽不到看不到的，都會受到感化，發生正面的影響！[35]

[35] 文王問太公曰：「賞所以存勸，罰所以示懲。吾欲賞一以勸百，罰一懲眾，為之奈何？」太公曰：「凡用賞者貴信，用罰者貴必。賞信罰必於耳目之所聞見，則不聞見者莫不陰化矣。夫誠，暢於天地，通於神明，而況於人乎？」《六韜・文韜・賞罰》

十一、誅則誅大，賞則賞小

《六韜》更說：誅大，賞小。

周武王曾問姜太公：「將帥如何樹立威嚴使人畏懼？如何展現清明使人尊重信服？又如何讓部下不做那被禁止的事，而做那被命令去做的事？」

太公回答：「將帥能誅殺位階高的人，則足以樹立威嚴使人畏懼；能賞賜地位卑微的人，則足以展現清明使人尊信；賞罰審慎而得當，則足以讓部下不做被禁止的事，而去奉行命令做事。所以殺一個人而能使三軍震驚，就殺！賞一個人而能使萬人高興，就賞！殺要殺大的，賞要賞小的。誅殺及於身居要津地位崇高的重臣，是刑罰及於上。賞賜及於牛豎馬洗廄養之徒，是賞賜通於下。刑上極，賞下通，將帥的威嚴自然樹立！」㊱

十二、刑罰必嚴

吳起說：心威以刑，不可不嚴。

自古以來，戰場上的勝利首賴軍心，所以不止要賞，更賴嚴厲的刑罰以威震軍心。鼓鼙金鐸，是用來威震耳朵的；旌幟，是用來威震目光的；禁令刑罰，是用來威震軍心的。用來威震耳朵的聲音不可不聽清楚，用來威震目光的景象不可不看明白，用來威震軍心的刑罰不可不嚴明。這三件事不能樹立，軍士就會懈怠。所以兵法有云：將帥的指揮旗在哪裡，軍心就向哪裡；將帥指向哪裡出擊，士卒就莫不冒死向前攻擊！㊲

㊱太公曰：「將以誅大為威，以賞小為明；以罰審為禁止而令行。故殺一人而三軍震者，殺之；賞一人而萬人悅者，賞之。殺貴大，賞貴小。殺及當路貴重之臣，是刑上極也；賞及牛豎馬洗廄養之徒，是賞下通也。刑上極，賞下通，是將威之所行也。」《六韜・龍韜・將威》

㊲吳起曰：「鼓鼙金鐸，所以威耳；旌幟，所以威目；禁令刑罰，所以威心。耳威以聲，不可不清；目威以容，不可不明；心威以刑，不可不嚴。三者不立，士可怠也。」故曰：「將之所麾，莫不心移；將之所指，莫不前死矣。」《將苑・重刑第二十三》

十三、與其害善，不若利淫

《荀子》說：與其用刑罰傷害到君子，還不如以賞賜讓小人得利。

獎賞和刑罰都不該失之浮濫，獎賞浮濫會讓小人得利，刑罰浮濫會讓君子受害。但如果真的失之浮濫，則寧是獎賞，也不要是刑罰。因為與其傷害到君子，還不如讓小人得利。[38]

[38] 賞不欲僭，刑不欲濫。賞僭則利及小人，刑濫則害及君子。若不幸而過，寧僭無濫。與其害善，不若利淫。《荀子．致士第十四》

讓人相信，才生功效

賞罰要有領導統御工具的效果，首在讓被領導的人相信賞罰會如期執行。只要被領導的人相信賞罰會確實執行，號令及賞罰一旦宣布，還有什麼事做不成？不只作戰如此，任何事都是這樣。

一、吳起立柱賞爵

魏國吳起被派往治理西河，想對人民彰顯自己的信用，於是在晚上派人於南門外豎立一根木柱，然後對全城人民頒布命令：「明天如果有人把南門外的木柱扳倒，就讓他出任上大夫。」第二天直到傍晚，沒有人前來把木柱扳倒。人民相互議論：「這一定不是真的，不能相信。」其中一人說：「我去扳倒木柱試試吧，最多得不到賞賜而已，又會有什麼害處呢？」這個人就扳倒了木柱，然後前來謁見吳起。吳起親自接見，又送他出來，任命他為上大夫。當天晚上，吳起又豎立了一根木柱，又像之前一樣對全城人民頒布同樣的命令。城裡許多人都到南門外競相試著扳倒木柱，但因為木柱埋得更深，這次沒有人能獲得賞賜。從此以後，人民都相信了吳起的賞罰。當賞罰能夠取信於民，還有什麼事做不成呢？這樣的情況，又豈只是用兵而已？[39]

二、商鞅移木買信

秦孝公任用商鞅為左庶長，推動新法新政，法令擬具之後，商鞅怕秦國人民對政府推動新法沒有信心，就在秦都南門樹立一根三丈的木頭，貼出告示：「若有人把木頭搬到秦都北門，就給予十金。」百姓看了覺得奇怪，卻沒人敢去搬動木頭。[40]

商鞅再貼出告示：「若有人把木頭搬到秦都北門，就給予五十金。」有一人把木頭搬到秦都北門，竟真的立刻獲賞五十金，讓秦

[39] 吳起治西河，欲諭其信於民，夜日置表於南門之外，令於邑中曰：「明日有人僨南門之外表者，仕長大夫。」明日日晏矣，莫有僨表者。民相謂曰：「此必不信。」有一人曰：「試往僨表，不得賞而已，何傷？」往僨表，來謁吳起。吳起自見而出，仕之長大夫。夜日又復立表，又令於邑中如前。邑人守門爭表，表加植，不得所賞。自是之後，民信吳起之賞罰。賞罰信乎民，何事而不成，豈獨兵乎？《呂氏春秋・慎小》

[40] 令既具未布，恐民之不信己。乃立三丈之木於國都市南門，募民有能徙置北門者予十金。民怪之，莫敢徙。《史記・商君列傳》

國人民都相信了官府法令不欺，言出必行，對接著頒布的新政法令，再沒有人不信服的了！41

三、孫子斬王愛姬

吳王闔閭讀過孫子所撰的兵法，想考考孫子，問說能把宮女訓練成戰士嗎？孫子答說可以，吳王闔閭於是讓孫子在宮中美女中挑出一百八十人，分為兩隊，各以一位吳王闔閭的寵姬為隊長，命令她們拿起長戟開始操練。把相關約束事項講清楚了，再把執行軍法的鈇鉞大斧設立在旁伺候，三令五申告誡一番。向右的軍鼓擊起，宮女覺得好玩而大笑。再三令五申解釋了操練的動作，向左的軍鼓擊起，宮女又大笑起來。孫子向大家說明：「約束不明，申令不熟，是將領的罪過；號令既已說明清楚了，士卒還不知遵守號令，那就是吏士的罪過。」於是不顧吳王闔閭差人求情，把兩名擔任隊長的寵姬斬首。再任其次的宮女為隊長，再次擊鼓演練。宮女不論是左右前後跪起的動作都做得中規中矩，再也沒人敢出聲了！再也沒人敢不服從了！42

孫子真是沒有惜香憐玉之心！但是能把宮女訓練成聽從軍令、

41 復曰「能徙者予五十金」。有一人徙之，輒予五十金，以明不欺。卒下令。《史記・商君列傳》

42 曰：「可。」於是許之，出宮中美女，得百八十人。孫子分為二隊，以王之寵姬二人各為隊長，皆令持戟。……約束既布，乃設鈇鉞，即三令五申之。於是鼓之右，婦人大笑。……復三令五申而鼓之左，婦人復大笑。孫子曰：「約束不明，申令不熟，將之罪也；既已明而不如法者，吏士之罪也。」……遂斬隊長二人以徇。用其次為隊長，於是復鼓之。婦人左右前後跪起皆中規矩繩墨，無敢出聲。《史記・孫子吳起列傳》

勇赴水火的戰士，靠的就是宮女知道了孫子的賞罰，特別是動用執行軍法的鈇鉞大斧，絕對是說一不二的！

能否成大業，賞罰看端倪

做臣子的，如何才能看清楚自己的國君是怎樣的國君？做夥計的，如何才能看清楚自己的老闆是怎樣的老闆？

就像人沒有辦法直接了解天，就以觀察四季寒暑和日月星辰的運行間接地了解天。當四時寒暑和日月星辰的運行是適當的，則所有生命、有血氣的物類就能各得其所、各安其生。臣子沒有辦法直接了解國君，只有觀察國君如何給予賞罰爵祿來間接地了解國君。如果國君賞罰和爵祿的給予都得宜，就可以讓親、疏、遠、近、賢、不肖都各盡其力為他所用了！[43]

由老闆對賞、罰、爵、祿的給予，可以看出這個老闆看重的是什麼？做人的標準是什麼？又是怎樣的人？《呂氏春秋》就記載了一段春秋時代晉文公結束流亡，回到晉國登上國君大位後如何賞賜那些跟隨他流亡人等的故事。

[43] 民無道知天，民以四時寒暑日月星辰之行知天。四時寒暑日月星辰之行當，則諸生有血氣之類皆為得其處而安其產。人臣亦無道知主，人臣以賞罰爵祿之所加知主。主之賞罰爵祿之所加者宜，則親疏遠近賢不肖皆盡其力而以為用矣。《呂氏春秋・當賞》

文公回到晉國後，賞賜那些跟隨他流亡的臣子，而從事勞役的賤臣陶狐不在其中。左右侍從問文公說：「大王回到晉國後，已經三次拿出爵祿來賞賜臣下，而陶狐都未名列其中，冒昧地請問這是什麼道理？」

文公答得真是好：「對那些以義輔佐我、以禮引導我的臣子，我給予他們上等的賞賜；對那些用善行教化我、用賢德約束我的臣子，我給予他們中等的賞賜；對那些違逆我的意願，多次舉發我過失的臣子，我給予他們末等的賞賜。這三種賞賜都是嘉獎有功之臣的。如果是要賞賜為水塘園圃使出勞力的人，陶狐倒是可以列在第一位。」44

周天子派來的使者內史興聽到這件事後說：「晉文公大概會成就霸業！過去的聖王把德行放在前，武力放在後，晉文公的做法已經快與之相符了！」45

要預測手握賞罰權力的人，例如古代的國君、現代的國家領導人和企業老闆，能不能成就偉大的功業，觀察他怎麼賞罰就能看出端倪！你就能知道是不是該跟著這個老闆做事了！

44 文公曰：「輔我以義、導我以禮者，吾以為上賞。教我以善、彊我以賢者，吾以為次賞。拂吾所欲、數舉吾過者，吾以為末賞。三者所以賞有功之臣也。若賞唐國之勞徒，則陶狐將為首矣。」《呂氏春秋・當賞》

45 周內史興聞之曰：「晉公其霸乎！昔者聖王先德而後力，晉公其當之矣。」《呂氏春秋・當賞》

大化至一才是本

賞、罰之前，有事情要做！國家一定要有禮、信、親、愛的國格，那就會有寧願肚子饑餓而不願飽食的人民；國家一定要有孝、慈、廉、恥的習俗，那就會有寧願戰死而不願偷生的戰士。古代為民表率的王侯，一定要先講求禮、信，而後才封爵賜祿；一定要先講求廉、恥，而後才施以刑罰；一定要先講求親、愛，而後再用法律拘束人民的行動。㊻

賞罰針對人性好惡而設，固然有它的功效，卻也有它的限度；那就是，賞罰只能做為輔助工具，要有道德教化為基本、為核心，賞罰才能發揮作用！

人的行為通常是為了追求賞賜而做，但如果遇到對身體、生命有傷害的狀況，就會裹足不前。所以賞賜、刑罰、權勢脅迫，其實不足以驅使人用盡全力、傷害身體、犧牲生命去冒險。㊼

為國君者，和眾多人民互動，若沒有使用禮、義、忠、信，而只是使用賞賜、刑罰、權勢脅迫控制人民，不外就是得到人民最基本的功績作用罷了。一旦強大敵寇來到，用這樣的人民來守禦危

㊻故國必有禮、信、親、愛之義，則可以飢易飽；國必有孝、慈、廉、恥之俗，則可以死易生。古者率民，必先禮信而後爵祿，先廉恥而後刑罰，先親愛而後律其身。《尉繚子・戰威第四》

㊼凡人之動也，為賞慶為之，則見害傷焉止矣。故賞慶、刑罰、埶詐，不足以盡人之力，致人之死。《荀子・議兵第十五》

城，必會遭到背叛；用這樣的人民與敵交戰，必會吃敗仗。役使這樣的人民，遇到勞苦煩辱必然奔潰離散，在下的反會挾制在上的。因此以賞賜、刑罰、權勢脅迫驅使人民，是買賣傭僕雜役為自己服務的手段，不足以合齊大眾的心志，共同做出對國家有利的事，所以古人把使用這種方法視為羞恥閉口不談。[48]

以厚實德音在前面引領人民，以明白禮義導正人民，以做到致忠信來愛護人民，以崇尚賢德使任有能來樹立位階等次，用爵服慶賞重申提醒，依一年四季以不同的事使役，減輕他們擔負的賦稅，調濟人民，使人民成長而受到教養，就像是保護嬰兒一般。如此，政令安定，風俗齊一，若還有違俗而不順從國君的人，則人民沒有不怨惡他的，沒有不毒害他的，會像是要去除不祥事物一樣地除去那些人；這時，就是動用刑罰的時候了。對受刑的人而言，羞辱沒有比受到大刑施加更大的了！[49]

禁止人民做的事，若有人民還以為做這種事會對他們有利，則有大刑施加在做這種事的人身上；如此這般，除非是狂惑戇陋腦子不清楚的人，誰看到了這些大刑還不悔改呢！然後人民都清楚知道要遵循在上者所立的法律，師法在上者的心志，而安安樂樂地遵

[48] 為人主上者也，其所以接下之百姓者，無禮義忠信，焉慮卒用賞慶、刑罰、埶詐，除阸其下，獲其功用而已矣。大寇則至，使之持危城則必畔，遇敵處戰則必北，勞苦煩辱則必犇，霍焉離耳，下反制其上。故賞慶、刑罰、埶詐之為道者，傭徒鬻賣之道也，不足以合大眾，美國家，故古之人羞而不道也。《荀子・議兵第十五》

[49] 故厚德音以先之，明禮義以道之，致忠信以愛之，尚賢使能以次之，爵服慶賞以申之。時其事，輕其任，以調齊之，長養之，如保赤子。政令以定，風俗以一，有離俗不順其上，則百姓莫不敦惡，莫不毒孽，若祓不祥；然後刑於是起矣。是大刑之所加也，辱孰大焉。《荀子・議兵第十五》

行。於是能有化善、修身、正行、積禮義、尊道德的結果，人民沒有不貴敬的，沒有不親譽的；這時，就是動用獎賞的時候了。崇高的爵位和豐厚俸祿的施加，榮耀沒有更大的了！50

要人民做的事，若有人民以為做這種事會對他們有害，則有崇高的爵位、豐厚的俸祿來奉養做這種事的人；如此這般，所有的人民，誰不思慕這樣的待遇呢！國君醒目地把貴爵重賞掛在人民前面，把明刑大辱擺在人民後面，人民雖想不順化，能做到嗎？所以，人民歸順這樣的國君會像流水一樣，所到之處都得到安治，所施為的人民都順化，原本暴悍好勇的人都化為忠厚，原本偏邪私心的人都化為公正，急戾的人都化為調和，這就叫做「大化至一」——所有的人都順化齊一了。《詩經》所說：「大王謀劃誠然信實，連徐國等淮夷的人民都來歸順了。」就是這個道理。51

受賞罰也有學問

賞罰是領導人領導統御的工具；那麼，對那些心中另有想法、特立獨行的人，賞不足以得其心，罰不能禁其行，領導人要拿他們

50 將以為利邪，則大刑加焉，身苟不狂惑戇陋，誰睹是而不改也哉！然後百姓曉然皆知循上之法，像上之志，而安樂之。於是有能化善、脩身、正行、積禮義、尊道德，百姓莫不貴敬，莫不親譽；然後賞於是起矣。是高爵豐祿之所加也，榮孰大焉！《荀子・議兵第十五》

51 將以為害邪，則高爵豐祿以持養之；生民之屬，孰不願也！雕雕焉縣貴爵重賞於其前，縣明刑大辱於其後，雖欲無化，能乎哉！故民歸之如流水，所存者神，所為者化而順，暴悍勇力之屬為之化而愿，旁辟曲私之屬為之化而公，矜糾收繚之屬為之化而調，夫是之謂大化至一。《詩》曰：「王猶允塞，徐方既來。」此之謂也。《荀子・議兵第十五》

怎麼辦呢？

一個臣子如果不能被國君的賞罰驅策，獎賞他、讚譽他，他都不被勸動，懲罰他、詆毀他，他都不畏懼，這四種作為加諸於他都沒有作用，國君的領導統御就失去了效果，不能達到國君的目的，留之無用，這樣的臣子就應該罷黜！[52]

韓非以古代伯夷、叔齊兄弟兩人為例，說周武王要把天下讓給他們，他們不肯接受，後來餓死在首陽山。稱像他們兩人這樣的臣子，不怕嚴厲的誅罰，不貪圖優厚的賞賜，不能用誅罰禁止他，也不能用賞賜指使他，就叫做「無益之臣」。韓非說，這些臣子是當世國君讚揚而尋求的，卻是他所鄙薄而要請國君剷除的。[53]

有智慧的人，不會讓別人把自己看透。如果你是那種「賞之、譽之，不勸；罰之、毀之，不畏」的人，正確的做法是別讓老闆知道你「不畏重誅，不利重賞，不可以罰禁，不可以賞使」；反而要稍稍偽裝一下，對他的賞罰表示受寵若驚；如此，你可以保身，可以買到時間以規劃你的下一站。

[52] 賞之、譽之，不勸；罰之、毀之，不畏；四者加焉不變，則除之。《韓非子・外儲說右上》

[53] 古有伯夷、叔齊者，武王讓以天下而弗受，二人餓死首陽之陵。若此臣者，不畏重誅，不利重賞，不可以罰禁也，不可以賞使也。此之謂無益之臣也，吾所少而去也，而世主之所多而求也。《韓非子・姦劫弒臣》

第三十四篇

不忍壞事

人生只怕一不忍，不忍百福皆雪消。

劉邦稱帝，項羽自刎，成敗之別何在？
大禍起於須臾不忍，劉邦項羽之別，忍與不忍而已。
忍，帶來好事；忍不下，就壞了大事；
忍，是崇高利他的，也是利己的，
可以理所當然，心平氣和，不必是心頭一把刀！

什麼是「忍」？

什麼是「忍」？簡單地說，就是接受不順意的狀況或待遇，不抗拒反應。《易經・損卦》云：「君子以懲忿窒欲。」「忍」就是不讓情緒受到外在事物的影響而起伏，不讓情緒蒙蔽思考，以免因思路不清倉促做出錯誤的決定。不忍，起伏的情緒造成思路不明，往往就鑄九州之鐵，造成令自己日後悔恨的結果！

元朝吳亮蒐集之前古人對「忍」的各種說法，編輯了一部《忍經》，在〈原序〉中對什麼是忍有清楚的闡述：忍是心胸博大恢閎的格局，是仁者的行為，必須具備寬、恕兩種人格特質才能做到。顏回夫子說「被別人觸犯，也不計較」，《書經》有載「一個人寬容大度，美德就會增長」，指的都是忍的功夫。韓信能忍受胯下之辱，後來被劉邦封為大將；張良忍住不耐為黃石老人撿鞋、穿鞋，最後得到封侯的榮耀，在在驗證了忍的意義重大。❶

因為能忍，所以有涵養的功夫，被人觸犯也不生競爭之氣，事過就化為輕煙，全以寬恕處世。為官在堂告誡自己不要發怒生氣，在家則以謙和自持與家小相處。不讓暴怒怠慢遮蔽本心，是非不外

【典籍出處】

❶忍乃胸中博閎之器局，為仁者事也，惟寬恕二字能行之。顏子云「犯而不校」，《書》云「有容德乃大」，皆忍之謂也。韓信忍於胯下，卒受登壇之拜；張良忍於取履，終有封侯之榮。忍之為義，大矣。《忍經・原序》

露給別人知道。喜好為善而不仗恃權勢，但存與人方便之心，做久了、做慣了，就可以每天都不犯過，那離聖賢還會有多遠呢！❷

如果不是這樣，而是喜怒任性而發，愛憎表現一清二楚，遇到別人有過，動不動就變臉。隨性而發的事，未必能以理性來處理；遇到倉卒突發的狀況，未必不動氣。即使沒有偏淺的過失，也是過於躁急，自身情緒都還料理不好，哪有時間把事情做好？恐怕會惹來一身別人的怨恨，過失可就大了！看到在宋朝三度為相、撰寫了〈破窯賦〉的呂蒙正被人冒犯，絕不去問那冒犯者的姓名，南北朝享壽九十九歲的張公藝九代同居一個屋簷下，這麼多人還和睦相處，自己豈能不感到慚愧？❸

吳亮說，他利用時間蒐集了經史語句，編成一本書，名為《忍經》，希望有志一同的人，藉由閱讀此書，在遇到橫逆的狀況時，可以心生寬恕而忍下來，最後達到仁的境界！❹

忍與不忍有什麼差別？漢高祖劉邦和西楚霸王項羽間的漢楚之爭，劉邦之所以勝，建立了大漢帝國，項羽之所以敗，烏江自刎，差別就在劉邦能忍，而項羽不能忍！項羽不能忍，所以雖然百戰百勝，但是輕舉妄動，一敗就不可收拾；劉邦能忍，敗的時候低聲下

❷惟其能忍則有涵養定力，觸來無競，事過而化，一以寬恕行之。當官以暴怒為戒，居家以謙和自持。暴慢不萌其心，是非不形於人。好善忘勢，方便存心，行之純熟，可日踐於無過之地，去聖賢又何遠哉！《忍經・原序》

❸苟或不然，任喜怒，分愛憎，捃拾人非，動峻亂色。幹以非意者，未必能以理遣；遇於倉卒者，未必不入氣勝。不失之偏淺，則失之躁急，自處不暇，何暇治事？將恐眾怨叢身，咎莫大焉！其視呂蒙正之不問姓名，張公藝九世同居，寧不愧耶？《忍經・原序》

❹愚因暇類集經史語句，名曰《忍經》。凡我同志一寓目間，有能由寬恕而充此忍，由而至於仁，豈小補哉！《忍經・原序》

氣，做到養精蓄銳磨礪鋒芒，等待項羽的敗徵出現。劉邦之所以能忍、會忍，其實還是靠張良教他的啊！[5]

當韓信打敗齊國想自立為齊王時，派了使者來見高祖。高祖非常生氣，正要表現在言詞臉色上，是張良踢了一腳，拉了高祖一把，點醒高祖別在韓信使者面前動怒發脾氣。由此看來，高祖仍有剛強不能忍的脾氣，要不是張良在旁點醒，誰能成全他呢？[6]

張良能在關鍵時刻提醒高祖要忍，何嘗不是因為自己也能忍？想當年，若不是能忍住性子為黃石老人到橋下撿鞋、穿鞋，黃石老人怎會贈之以千古奇書《黃石公素書》？又怎會有之後張良以《黃石公素書》所學，輔佐高祖在楚漢相爭中勝出、建立大漢帝國？

成大事前的考驗淬煉

周文王臥病在床，召來姜太公和太子發——後來的周武王，請太公說明「先聖之道，從什麼地方止息，從什麼地方興起」，以告誡太子，太公是這樣回答的：「見到善事而怠忽實行，時機到來而猶疑不前，知道事情不對而流連不返，這三者，是先聖之道止息的

[5] 觀夫高祖之所以勝，而項籍之所以敗者，在能忍與不能忍之間而已矣。項籍唯不能忍，是以百戰百勝而輕用其鋒；高祖忍之，養其全鋒以待其弊，此子房教之也。——宋・蘇軾〈留侯論〉

[6] 當淮陰破齊而欲自王，高祖發怒，見於詞色。由此觀之，猶有剛強不能忍之氣，非子房其誰全之？——宋・蘇軾〈留侯論〉

原因。謙和寧靜以自處，持恭禮敬以待人，雖強處弱以容人，隱忍剛直以行事，這四者，是先聖之道興起的原因。」太公認為國君要做到「義勝欲則昌」、「敬勝怠則吉」，就是要掌握「忍而剛」和其他並列的「柔而靜」、「恭而敬」、「強而弱」這四個重點。❼

孟老夫子主張「生於憂患而死於安樂」，對國家而言，如果內沒有遵守法度的大臣和時時勸諫的賢士，外沒有敵國外患的時時威脅，讓國君戒慎恐懼、勵精圖治，國家往往很快就會滅亡！❽

這個觀念對個人也一體適用。孟老夫子舉的例子包括：帝舜是由田野中起而成為天子的，傳說是由築牆工人中被舉為宰相的，膠鬲是由販賣魚鹽的行商中被舉用的，管仲是由獄官所看管的囚犯中被舉用的，孫叔敖是在海邊被舉用的，百里奚是在市場被舉用的。他的結論是：上天將要把重大的責任降在某個人身上，必先困苦他的心志，勞累他的筋骨，饑餓他的軀體，窮乏他的身家，擾亂他的所作所為，使其不順；為的便是激勵他的心志，堅忍他的性情，增強他所欠缺的能力。人常常會犯錯，然後才能改正；心志受困，思慮梗塞，然後才奮發振作；察看別人的臉色，聽到別人的聲音，然後才能醒悟了解。❾

❼太公曰：「見善而怠，時至而疑，知非而處，此三者，道之所止也。柔而靜，恭而敬，強而弱，忍而剛，此四者，道之所起也。故義勝欲則昌，欲勝義則亡；敬勝怠則吉，怠勝敬則滅。」《六韜・文韜・明傳》

❽孟子曰：「……入則無法家拂士，出則無敵國外患者，國恆亡。然後知生於憂患而死於安樂也。」《孟子・告子下》

❾孟子曰：「舜發於畎畝之中，傳說舉於版築之閒，膠鬲舉於魚鹽之中，管夷吾舉於士，孫叔敖舉於海，百里奚舉於市。故天將降大任於斯人也，必先苦其心志，勞其筋骨，餓其體膚，空乏其身，行拂亂其所為；所以動心忍性，增益其所不能。人恆過，然後能改；困於心，衡於慮，而後作；徵於色，發於聲，而後喻。……」《孟子・告子下》

好一個「動心忍性，增益其所不能！」前面的吃苦受累，是後來有所成就必經的考驗和淬煉，而「忍」、「忍性」便是人要有大突破、實現大志向之前的必要考驗和淬煉！

《道德經》也做了類似的立論，主張唯有能夠忍辱、忍人所不能忍的人，才可以擔當大責重任，成就大業；受國之垢的人可以成為社稷之主，受國不祥的人則可以成為天下之君。❿

《孫子兵法》更告訴我們：戰爭之事，要忍住衝動、輕率、急切！戰勝攻取之後，要是不能達到真正和平的目的，都會造成凶險，白白浪費國家的兵力和財力，這稱之為「費留」。所以，明智的國君，對發動戰爭與否，必須仔細地考慮；卓越的將帥，對作戰的進行，必須審慎地指導。非真有利於國家，不發動戰爭；非真能得到戰果，不動用軍隊；非真危不得已，不與敵人作戰！⓫

《孫子兵法》還說：戰爭之事，要忍住情緒！國君不可以因為憤怒而發兵作戰，將帥不可以因為怨恨而交戰。合乎國家的利益才行動，不合乎國家的利益就應該停止。憤怒之後可以再高興，怨恨之後可以再喜歡，但是國家滅亡了，就沒法再回復存在，人死了，就沒法再重生。所以聖明的國君要特別謹慎，傑出的將領要自我警

❿ 故聖人云：受國之垢，是謂社稷主；受國不祥，是為天下王。《道德經．第七十八章》

⓫ 夫戰勝攻取，而不修其功者凶，命曰費留。故曰：明主慮之，良將修之，非利不動，非得不用，非危不戰。《孫子兵法．火攻第十二》

惕，這是使國家安全、保全軍隊的方法！⑫

一如古代肩負戰爭重責的國君和將帥，任何擔當重任者的忍與不忍，除了決定自己的安危禍福，更影響到許多人，尤其要忍！

忍，是禍福關

我們常常都該忍，卻常常忍不住：因為一時歡喜而輕易做出許諾，因為一時喝醉而生嗔，因為一時快意而多事，因為一時疲倦而草草了事，這些都只是隨手撿來一些該忍而沒有忍的事例。⑬

不必大到成王敗寇或歷史的改寫，其他各類忍與不忍的故事和它們天壤之別的結局，時時刻刻都在我們周遭的日常生活中上演。觀察多了，結論自然顯現：忍，是禍福關，忍就帶來好事，不忍就帶來壞事！⑭

一、能忍好處多多

能忍的人，可以成就大事。孔老夫子告誡子路說：「牙齒剛硬就容易折斷，舌頭柔軟才能完好保存。柔一定能勝過剛，弱小最終

⑫ 主不可以怒而興師，將不可以慍而致戰；合於利而動，不合於利而止。怒可以復喜，慍可以復悅，亡國不可以復存，死者不可以復生。故明主慎之，良將警之，此安國全軍之道也。《孫子兵法・火攻第十二》

⑬ 不可乘喜而輕諾，不可因醉而生嗔；不可乘快而多事，不可因倦而鮮終。《小窗幽記・集法篇》

⑭ 「忍」「激」二字，是禍福關。《呻吟語・存心》

能戰勝強大。好鬥一定會受到傷害，好勇一定會導致滅亡。百行的根本是忍讓為先！」⓯

忍，還有更多的好處：

忍是大人之氣量，忍是君子之根本；
能忍夏不熱，能忍冬不冷；
能忍貧亦樂，能忍壽亦永；……
忍字可以走天下，忍字可以結鄰近；
忍得淡泊可養神，忍得饑寒可立品；
忍得勤苦有餘積，忍得荒淫無疾病；
忍得骨肉存人倫，忍得口腹全物命；
忍得語言免是非，忍得爭鬥消仇憾；
忍得人罵不回口，他的惡口自安靖；
忍得人打不回手，他的毒手自沒勁；……
人生不怕百個忍，……一忍萬禍皆灰燼。

——〈張公百忍歌〉

⓯ 戒子路曰：「齒剛則折，舌柔則存。柔必勝剛，弱必勝強。好鬥必傷，好勇必亡。百行之本，忍之為上。」《忍經》

二、不能忍壞處多多

小事上忍不住，一定會壞了大事。[16]不忍，會帶來如下的壞處：

……貴不忍則傾，富不忍則損；
不忍小事變大事，不忍善事終成恨；
父子不忍失慈孝，兄弟不忍失愛敬；
朋友不忍失義氣，夫婦不忍多爭競；
劉伶敗了名，只為酒不忍；陳靈滅了國，只為色不忍；
石崇破了家，只為財不忍；項羽送了命，只為氣不忍；
如今犯罪人，都是不知忍；
……人生只怕一不忍；不忍百福皆雪消……。

——〈張公百忍歌〉

認清楚，人最大的禍患，就是來自片刻的忍不住，不可以不小心謹慎！對症下藥，就是要培養謹言慎行的紀律！[17]

[16] 子曰：「巧言亂德，小不忍則亂大謀。」《論語・衛靈公篇》

[17] 莫大之禍，起於須臾之不忍，不可不謹。《圍爐夜話》

忍的要訣

吳亮的《忍經》之外，元朝學者許名奎也寫了一本《忍經》，分為一百個小箴集，涵蓋道德、修身、讀書、安貧樂道、教子、忠孝和勤儉等等各個方面，證明任何人的任一個心念，人與人間的所有互動關係，都有忍的功夫在內。

一、事事、時時都要忍

事事都得忍，對任何人都要忍。而且，忍是7-11，是每天二十四小時營業，從不打烊的！如〈張公百忍歌〉所言：「……事來之時最要忍，事過之後又要忍……」

明朝唐伯虎的〈百忍歌〉對為何忍、何時忍也提出精闢的見解：

……朝也忍，暮也忍，恥也忍，辱也忍；
苦也忍，痛也忍；饑也忍，寒也忍；
欺也忍，怒也忍；是也忍，非也忍；
方寸之間當自省；

道人何處未歸來，癡雲隔斷須彌頂。
脚尖踢出一字關，萬里西風吹月影；
天風泠泠山月白，分明照破無為鏡。
心花散，性地穩，得到此時夢初醒。
君不見如來割身痛也忍，孔子絕糧饑也忍；
韓信胯下辱也忍，閔子單衣寒也忍；
師德唾面羞也忍，劉寬污衣怒也忍；
不疑誣金欺也忍，張公九世百般忍；
好也忍，歹也忍，都向心頭自思忖。
囫圇吞卻栗棘蓬，恁時方識真根本？

二、思前想後，裝聾作啞

有正確的心理建設，知道忍的內涵、忍的效果、忍的方法，會比較容易忍。〈張公百忍歌〉有些相關闡述，值得一讀：

……忍是大人之氣量，忍是君子之根本；
……仁者忍人所難忍，智者忍人所不忍。

思前想後忍之方，裝聾作啞忍之準；……
須知忍讓真君子，莫說忍讓是愚蠢；
忍時人只笑痴呆，忍過人自知修省；
就是人笑也要忍，莫聽人言便不忍；
世間愚人笑的忍，上天神明重的忍；
我若不是固要忍，人家不是更要忍；……

事事都該忍，唯有一事不必忍不能忍也不該忍！那就是：自己的修身沒修好，還沒有建立忍的修持，常常墜入須臾不忍的惡習！

面對這唯一一項不必忍不能忍也不該忍之事的反應，不是外求，不是找人麻煩；而是反求諸己，在道、神、聖、賢教誨中找到修身之道，努力向道而行！

利人利己，有所爲的忍

道、神、聖、賢鼓吹的忍，不是懵懵懂懂、不知何來、不知何去的瞎忍一通，而是非常清楚地知道由何而來、由何而去、為什麼要忍的理性行為。

忍最基本的目標，是崇高而利他的：藉著自己一時之忍，避免衝突，為天地減少一分暴戾，多加一分祥和！

其次，忍也是利己的。自己的一時之忍，在為天地減少一分暴戾，多加一分祥和的同時，也為自己帶來「退一步海闊天空」的正能量，為自己建構了一個祥和、順暢、清新的氣場，對自己正在做的任何事，想要達成的偉大志業，都是一大加持和助力！

最終，自己的一時之忍，在還沒有充分準備、敵人或外在情境還不可勝、還沒有必勝把握的情況下，避免了當下的衝突攤牌。像本書首部曲第十八篇〈抱道待時〉揭櫫的智慧，當下的忍正為自己爭取了更多學習本事、勤練功夫、周詳準備的寶貴時間，讓自己可以等待成功契機的到來！

不必是心頭一把刀

有人說：「忍字心頭一把刃。」心頭上插了一把刀，鐵定是痛苦、難挨、甚至有傷身體的！但是，「忍」真的必然是那麼痛苦嗎？本篇開頭引用了《易經・損卦》的定義：「君子以懲忿窒欲。」可沒說「抑制憤怒，控制情欲」得是痛苦、難挨的！《忍經・原序》說：「忍乃胸中博閎之器局，為仁者事也，惟寬恕二字能行之。」它對「忍」的闡述，可也沒說「忍」必定是痛苦的！

忍的痛苦、難挨來自錯誤的認知：認為面對和接受不順己意的事是反常、不自然、也是不應該的。所以，人們在事違己意、必須面對接受時，就感覺痛苦、難挨、不能接受。

如果人們能夠認清生命的真諦，接受生命的事實，即人生不如意之事十之八九、忍受不順意是天經地義的，那麼，忍受不順意時的痛苦、難挨、不能接受就能減少，而一旦修身有成，忍的時候就可以心平氣和、泰然自如！

忍得心平氣和、泰然自如，是有撇步的。在學習之初，若遇到令自己不快的人事物，眼看情緒就要爆發，可以在心中重複默誦一些經典句子，轉移注意力，讓情緒安定下來。經過一段時間，再遇到令自己不快的人事物，原本需要的重複默誦慢慢就不需要了。

那時候，第一，你會忍，第二，你忍得理所當然、心平氣和！能夠那樣，你就守住禍福關了！

第三十五篇

知止不殆

知道在到達極致之前停止，就可以免除危險。

志得意滿時最重要的智慧是什麼？

知止不殆，見好就收！

不滿溢，才能在凋敝中更新；太過，好事也就不好了；事不可做盡，言不可道盡，勢不可倚盡，福不可享盡，要留幾分餘地，給自己也給別人轉圜的空間。

有餘，就是知止

除夕年夜飯，桌上肯定有魚，而年夜飯吃魚，一定不會把它吃得精光，總要留一點，取它「年年有餘（魚）」的意思。

「有餘」這觀念，是中國人在人生各方面趨吉避凶的核心指導原則，是道、神、聖、賢心性智慧非常重要的一環。做任何事，總要留個「有餘不盡」的意思，如此，造物者不能妒忌我，鬼神不能折損我。相反的，若是業必定求滿，功必定求盈，不只內部發生災變，在外也一定會招來憂患。❶

而凡事有餘，知道在到達極致之前停止，叫做「知止」。

宇宙間任何事自有其平衡，沒有一年四季如春的，沒有天天花好月圓的，沒有人是事事如意的，這個道理我們的老祖先早就悟出來了。

物，不可以兩大。冬天和夏天不能並存，野草和莊稼不能一起成長，新穀成熟時舊穀必定已經虧缺。頭上長犄角的動物沒有上齒，果實繁多的樹木一定低矮，智力褊狹的人做事不會成功；這些都是老天爺的定律。❷

【典籍出處】

❶事事要留個有餘不盡的意思，便造物不能忌我，鬼神不能損我。若業必求滿，功必求盈者，不生內變，必招外憂。《菜根譚・概論》

❷冬與夏不能兩刑，草與稼不能兩成，新穀熟而陳穀虧，凡有角者無上齒，果實繁者木必庳，用智褊者無遂功，天之數也。《呂氏春秋・博志》

基於以上，所以天子做事不求達到十全十美，不求達到極致，不求達到滿盈。完美後一定有缺損，極致後一定有反轉，滿盈後一定有虧損。古代聖王知道事物不可能兩頭都大，所以在選擇要辦的事上，都會小心得當地處理。❸

老天爺的定律是：對滿盈的加以減損，對寡少的進行加添。大地的定律是：對高聳的加以減損，對低下進行加添。鬼神的定律是：對驕恣的讓他洩溢，對謙下的給他加持。人的定律是：對已經擁有很多的人，就不再給他了！不論是碰到天、地、鬼、神，還是遇到人，全者必然受損。聖人由這個自然平衡的現象，領悟出蘊涵大智慧的生存定律：自處卑下的地位，避開盈滿的上位，以換取更大的圓滿！❹

不滿溢，才能在凋敝中更新

古代抱持著道的人，微妙玄通，深不可識，是不會追求滿溢的。也因為他不滿溢，才能在凋敝死亡中再次成為新人。❺

對《道德經》做了非常詳盡詮釋的《文子》一書，對「夫唯不

❸ 故天子不處全，不處極，不處盈。全則必缺，極則必反，盈則必虧。先王知物之不可兩大，故擇務，當而處之。《呂氏春秋・博志》

❹ 天之道，損盈益寡；地之道，損高益下；鬼神之道，驕溢與下；人之道，多者不與；聖人之道，卑而莫能上也。《文子・上德》

❺ 保此道者不欲盈，夫唯不盈，故能敝不新成。《道德經・第十五章》

盈，故能敝不新成」有清楚的說明。

《文子》由一個三皇五帝用來戒慎自己的器皿說起，這個器皿叫做「侑卮」(ㄧㄡˋ ㄓ)，注了一半的水進去，它是正的，注了太多的水，它就翻覆了。物盛之後就要衰竭，日正當中之後太陽就要西移，月圓之後就有虧缺，樂極之後就會生悲，所以要以愚拙守持聰明廣智，以儉約守持多聞博辯，以敬畏守持武力勇毅，以低狹守持富貴廣大，以謙讓守持德施天下，這五件事是古代聖明的先王所做到以用來守持天下的。這些聖明的先王，便是《道德經》所說「抱持著道的人，不追求滿溢，正因為他不滿溢，才能在凋敝死亡中再次成為新人」的最佳典範。❻

其他的經典也講到侑卮，但有另一個名字，又名宥坐器，或稱右座器，是一種欹(ㄑㄧ)器，像一截竹筒，在中部作軸，架放在兩根立木之間；注水進去，半滿時，水的重量恰好能維持它的端正；但超越中間到滿的時候，重心上移，其中的水就會傾倒出來。《荀子》有一篇就以「宥坐」為名，講述孔老夫子在魯桓公的廟裡看到宥坐之器，除了向守廟者詢問這是什麼器物，在知道這就是宥坐器之後，就向弟子說明宥坐器的特性，並由弟子注水測試。孔老夫子

❻故三皇五帝有戒之器，命曰侑卮，其沖即正，其盈即覆。夫物盛則衰，日中則移，月滿則虧，樂終而悲，是故聰明廣智守以愚，多聞博辯守以儉，武力勇毅守以畏，富貴廣大守以狹，德施天下守以讓，此五者先王所以守天下也。「服此道者不欲盈，夫唯不盈，故能蔽不新成。」《文子・九守・守弱》

對弟子說：「哪有盈滿而不傾覆的！」而對子路所問：「有方法保持盈滿嗎？」孔老夫子的答案和《文子》所講的大致雷同：「聰明聖知，要以愚拙守持；功被天下，要以禮讓守持；勇力撫世，要以怯畏守持；富有四海，要以謙卑守持。」孔老夫子稱這樣的行為就是退而損之的道理。❼

這個「夫唯不盈，故能敝不新成」、「挹而損之」的道理，在《菜根譚》中講得更白話簡單了：敧器裝滿水就會傾倒，撲滿空著就不會被人打破；所以君子寧可沒有也不要強有，寧願有所缺失也不強求十全十美！❽

養生上的不處全、不處極、不處盈

味道吃得太重，情緒起伏太劇，天氣變化太猛，都對身體有害，不少現代人學到了，開始在吃東西時講求清淡，在情緒應對上留意控制，因應氣候變化上特別小心。而這個道理和作為，我們的老祖先早就知道了。

聖人察查陰陽變化和人相適宜的程度，辨析萬物對人有益的地

❼ 孔子觀於魯桓公之廟，有敧器焉，孔子問於守廟者曰：「此為何器？」守廟者曰：「此蓋為宥坐之器。」孔子曰：「吾聞宥坐之器者，虛則敧，中則正，滿則覆。」孔子顧謂弟子曰：「注水焉。」弟子挹水而注之。中而正，滿而覆，虛而敧，孔子喟然而歎曰：「吁！惡有滿而不覆者哉！」子路曰：「敢問持滿有道乎？」孔子曰：「聰明聖知，守之以愚；功被天下，守之以讓；勇力撫世，守之以怯；富有四海，守之以謙。此所謂挹而損之之道也。」《荀子‧宥坐第二十八》

❽ 敧器以滿覆，撲滿以空全。故君子寧居無不居有，寧處缺不處完。《菜根譚‧續遺》

方以便益人的生命，所以精神都能安守自身的形體，而使人的年壽得以延長。但這兒所謂的長，並不是把原來的短命延續為長命，而是使人們可以享盡應有的天年。要享盡應有的天年，最重要的在於去除對人有害的東西。而哪些東西是對人有害的呢？[9]

口味上，如果大甘、大酸、大苦、大辛、大鹹，這些過分的五味充斥在人的形體中，人的生命就要受到傷害了！[10]

情緒上，如果大喜、大怒、大憂、大恐、大哀，這些沒有節制的情緒交接干擾到人的元神，人的生命就要受到傷害了！[11]

氣候上，如果大寒、大熱、大燥、大溼、大風、大霖、大霧，這些異常的氣候動搖了人得自天地的精氣，人的生命就要受到傷害了！[12]

避免這些極端的狀況，是中國人養生之道的根本，與「不處全」、「不處極」、「不處盈」講的是同樣的道理。

治人事天莫如嗇

用到聰明睿智、動靜思慮，最重要的不外惜愛、節用。[13]

[9] 聖人察陰陽之宜，辨萬物之利以便生，故精神安乎形，而年壽得長焉。長也者，非短而續之也，畢其數也。畢數之務，在乎去害。何謂去害？《呂氏春秋・盡數》

[10] 大甘、大酸、大苦、大辛、大鹹，五者充形則生害矣。《呂氏春秋・盡數》

[11] 大喜、大怒、大憂、大恐、大哀，五者接神則生害矣。《呂氏春秋・盡數》

[12] 大寒、大熱、大燥、大溼、大風、大霖、大霧，七者動精則生害矣。《呂氏春秋・盡數》

[13] 治人事天，莫若嗇。《道德經・第五十九章》

《韓非子》對《道德經》的內容，包括「治人事天，莫如嗇」，有相當詳盡的詮釋。

聰明睿智是天生的，動靜思慮是人為的。⓮

天生的官能，如果不知節制地濫用，會對自己帶來傷害。人靠天生的視力來看，靠天生的聽力來聽，靠天生的智慧來思慮。但許多人都有這樣的經驗：視力用得過多，眼睛就看不清楚了；聽力用得過多，耳朵就聽不清楚了；思慮過度，腦子的意識就亂了。眼睛一旦看不清楚，就不能分辨黑白顏色；耳朵聽不清楚，就不能辨別清濁聲音；意識亂了，就不能知悉得失成敗。眼睛不能分辨黑白顏色，稱之為「盲」；耳朵不能辨別清濁聲音，稱之為「聾」；意識不能知悉得失成敗，稱之為「狂」。盲的人，在大白天也不能規避危險；聾的人，不能知道雷霆的災害；狂的人，不能免除人間的法令之災。⓯

《道德經》所謂的「治人」，就是要我們調節人為動靜的節度，節省人為思慮的消耗。所謂的「事天」，就是要我們別使盡天生聰明的力量，別用盡天生智識的功能。一旦使盡用盡，就會消耗過多的精神，目盲、耳聾、悖狂的災禍也就跟著而來。所以我們務必節

⓮ 聰明睿智、天也，動靜思慮、人也。《韓非子・解老》

⓯ 人也者，乘於天明以視，寄於天聰以聽，託於天智以思慮。故視強則目不明，聽甚則耳不聰，思慮過度則智識亂。目不明，則不能決黑白之分；耳不聰，則不能別清濁之聲；智識亂，則不能審得失之地。目不能決黑白之色，則謂之盲；耳不能別清濁之聲，則謂之聾；心不能審得失之地，則謂之狂。盲則不能避晝日之險，聾則不能知雷霆之害，狂則不能免人間法令之禍。《韓非子・解老》

省精神。節省精神，就要愛惜精神，減少智識的濫用！⑯

所以《道德經》說：「治人和事天，最好的辦法就是愛惜人為的動靜思慮、節用天生的聰明睿智。」⑰

惜愛節用，就是即早依循道理。⑱

一般人用元神很浮躁，浮躁神就耗得多，消耗多就叫做奢侈。聖人使用元神是很平靜的，平靜地使用，神就消耗得少，消耗少就叫做節省。節省的方法是依循道理所考量產生的；所以能夠節省就是依循道、服從理了。一般人會在遭遇患難、陷入災禍時還不知道回頭，還不知道依循道理。聖人則是雖然還沒有看到禍患顯現，卻已經能虛心地依循道理，以符合早服的做法避免傷害。所以《道德經》說：「聖人愛惜節用元神，就是即早地依循了道理。」⑲

宇宙人生的道理，就是「知止不殆」，就是愛惜節用，而任何愛惜節用、知止不殆的人，稱他們「早服」，當之無愧！

要不殆，先知止

一個人到達頂點之後，不能再上，而難以持久待在頂點，便只

⑯ 書之所謂治人者，適動靜之節，省思慮之費也。所謂事天者，不極聰明之力，不盡智識之任。苟極盡，則費神多；費神多，則盲聾悖狂之禍至，是以嗇之。嗇之者，愛其精神，嗇其智識也。《韓非子・解老》

⑰ 故曰：「治人事天，莫如嗇。」《韓非子・解老》

⑱ 夫惟嗇，是謂早服。《道德經・第五十九章》

⑲ 眾人之用神也躁，躁則多費，多費之謂侈。聖人之用神也靜，靜則少費，少費之謂嗇。嗇之為術也，生於道理。夫能嗇也，是從於道而服於理者也。眾人離於患，陷於禍，猶未知退，而不服從道理。聖人雖未見禍患之形，虛無服從於道理，以稱蚤服。故曰：「夫謂嗇，是以早服。」《韓非子・解老》

有往下一個結果，這是大自然的規律，沒有例外。不想往下，最好的方法就是適可而止，在走到頂點之前停下來。

宇宙由混沌起始，到開始有了秩序時，就有了名份；有了名份，人就該知道自己不可以僭越的限度。知道限度而及時止步，就可以免除危險！這個大道的流傳實現於天下，就好像山川深谷的水必然流歸大海一般，絕對如此，毫無例外！[20]

名聲與生命，哪一樣與你最密切？生命與財富，哪一樣對你最重要？得到世界與喪失生命，哪一樣是病態呢？想保全那和自己最密切、最重要的生命，首先就要領悟：貪得無厭的人必有大損失，囤積財富的人必有大喪亡。所以，知道滿足才能免於受辱，知道停止才能免於危險，如此才可進而享有長久的生命！[21]

這兩段《道德經》的闡述，是中國三千年來「知止不殆」觀念的濫觴，知止不殆自此而成為我們人生的重要哲理。

見好就收大智慧

知止不殆對當下正處順境者的啟示就是：見好就收！

[20] 始制有名，名亦既有，夫亦將知止；知止，所以不殆。譬道之在天下，猶川谷之與江海。《道德經・第三十二章》

[21] 名與身孰親？身與貨孰多？得與亡孰病？是故甚愛必大費，多藏必厚亡。知足不辱，知止不殆，可以長久。《道德經・第四十四章》

人怕出名，豬怕肥！

帆只張它五分滿，既有風力可藉，行船又安全。侑卮只注五分水，就立得穩當。事做到極致、路走到極端，因此而敗亡的人物歷史上比比皆是。漢初三傑之一的韓信勇冠三軍功高震主而惹來殺身之禍，西晉陸機文才冠世而遇害，西漢霍光家族權勢逼君而失寵，石崇富可敵國因此而死，都是把事情做到至極而遭來大禍！所以宋朝邵康節才告誡世人：「飲酒莫教成酩酊，看花慎勿至離披。」別過頭了！[22]

所以，凡事不可盡，總要留幾分餘地，給自己也給別人迴旋轉圜的空間。所謂勢力不能倚盡，話不能說穿，福氣不能享盡，事要留有餘地。這個道理曾一而再、再而三地在經典中出現：

> 人生各有其時，富貴不可享盡，貧窮不可欺盡，權勢不可使盡，此乃天理循環，終而復始者也。——宋．呂蒙正〈破窯賦〉

> 勢不可倚盡，言不可道盡，福不可享盡，事不可處盡，意味偏長。
>
> ——《小窗幽記．集法篇》

[22] 帆只揚五分，船便安。水只注五分，器便穩。如韓信以勇備震主被擒，陸機以才名冠世見殺，霍光敗於權勢逼君，石崇死於財賦敵國，皆以十分取敗者也。康節云：「飲酒莫教成酩酊，看花慎勿至離披。」旨哉言乎！《菜根譚．評議》

事不可做盡，言不可道盡，勢不可倚盡，福不可享盡。

——《格言聯璧・持躬類》

任何事做盡了，就是把自己也是把別人逼上角落、死胡同、單行道，逼別人狗急跳牆！㉓

十全十美，好嗎？事物忌諱到達極點，事情避免極其完美，人則忌諱飛黃騰達！十全十美，原來並不好！㉔

那要怎麼才好呢？事情要留下沒做盡的味道，事機才圓滿；東西要留下沒用盡的味道，使用才充裕；情誼要留下沒展盡的味道，意味才深；講話要留下沒說盡的味道，含義才遠；高興時要留下沒盡興的味道，樂趣才多；施展才能時要留下沒使盡的味道，元神才保持飽滿！㉕

留白才是上乘

知止不殆，留點白、留點餘地、留點空間，才是上乘！才是正確的人生之道！當世的人沒有這種智慧，只見電視螢幕上充斥著橫

㉓ 處心不可著，著則偏；作事不可盡，盡則窮。《小窗幽記・集法篇》

㉔ 物忌全勝，事忌全美，人忌全盛。《格言聯璧・持躬類》

㉕ 凡事，留不盡之意則機圓；凡物，留不盡之意則用裕；凡情，留不盡之意則味深；凡言，留不盡之意則致遠；凡興，留不盡之意則趣多；凡才，留不盡之意則神滿。《小窗幽記・集法篇》

著來直著去的各種資訊，就知他們愚昧無知，完全反其道而行！

人生有許多事，或是必須做的，像人必須吃飯，或是喜歡做的，像有人喜歡喝酒。這些必須做或喜歡做的事，一旦做多了，像是吃得過飽或是喝得大醉，卻都對身體有害。

人不能不小心：許多原是好事一樁的，做過頭就不好了！像憂患勤勞是美德，但過了頭，就會把自己操得太苦，沒有適性怡情；淡泊名利是高風亮節，但過了頭，就會把自己變得資源枯竭，沒辦法助人利物！㉖

聰明是好，但聰明到太過明察，就落得斤斤計較；剛強是好，但剛強到太過強勢，就落得咄咄逼人；溫良是好，但溫良到太過猶豫不決，就落得優柔寡斷！㉗

做任何事，既使是好事，也都要看著「計速器」，別做多了、別做過頭了！

㉖憂勤是美德，太苦則無以適性怡情；淡泊是高風，太枯則無以濟人利物。《菜根譚・概論》

㉗聰明者戒太察，剛強者戒太暴，溫良者戒無斷。《格言聯璧・持躬類》

窮寇莫追，網開一面

《孫子兵法》告誡作戰者「圍師遺闕」、「窮寇勿迫」，和其他許多在戰場上切不可做的行為並列，是兵家的基本觀念。敵軍已敗，若敵人有條活路，則必定逃逸，自然潰散，而不會回頭來戰；但若四面包圍不留缺口或是執意追趕，不給敵人一條活路，則敵人被逼得走投無路，橫豎是死，就會狗急跳牆，抱著必死之心回頭與你一決生死。四面包圍不留缺口或死追窮寇是藉自己的手，讓敵人置之死地而後生！智者不為，知兵者不為！㉘

「網開一面」是打獵只在一個方向張開捕獸網，其餘三方面都撤除，講的是商朝開國之君湯的故事。商湯外出看到野人打獵，四面都張開捕獸網，說是要捕捉到往每個方向奔跑的野獸。商湯認為不必要捕到所有的野獸，撤除了三面捕獸網，也因此被諸侯們稱頌，讚美他的仁德至高，連動物都受到他的恩澤！㉙

「得饒人處且饒人」講的是下棋的故事。有道士棋藝高明，每次和人下棋，都授人先手，讓對手執黑子先走，自己做了首詩，說是自出洞來無敵手，得饒人處且饒人！㉚

不見好就收，禍事就來。《文子》說得最好了！人求口腹之欲，暴飲暴食，不見好就收，將得病而死；對外物貪得無厭，不能停止，不見好就收，將受刑而死；不自量力，以寡擊眾，以小欺

㉘ 故用兵之法，高陵勿向，背丘勿逆，佯北勿從，銳卒勿攻，餌兵勿食，歸師勿遏，圍師遺闕，窮寇勿迫，此用兵之法也。《孫子兵法・軍爭第七》

㉙ 湯出，見野張網四面，祝曰：「自天下四方，皆入吾網。」湯曰：「嘻，盡之矣！」乃去其三面。《史記・殷本紀》

㉚ 蔡州褒信縣有道人工棋，常饒人先，其詩曰：「自出洞來無敵手，得饒人處且饒人。」——宋・俞文豹《唾玉集・常談出處》

大，不見好就收，將兵敗而死。這三種不得壽終正寢的死亡都是因為不見好就收，不知節制，不知止的緣故啊！31

由「圍師遺闕」、「窮寇勿迫」、「網開一面」、「得饒人處且饒人」，到避免病、刑、兵死，都是圍繞著「知止」衍生出來的觀念，值得用在日常的待人處事上。

31 人有三死非命亡焉：飲食不節，簡賤其身，病共殺之；樂得無已，好求不止，刑共殺之；以寡犯眾，以弱凌強，兵共殺之。《文子・九守・符言》

停、看、聽：是不是該止了？

不只所用的人、所馭的鳥獸，就連不言不語的大自然——天、地、山、川、江、河——也是一樣；在被使盡了、逼極了、榨乾了的時候，都會反撲、相抗、反噬！

魯定公問顏淵夫子：「你也聽說東野畢善於駕馭馬匹嗎？」顏淵夫子回答：「他駕車駕得是好，但他駕馭的馬會跑掉。」定公聽了很不高興，認為顏淵夫子沒有根由地說東野畢的壞話，進去後對左右的人說：「像顏淵這樣的君子也會說人壞話嗎！」三天後，養馬的校人前來報告定公：「東野畢駕馭的馬兒跑掉了。兩匹在外的馬剖裂開來，而兩匹在內夾著車轅的馬跑進了馬廄。」定公站起來說：「快點駕車召顏淵前來！」顏淵夫子到了，定公問他：「前日寡人問你有關東野畢的問題，你說：『東野畢駕車駕得是好，但他駕馭的馬會跑掉。』不知你是怎麼知道他的馬將會跑掉？」[32]

顏淵夫子答說：「臣是以國君施政為例而知道的。從前帝舜善於巧妙地使用民力，造父善於巧妙地駕馭馬匹。帝舜不窮盡人民的氣力，造父不窮盡馬匹的氣力，所以帝舜沒有流失的人民，造父沒有跑掉的馬匹。現今東野畢的駕車，上車後執著轡銜，身體坐正了；依馬兒的步驟馳騁，是都調理合於規矩了；但是在歷經險阻奔馳遠路之後，馬兒的力氣已經用盡；然而還要馬兒奔馳不停，所以臣知道他的馬兒一定會不聽羈勒而跑掉的。」定公請顏淵夫子再進一步解說。顏淵夫子回答：「臣聽說，鳥被逼到窮極了就要啄咬，野獸被逼到窮極了就要反撲，人被逼到窮極了就要耍詐。從古到今，還沒有聽說過，窮逼其下而自己還能夠不危殆的！」[33]

人類以經濟為由，在過去幾百年來無止盡地快速開發地球資源，終於見到大自然的反撲。這種「不知止」的作為，在二十一世紀已經為全球人類帶來頻仍的天災，造成人類生命財產巨大的損失，讓人類面臨前所未有的生存挑戰！

[32] 定公問於顏淵曰：「東野子之善馭乎？」顏淵對曰：「善則善矣，雖然，其馬將失。」定公不悅，入謂左右曰：「君子固讒人乎！」三日而校來謁，曰：「東野畢之馬失。兩驂列，兩服入廄。」定公越席而起曰：「趨駕召顏淵！」顏淵至，定公曰：「前日寡人問吾子，吾子曰：『東野畢之馭善則善矣，雖然，其馬將失。』不識吾子何以知之？」《荀子・哀公第三十一》

[33] 顏淵對曰：「臣以政知之。昔舜巧於使民，造父巧於使馬；舜不窮其民，造父不窮其馬；是以舜無失民，造父無失馬。今東野畢之馭，上車執轡銜，體正矣；步驟馳騁，朝禮畢矣；歷險致遠，馬力盡矣；然猶求馬不已，是以知之也。」定公曰：「善，可得少進乎？」顏淵對曰：「臣聞之，鳥窮則啄，獸窮則攫，人窮則詐。自古及今，未有窮其下而能無危者也。」《荀子・哀公第三十一》

不論身在人生什麼階段或是正在做什麼事，不管是看、聽、說、讀、寫、想，不論是工作、飲食、娛樂、與人相處、領導部屬，都要常常停下來，端詳一下自己是不是衝得太過了？是不是快到極致了？是不是該緩一緩、鬆一鬆手了？

能夠常常這樣做，可以遠離危險、災害、覆亡，平常人固然應該如此，那些爬上人生高峰、正感到志得意滿的人，更不能忘掉這一點，要時時提醒自己「知止不殆，見好就收」！

第三十六篇

龍不現尾

龍尾不被看見，隱而不露，才是神龍。

怎樣才是成功最極致的表現？
深藏不露，玉韞珠藏，神龍不現其尾。
好惡不被看透，就無虛飾迎合，
也才能保有深不可測的神祕感，
眾人搞不清我用什麼招術得勝，才是真高手！

猶龍之嘆，憧憬之美

孔老夫子趨前向老子請益，一席就教後，對老子萬分佩服，頓生如下的猶龍之嘆：

「鳥，我知道牠會在天上飛；魚，我知道牠會在水中游；獸，我知道牠會在陸上跑。陸地上奔跑的獸可以用網捕捉，水中遨游的魚可以用釣線捕捉，天上飛翔的鳥可以用生絲繫矢射擊捕捉。但是對於龍，我除了知道牠能乘風駕雲登上天際，其他的就不知道了！今天，我見到了老子，他的深不可測就像神龍一樣啊！」❶

孔老夫子的「猶龍之嘆」可不是無的放矢，而是真正對老子變化莫測、淵深不露的讚嘆！「猶龍之嘆」也從此成為變化莫測、淵深不露的代名詞，還帶了一個大大的驚嘆號！❷

有一個「葉公好龍」的故事，是這樣講的。

春秋時的楚國人葉公子高愛龍如癡，畫了很多龍的畫像，雕刻了很多龍的形象，住的地方充斥以龍為題的物品。天上的龍聽說人間有人這麼喜歡牠，於是從天而降，龍頭由窗戶探著看，龍尾拖進了廳堂；葉公一見，失其魂魄，五色無主，驚慌而逃！❸

【典籍出處】

❶ 孔子去，謂弟子曰：「鳥，吾知其能飛；魚，吾知其能游；獸，吾知其能走。走者可以為罔，游者可以為綸，飛者可以為矰。至於龍吾不能知，其乘風雲而上天。吾今日見老子，其猶龍邪！」《史記・老子韓非列傳》

❷ 老子猶龍不是尊美之辭，蓋變化莫測，淵深不露之謂也。《呻吟語・品藻》

❸ 葉公子高好龍，鉤以寫龍，鑿以寫龍，屋室雕文以寫龍。於是夫龍聞而下之，窺頭於牖，施尾於堂，葉公見之，棄而還走，失其魂魄，五色無主。《新序・雜事第五》

孔老夫子的弟子子張曾前往魯國，想謁見魯哀公，等了七天還沒有被依禮接見，因此而去，並以「葉公好龍」的故事為喻：認為哀公並非真正愛好賢士，只是喜好「像」賢士但不是賢士的人，就如同葉公並非真正地好龍，只是喜好「像」龍但不是龍的東西罷了！❹

由另一個角度看「葉公好龍」，如果天上的龍知道與葉公保持距離，不來到人間看葉公，不露出龍尾，讓葉公把牠的鱗、甲、鬚、爪看了個清楚精光，那麼葉公不但不會被嚇得五色無主而逃，恐怕還仍會在腦海中保留著神龍形象的美麗憧憬！

現不現龍尾的分別，神龍不現其尾的奧妙，不言而喻矣！

減少曝光，提升尊崇

相對於「葉公好龍」的教訓，西方人也有異曲同工的說法。

已經享有知名度，被他人憧憬、愛慕、崇拜的人，若從事不必要的曝光，神祕感一旦失去，定會折損原來享有的尊崇！所以，要善於利用隱身、不讓人見到、盡量少曝光的方式博得他人的敬意和

❹ 是葉公非好龍也，好夫似龍而非龍者也。今臣聞君好士，故不遠千里之外以見君，七日不禮，君非好士也，好夫似士而非士者也。《新序・雜事第五》

尊嚴。現身露臉會降低名氣，不現身、不露臉則能提高名氣。不現身、不露臉時被認為是雄獅的人，一旦現身露臉就被看成是隻老鼠，成為強者不肖的後代。就像那被人渴望得到的才華天賦，一旦使用多了，就失去光芒——這是由於人們容易看到外表因消耗而粗糙，卻常常忽視了隱藏的靈性內涵。❺

人的想像力比真實的景象跑得快。虛幻的景象由耳朵傳來，卻在眼睛看到實物時離去。人對還沒見到的事物，常用自我的想像力描繪出自己渴望的景象，讓心中充滿希望，得到滿足，直到真實的事物在眼前出現，才發現原來不過爾爾，虛幻景象為之破滅！一個好名聲在外的人，要想長久地保有名聲，最好的策略就是少露臉、少曝光，隱身退回自己的好名聲中，讓名聲持續下去。就連那不死的鳳凰鳥都知道以不現身、不露臉來保持牠的尊嚴，把人類對牠的欲望轉化成尊崇，值得我們學習。❻

❺ Use absence to win respect or esteem. Presence diminishes fame, absence enlarges it. The absent person who was thought a lion turns into a mouse – ridiculous offspring of the mountain – when present. Gifts lose their sheen when they are handled; one sees the outer bark and not the spiritual pith. —— *The Art of Worldly Wisdom*, No. 282

❻ Imagination travels faster than sight. Deceit comes in through the ears, but usually leaves through the eyes. The person who retires into himself, into the center of reputation, preserves his good name. Even the Phoenix used absence to preserve its dignity and to turn desire into esteem. —— *The Art of Worldly Wisdom*, No. 282

微妙玄通，深不可識

仗是怎麼打贏的？可別讓人搞清楚其中的奧妙！看破戰機，取勝敵人，眾人只知道我得到了勝利，卻不了解我究竟是用什麼招術取得勝利！而每次作戰都不重複使用過去所使用過的戰術，不讓招式用老，變化無窮——這是孫子的教誨，是保持常勝的祕訣。❼

現代社會常有企業領導人出書，大吹大擂地寫出成功的祕訣。姑不論這些書的內容是真是假，或只是一種自我宣傳的公關手段，把自己的成就大肆宣揚，將成功的途徑敲著鑼、打著鼓地揭露，這種做法是和道、神、聖、賢心性智慧相違背的，是不足取的！

古代善於修道的人，精微、奧妙、玄遠、通達，深涵於道，讓別人難以窺探其內在。正因為他深不可識，因此眾人只能用以下的文字勉強描述他的外觀舉止。他遲疑審慎，就像冬天涉過結了薄冰的河川一般；他猶疑拘謹，就像是畏懼四鄰的窺伺一般；他莊敬恭謹，就像在接待賓客一般；他去除執著，就像冰雪消融一般；他敦厚樸實，就像未經刨開的原木一般；他胸懷寬廣，就像幽深的山谷一般；他渾淪不分，看起來就像是混濁的水一般。由這七種形容，我們可以想像模擬出善為道者微妙玄通、深不可識的模樣。❽

誰能讓那混濁波動的水逐漸歸於寧靜，慢慢變得清澈；誰能讓它安歸於寧靜後，再慢慢啟動、徐徐生長。持守著道的人，懂得不

❼因形而措勝於眾，眾不能知；人皆知我所勝之形，而莫知我所以制勝之形。故其戰勝不復，而應形於無窮。《孫子兵法・虛實第六》

❽古之善為士者，微妙玄通，深不可識。夫惟不可識，故強為之容。豫兮若冬涉川，猶兮若畏四鄰，儼兮其若客，渙兮若冰之將釋，敦兮其若樸，曠兮其若谷，渾兮其若濁。《道德經・第十五章》

自滿，正因為不自滿，所以他能夠去舊更新！❾

老子的神龍不現其尾，與他在《道德經》中描述善為道者的舉止一模一樣，都是深不可識！任何人看到了不現其尾的神龍，看到了善於修道的人士，都只能說他們「儼然」怎樣，卻不能說他們「確實」怎樣、「絕對」怎樣。

不露好惡，無虛飾迎合

中國古代國君的領導統御有一項重要的內涵：國君要隱藏自己的心意，別讓臣下所看透。

戰國時代法家代表人物之一的申不害曾說：「國君露出明察的樣子，臣子就防備他；國君露出不明察的樣子，臣子就熒惑他。國君露出有智慧的樣子，臣子就粉飾行為；國君露出沒有智慧的樣子，臣子就隱匿姦邪。國君露出沒有嗜欲的樣子，臣子就窺伺他；國君露出有嗜欲的樣子，臣子就引誘他。所以說：國君沒有辦法盡知臣子對國君所使的種種巧詐，只有以清靜無為避免臣子的揣摩與迎合。」❿

❾ 孰能濁以止，靜之徐清，孰能安以久，動之徐生。保此道者不欲盈，夫惟不盈，故能敝而新成。《道德經・第十五章》

❿ 申子曰：「上明見，人備之；其不明見，人惑之。其知見，人飾之；不知見，人匿之。其無欲見，人司之；其有欲見，人餌之。故曰：吾無從知之，惟無為可以規之。」《韓非子・外儲說右上》

戰國時代被魏文侯奉之為師的田子方問唐易鞠：「打獵射鳥的人最要謹慎的是什麼?」唐易鞠答說：「鳥用幾百隻眼睛看著你，你只有兩隻眼睛窺看著牠們，所以你要把隱身的廩安排得特別妥善。」田子方說：「太好了。你把這個道理用在打獵射鳥，我把這個道理用在治國。」鄭國的長者聽到了說：「田子方知道國君要有隱身的廩，卻不知道怎麼才能做到有個隱身的廩。國君有若無，實若虛，一切意欲都不露出來，這就是國君做廩的方法。」[11]

上有政策，下有對策；在下者搞不清楚上者的政策為何，當然就無從以對策因應，只能以本來面目相應對。避免臣子或部屬刻意迎合、因應國君或老闆的喜好，國君或老闆都應該要有若無，實若虛，不露好惡！

深藏不露，兵戰上策

神龍不現其尾，一個原因是：他雖然勝利成功，卻看不出是以奇招取勝，沒有智名，亦無勇功！他的勝利和成功都完美地看來毫不戲劇化、也不引人注意、得來非常簡單。其實，其中大有門道！

[11] 田子方問唐易鞠曰：「弋者何慎？」對曰：「鳥以數百目視子，子以二目御之，子謹周子廩。」田子方曰：「善。子加之弋，我加之國。」鄭長者聞之曰：「田子方知欲為廩，而未得所以為廩；夫虛無無見者，廩也。」《韓非子・外儲說右上》

眾人都了解明白怎麼得來的勝利，不是最高明的勝利；打了勝仗而天下人人叫好，也不是最高明的勝利。就如同能舉起秋毫，不算力氣大；能看到日月，不算眼力佳；能聽到雷聲，也不算耳力好。古時候所謂會打仗的人，看起來都勝得很容易。這樣的人打了勝仗，看不出是以奇兵取勝，沒有智名，也沒有勇功！他的戰勝是完美的，而所以完美是因為每項措施都非常妥善，埋下了勝利的因素，當他和敵人接戰交鋒時，敵人的失敗已經是既成事實了！⓬

神龍不現其尾，另一個原因是：他很少出手，所以對外曝光很少！出手雖少，卻每出必勝，這出手必勝又是因為他只在敵之可勝的時機才出手！在人生許多事情上，沒把握的人才想多出手，散彈打鳥，希望矇到一個對的結果！

以道、神、聖、賢的心性智慧觀察眾生：才能不足的人才會常用謀略，見識不足的人才會多所顧慮，威嚴不足的人才會常常動怒，誠信不足的人才會多話，勇氣不夠的人才會多使勞力，對事理明白不足的人才會常常審察，據理不足的人才會多辯，真情不足的人才會多禮儀。⓭

做事有把握的人，掌握了勝算才出手，彈無虛發，其實早已贏

⓬ 見勝不過眾人之所知，非善之善者也；戰勝而天下曰善，非善之善者也。故舉秋毫不為多力，見日月不為明目，聞雷霆不為聰耳。古之所謂善戰者，勝於易勝者也。故善戰者之勝也，無奇勝，無智名，無勇功。故其戰勝不忒，不忒者，其所措必勝，戰已敗者也。《孫子兵法・軍形第四》

⓭ 才不足則多謀。識不足則多慮。威不足則多怒。信不足則多言。勇不足則多勞。明不足則多察。理不足則多辯。情不足則多儀。《格言聯璧・持躬類》

在出手之前了！神龍不現其尾者，很少出手，但出手必勝；他的少出手和出手必勝，正是互為因果！

無奇勝，無智名，無勇功

深藏不露的智慧，是西方人和中國人所共享的。

西方人是這樣闡述「莫為人知的天賦才華能力」：一個謹慎小心的人，如果想被別人推崇、愛慕、尊敬，就應該永遠不讓別人判斷出自己所擁有的知識和勇氣的底線何在。一方面，人要被別人所知，讓他們知道自己肚子裡有料、有幾把刷子、有本事，才能得到別人的尊崇；另一方面，人又不能被別人看透，看透了，神祕感盡失，由了解而視為平常、視為當然、視為無所謂！不讓別人把自己看透，就沒有人知道你才能的極限，你可以永遠保有那才華取之不盡、用之不竭的形象，也就沒有人會對你能力的極限感到失望。不讓別人把自己看透，藉由讓別人猜測、甚至懷疑你的極限，你可以帶給別人一次又一次的驚喜，感嘆你那深不可測的才華能力。這樣，你就可以贏得比單單展現偉大才能更多的仰慕！⓮

⓮ Unfathomable gifts. The prudent person – if he wants to be revered by others – should never allow them to judge the extent of his knowledge and courage. Allow yourself to be known, but not comprehended. No one will discern the limits of your talent, and thus no one will be disappointed. You can win more admiration by keeping other people guessing the extent of your talent, or even doubting it, than you can by displaying it, however great. —— *The Art of Worldly Wisdom*, No. 94

以上的觀點，道、神、聖、賢經典同樣認同，不只在被稱為「詭道」的戰爭中，要做到「善戰者之勝，無奇勝，無智名，無勇功」，在人生的其他面向上，也講究深藏不露。做人處事哪裡需要把自己的一切赤裸裸地攤開在別人的眼前呢？做人處事最高的藝術是不戰而屈人之兵，留有餘地，不到攤牌就已見成果——經營世事就像下棋，還沒落子，就已贏得棋局，這才是真高手！⓯

「無奇勝，無智名，無勇功」的原則，在興革之事上尤要把握！古人教誨：為政之道在使人民相安，涉及重大利害、而必須建立或改革的事項不到十分之一，除此之外只宜行所無事，不可有意立名建功，追求聲勢盛大的美譽。所以君子對公共事務提出自己的陳述和建議，首在不求智慧之名、勇敢之功；至於雷厲風行的做法，雖不是絕對不用，但都應該像天道一樣，以沖和鎮靜為常態，疾風迅雷只宜偶一用之！⓰

可嘆！當今之世有多少事都是以「求奇勝，求智名，求勇功」之心，假興革之名、雷厲風行為之，卻全愈改愈糟，只創造了新的既得利益階級，遺患無窮，讀經典者當能把那些做這種事的「假龍」一眼看穿！

⓯世事如棋局，不著得才是高手；人生似瓦盆，打破了方見真空。《菜根譚・閒適》

⓰為政要使百姓大家相安，其大利害當興革者不過什一，外此只宜行所無事，不可有意立名建功，以求烜赫之譽。故君子之建白，以無智名勇功為第一。至於雷厲風行，未嘗不用，譬之天道然，以沖和鎮靜為常，疾風迅雷，間用之而已。《呻吟語・治道》

寶玉藏在石頭之中，珍珠藏在貝類之中，不輕易讓人知道，才不會被人挖走，這是寶玉珍珠保全自己的方法。所以，君子心中沒有不可告人的事，心事應該讓人知道；但是君子的才華，就像寶玉珍珠一樣，要好好藏起來，別鋒芒外露，少讓人知道！⑰

神龍不現其尾，就是深藏不露，就是無奇勝、無智名、無勇功，就是玉韞珠藏！

神龍如何不現尾？

相信了神龍不現其尾是做人處事正確的指導方針，又要怎樣才能做到呢？以下五項原則是具體的做法。

一、不動聲色，不激怒濤

天下的災禍，一半來自疏忽，另一半則來自激躁急迫。只有聖人能在災禍還沒有成形之前去除它，在思緒產生之後平息它；這稱之為「知微知彰」——既知道隱微的事，又知道彰顯的事。能知道隱微之事的人懂得不動聲色，重要的是在不打草驚蛇的狀況下識察

⑰ 君子之心事，天青日白，不可使人不知；君子之才華，玉韞珠藏，不可使人易知。《菜根譚・概論》

時機；能知道彰顯之事的人不激起怒濤，重要的是在思緒平靜的狀況下審度情勢。⓲

古人感慨，要事發前不動聲色，事發後平息思緒，是很困難的事，沒有聖人的智慧很難做到！但若能練就這樁功夫，有了不動聲色、不激怒濤的修養，不只能洞察外在的環境態勢，還能不讓別人察覺自己的心念情緒，在任何競爭環境中已得先機，勝算在望！

神龍要不現其尾，就得不動聲色，不露情緒！

二、用謀行事，隱而不露

龍從雲，虎從風，雲和風不僅替龍和虎造就雷霆萬鈞的氣勢，更掩飾了龍和虎出場前的足跡，讓人猜測不到、無法事先因應！

聖人運用謀略是隱而不露，愚人運用謀略則是大肆張揚。有智慧的人成事容易，沒有智慧的人成事困難。智慧是用在眾人不知道的地方，用在眾人看不見的地方。古代先王所推行的大道是屬於隱而不露的，古人因此有這樣的說法：天地的造化在高與深，聖人的治道在隱與匿。⓳

歷史上所有成功的偉大事業，幾乎都是從頭到尾隱而不露的籌

⓲天下之禍，成於怠忽者居其半，成於激迫者居其半。惟聖人能銷禍於未形，弭思於既著。夫是之謂知微知彰。知微者不動聲色，要在能察幾；知彰者不激怒濤，要在能審勢。嗚呼！非聖人之智，其誰與於此？《呻吟語・治道》

⓳故聖人之道陰，愚人之道陽。智者事易，而不智者事難。……智用於眾人之所不能知，用於眾人之所不能見。……故先王之道陰，言有之曰：「天地之化，在高與深；聖人之道，在隱與匿。」《鬼谷子・謀篇第十》

劃執行，直到事情成熟、大勢底定，才浮上檯面的！善於觀察的人更會告訴你：大風是沒有聲音的，急流的水是沒有浪花的，炙焰是沒有火光的，萬物是沒有影子的。⑳

神龍要不現其尾，就得用謀行事，隱而不露！

三、**隱藏極限，最高機密**

隱藏你能耐的極限。人生活在群體中，要完成自己的志業，讓別人知道你的專長，知道你會做人處事，是一定要的；但又不能被別人所看透，一旦看透，就失去了憧憬、推崇與尊敬。所以最好的策略，是準確的拿捏，讓自己為人所知，但別被人看透！要做到這一點，有時候要釣釣別人胃口，在別人期望你滿足他們時，別一次完全地滿足他們；在他們沒預料到時，又以你的能耐帶給他們意外的驚喜。讓別人永遠不能確定你能耐的極限，讓你的許諾和行動一次又一次創造出別人期待你更多許諾和行動的胃口。㉑

神龍要不現其尾，就得把自己的能耐極限視為最高機密，不讓人知！

⑳ 大風無聲，湍水無浪，烈火無焰，萬物無影。《呻吟語・物理》

㉑ Hide your depths. It is a great stratagem to allow yourself to be known but not comprehended; to bait expectations but never completely satisfy them; to let much promise more and the best actions create an appetite for even greater ones. ——*A Pocket Mirror for Heroes*

四、矛盾特質，製造神祕

西方作家認為吸引千萬人的魅力，是可以經由學習訓練培養出來的，而必須培養的要素有十項，第一項就是由相互矛盾人格特質所造成的神祕感。當大多數人的行為模式是固定的、可以被別人預測的時候，那極少數具相互矛盾人格特質的人，他們的行為難以捉摸，造就一股神祕的氣氛，相對地就具有難以抗拒的魅力！這種人格特質讓你難以被人猜測摸透，讓人格顯得多元豐富，更讓你成為別人的話題！㉒

舉兩個同時具有相互矛盾人格特質的例子與讀者分享。

第一個例子：《孫子兵法》提到與敵作戰時「始如處女，後如脫兔」的相互矛盾人格特質：在還沒有了解周遭的情勢之前，採取低姿態，像個害羞的處女，等到敵人露出要害弱點，則像一隻飛奔的兔子，對著敵人的要害弱點猛攻，讓敵人無從抗拒。㉓

「始如處女，後如脫兔」的翻版常出現在現代生活的場景中。某人在開會時，當大家紛紛提出意見熱烈討論的當兒，一言不發，直到大家能說的都說了，他抓住適當的時機開了口，不管是言簡意賅、條理分明地把討論做一個總結，或是提出與眾不同的創見，都

㉒ Mystery lies at charisma's heart, but it is a particular kind of mystery – a mystery expressed by contradiction….Since most people are predictable, the effect of these contradictions is devastatingly charismatic. They make you hard to fathom, add richness to your character, make people talk about you. —— *The Art of Seduction*

㉓ 是故始如處女，敵人開戶；後如脫兔，敵不及拒。《孫子兵法‧九地第十一》

以相互矛盾人格特質吸引了大家的注意力，達到戲劇性的效果。

另一個例子：一名女子冷若冰霜，那是她沒有遇上中意的對象，等到遇上中意的對象，她就豔若桃李了。一位兼具冷若冰霜和豔若桃李的女子絕對比單是冷若冰霜或單是豔若桃李的女子令人著迷，這就是相互矛盾人格特質令人捉摸不定所產生的魅力！

神龍要不現其尾，就得培養相互矛盾的人格特質，避免別人能預測出牠的行為！

五、保持距離，以策安全

「保持距離，以策安全」，不只是交通行車上的安全準則，也是保留部分神祕感，不讓人完全摸透的原則。

有句話有點粗鄙卻極其傳神：「遠看一枝花，近看像大媽」。原來，不只一白遮百醜，一遠也遮百醜呢！

主張相互矛盾人格特質所造成的神祕感是魅力首要因素的西方作家，在同一段文字中也說了：要讓別人站得遠一點，至少一臂之遙，免得他們把你摸透了！[24]

神龍要不現其尾，就得與人保持距離，站遠一點兒！

[24] You must also keep people at arm's length, to keep them from figuring you out. ——*The Art of Seduction*

不現vs.愛現

相對於道、神、聖、賢所主張的「神龍不現其尾」、「玉蘊珠藏」，以及西方早期和隱藏自己的實力類似的觀念；近代受到西方資本主義思想影響的社會，講求的正好相反：它們主張標榜自己的能幹、突顯自己的長處，否則就會被視為無能、無用的弱者。

如何依循道、神、聖、賢的教誨待人處事，卻又不被那些盲目擁抱西方現代愛現潮流的無知者——其中許多可能正是你的老闆、同事、客戶和互動的對象，把自己視為無能、無用呢？這是許多人在社會上、職場裡、生活中常碰到的一個非常現實的問題。

遇到這樣的情境，你得做一點教育的工作，抓住適當的時機，盡早讓對方知道你所持守的觀念——也是中國三千年來的觀念——是「愈強者，愈深藏不露」；在你靜如止水的謙遜表面下，其實是有「如水之就下，沛然莫之能禦」的攻擊和殺傷力的；你常是低眉菩薩，但在必要時絕對可以是怒目金剛！

神龍不現其尾，但也要適時、適所地告訴與你打交道的人，讓他知道你是一隻神龍！

索引

當孔子遇上哈佛

二部曲：個人戰技

作者：李克明
主編：曾淑正
特約編輯：陳錦輝
封面設計：陳奉懌
企劃：叢昌瑜

發行人：王榮文
出版發行：遠流出版事業股份有限公司
地址：台北市南昌路二段八十一號六樓
郵撥：0189456-1
電話：（02）23926899
傳真：（02）23926658

著作權顧問：蕭雄淋律師
法律顧問：董安丹律師
二〇一四年二月一日　初版一刷
行政院新聞局局版臺業字第 1295 號
售價：新台幣三八〇元

ISBN 978-957-32-7348-6（平裝）
YLib 遠流博識網 http://www.ylib.com
E-mail: ylib@ylib.com

無形資產構思：久曜國際資產管理股份有限公司
「李克明的經典世界」網站：http://www.intodragonsmind.com
「當孔子遇上哈佛」粉絲團：https://www.facebook.com/Origineducation

國家圖書館出版品預行編目（CIP）資料

當孔子遇上哈佛．二部曲，個人戰技
／李克明著．-- 初版．-- 臺北市：
遠流，2014.02
面；　公分
ISBN 978-957-32-7348-6（平裝）．

1. 人生哲學　2. 修身

191.9　　102027808